Veredas da mudança
na ciência brasileira

Veredas da mudança na ciência brasileira

Discurso, institucionalização e práticas no cenário contemporâneo

Maria Caramez Carlotto

editora 34

São Paulo, 2013

Copyright © Editora 34 Ltda., 2013
Veredas da mudança na ciência brasileira @ Maria Caramez Carlotto, 2013

Projeto editorial: Associação Filosófica Scientiæ Studia
Direção editorial: Pablo Rubén Mariconda e Sylvia Gemignani Garcia
Projeto gráfico: Camila Mesquita
Editoração: Bracher & Malta Produção Gráfica
Revisão: Beatriz de Freitas Moreira

Serviço de Biblioteca e Documentação da FFLCH-USP

C131v
Carlotto, Maria Caramez
   Veredas da mudança na ciência brasileira: discurso, institucionalização e práticas no cenário contemporâneo / Maria Caramez Carlotto. – São Paulo: Associação Filosófica Scientiae Studia/Editora 34, 2013 (1ª Edição).
   384 p. (Sociologia da Ciência e da Tecnologia).

   ISBN 978-85-61260-09-7 (Associação Scientiæ Studia)
   ISBN 978-85-7326-527-9 (Editora 34)

   1. Sociologia da ciência. 2. Ciência no Brasil - Século xx. 2. Laboratório Nacional de Luz Síncrotron. I. Fundação de Amparo à Pesquisa do Estado de São Paulo. II. Título. III. Série.

CDD 501
121.8

Apoio

Associação Filosófica Scientiæ Studia
Rua Santa Rosa Júnior, 83/102
05579-010 São Paulo SP
Tel/Fax (11) 3726-4435
www.scientiaestudia.org.br

editora 34
Rua Hungria, 592
Jardim Europa
01455-000 São Paulo SP
Tel/Fax (11) 3811-6777
www.editora34.com.br

Sumário

Introdução 11

CAPÍTULO 1 A perspectiva sociológica
da transformação científica:
tensões entre a dimensão institucional,
prática e discursiva da ciência 19

1 O que significa estudar criticamente
o processo de transformação da ciência
da perspectiva sociológica contemporânea? 21

2 A ciência como *instituição* e como *prática*:
os regimes de produção e difusão
do conhecimento científico e sua transformação 43

3 A ciência como *discurso* e como *ideologia*:
a obliteração da política e a produção da mudança
no regime disciplinar/estatal
de produção do conhecimento 49

CAPÍTULO 2 Da promoção do conhecimento científico
ao incentivo à inovação tecnológica:
novos discursos sobre a ciência 59

1 O modelo da nova política brasileira
de ciência e tecnologia:
as políticas de inovação nos países centrais 62

1.1 As políticas científicas "não intervencionistas",
sua crise e seu significado 62

1.2 A emergência da inovação
como foco de ação do Estado 70

1.3 A ciência como atividade econômica
e a gestão eficiente da inovação 74

1.3.1 Um exemplo paradigmático:
o *European Innovation Scoreboard* 81

1.4 O imperativo da construção
dos Sistemas Nacionais de Inovação 85

1.5 O novo papel das universidades
e laboratórios públicos: comercialização
e patenteamento de pesquisas científicas   91
2 A emergência da inovação
como foco da política científica brasileira   96
  2.1 A Nova Política Nacional de Ciência,
Tecnologia e Inovação: a "inovação"
no governo Fernando Henrique Cardoso   96
  2.2 A Lei da Inovação e a Política Industrial,
Tecnológica e de Comércio Exterior:
a inovação no primeiro governo Lula   108
3 O Brasil como consumidor de tecnologia:
algumas características da inovação do país   116
  3.1 O investimento nacional
em Pesquisa e Desenvolvimento (P&D)   116
  3.2 A inovação nas empresas brasileiras   121
  3.3 Inovação e propriedade intelectual:
aspectos da dinâmica de patenteamento no Brasil   124
4 Conclusão   129

CAPÍTULO 3 Padrões de institucionalização
e estratégias de legitimação
da ciência brasileira   133
1 Padrões de desenvolvimento da ciência brasileira
até a década de 1980   135
  1.1 A emergência da ciência brasileira
no final do século XIX   139
  1.2 As mudanças a partir da década de 1930   144
  1.3 A ciência brasileira no pós-guerra   147
  1.4 A ciência na ditadura   153
2 A negociação do projeto Síncrotron
na Nova República:
ruptura ou continuísmo?   161
  2.1 Os antecedentes do projeto   161
  2.2 O projeto do
Laboratório Nacional de Radiação Síncrotron   166

3 Estratégias de legitimação da ciência
no contexto democrático   188
  3.1 Ciência pública com eficiência privada:
        o LNLS e a Lei das Organizações Sociais   189
  3.2 Uma nova lógica de inserção
        do cientista na sociedade:
        a interação do LNLS com o setor industrial   200
  3.3 O "grupo da Unicamp" e a política
        nacional de inovação como uma estratégia
        de institucionalização da ciência   211
4 Conclusão   225

CAPÍTULO 4 Padrões de desenvolvimento
da prática científica no Brasil
e sua transformação   231
  1 Os pesquisadores externos do LNLS:
      um perfil da elite do sistema brasileiro de pesquisa   235
    1.1 Dispersão regional e institucional:
          concentração e desconcentração
          da pesquisa brasileira   236
    1.2 Disciplinas de origem e área de pesquisa   239
    1.3 Pesquisadores profissionais
          e aprendizes de pesquisadores   244
    1.4 Jovens e homens:
          um perfil demográfico de uma elite científica   246
    1.5 Conclusão   251
  2 A formação de cientistas no Brasil:
      o caso dos pesquisadores do LNLS   252
    2.1 Aceleração e antecipação do processo
          de formação de pesquisadores no Brasil   255
    2.2 A internacionalização
          de pesquisadores brasileiros:
          o caso dos pesquisadores do LNLS   264
    2.3 Entre a margem e o centro:
          o processo de formação
          dos pesquisadores do LNLS   269
    2.4 Conclusão   273

3 Práticas de pesquisa no Brasil:
uma análise a partir dos pesquisadores do LNLS 277
   3.1 Experiência profissional dos pesquisadores
do LNLS no setor privado 280
   3.2 O potencial de aplicação comercial
e tecnológica das pesquisas:
a visão dos pesquisadores do LNLS 287
   3.3 Pesquisas em parceria com empresas
entre os pesquisadores do LNLS 292
   3.4 Cláusulas de confidencialidade ou patenteamento
nas relações universidade-empresa 305
   3.5 O patenteamento de resultados de pesquisa:
práticas e avaliações dos pesquisadores do LNLS 315

Conclusão 331

Referências bibliográficas 341
Índice de tabelas, gráficos e quadros 365
Índice de termos 369
Índice de nomes 373

Gatsby acreditou na luz verde, no orgiástico futuro que, ano após ano, se afastava de nós. Esse futuro nos iludira, mas não importava: amanhã correremos mais depressa, estenderemos mais os braços... E, uma bela manhã... E assim prosseguimos, botes contra a corrente, impelidos incessantemente para o passado.

Francis Scott Fitzgerald, *O grande Gatsby*

Introdução

> *O jardim de veredas que se bifurcam* é uma enorme charada, ou parábola, cujo tema central é o tempo (...) é uma imagem incompleta, mas não falsa, do universo tal como o concebia Ts'ui Pen. Diferentemente de Newton e Schopenhauer, seu antepassado não acredita num tempo uniforme, absoluto. Acreditava em infinitas séries de tempos, numa rede crescente e vertiginosa de tempos divergentes, convergentes e paralelos. Essa trama de tempos que se aproximam, se bifurcam, se cortam ou que secularmente se ignoram, *abrange* todas as possibilidades.
>
> Jorge Luis Borges, *Ficções* (1998, p. 532-533)

O ponto de partida desta pesquisa foi a percepção — de início, um tanto quanto abstrata — de que a sociologia brasileira deveria, urgentemente, voltar-se para a análise dos processos sociais que vêm alterando, desde os anos 1970, a relação entre ciência, economia e Estado, com foco sobre o recrudescimento do sistema nacional e internacional de propriedade intelectual.

Baseando-se nas análises que enfatizam a indissociabilidade entre o fortalecimento dos sistemas legais de propriedade intelectual e as transformações estruturais que incidem sobre o capitalismo contemporâneo,[1] a investigação entendia as recentes

---

1 Os autores que partilham dessa visão são, em maior ou menor grau, influenciados pela teoria marxista (cf. Bensaïd, 2003, 2004; Bolaño, 2000; Boyle, 2003; Castells, 1999; Dantas, 1996, 1999, 2003; Gorz, 2003a, 2003b; Habermas, 1987; Hardt & Negri, 2002; Husson, 2003, 2007; Lazzarato, 1995; Lazzarato & Negri, 2001; Moulier-Boutang, 2001, 2010; Offe, 1989, 1991, 1995; Perelman, 2003; Prado, 2005; Rullani, 2000; Santos, 1998, 2003).

inflexões da ciência brasileira, inicialmente, como expressão de transformações no padrão de organização, mensuração e controle do trabalho intelectual. A sua hipótese natural era de que a atividade científica brasileira estaria passando por um amplo processo de mercantilização no qual os produtos da ciência tornavam-se mercadorias porque, antes disso, a atividade científica transformara-se em trabalho assalariado quantificado, logo, em produtor potencial de valor.

No entanto, apesar da pergunta inicial deste trabalho ser "Como a ciência brasileira se mercantiliza?", terminado o processo de investigação, análise e exposição dos resultados, não é possível classificá-lo como um estudo de caso da mercantilização da ciência no Brasil. Não que, ao observar as mudanças que vêm afetando os diferentes regimes de produção e difusão do conhecimento científico no país, não seja possível descrever processos de mercantilização e de subsunção do trabalho. Mas, validando o pressuposto materialista da primazia do objeto, tornou-se imprescindível reconhecer que, visto de perto, o processo de transformação da ciência brasileira mostrava-se mais ambíguo e, sobretudo, mais complexo.

O diagnóstico de que a ciência estreitava relações com a economia — compartilhado, vale dizer, tanto por uma parte da crítica marxista quanto pela grande maioria dos estudos em economia do conhecimento e da inovação — não se confirmava nem nos dados miúdos que eu produzia, muito menos nos dados gerais que eu buscava, incessantemente, confrontar.

Havia, sem dúvida, uma série de mudanças evidentes: alterava-se o discurso sobre a ciência no Brasil; alterava-se a política nacional de ciência e tecnologia; alteravam-se os mecanismos de gestão e incentivo da produção de ciência; e alteravam-se, em certa medida, as próprias práticas dos cientistas que eu investigava. Mas havia um descompasso claro entre essas diferentes dimensões da ciência na dinâmica da sua transformação. Paula-

INTRODUÇÃO

tinamente, o problema fundamental da pesquisa tornou-se compreender o significado exato dessa disritmia, dessa distância entre a intenção e o gesto.

Na raiz cognitiva dessa inflexão estavam as categorias essenciais da sociologia da ciência que, aos poucos, passavam a orientar o esforço deste trabalho. Ao reconhecer a ciência como uma atividade de múltiplas dimensões — ou seja, como um objeto de *discurso*, como uma *instituição* social e como um conjunto de *práticas* — a sociologia permitia interrogar a possibilidade e o sentido da contradição entre essas diferentes dimensões. Era como se o processo de transformação da ciência pudesse ser descrito como um "jardim de veredas que se bifurcam", um labirinto temporal formado por uma "trama de tempos que se aproximam, se bifurcam, se cortam ou que secularmente se ignoram" (Borges, 1998, p. 532-533).

O reconhecimento de que o processo que parecia unívoco guardava, na verdade, sentidos e temporalidades diversas sugeria fortemente que a transformação contemporânea da ciência, vista até então como um processo natural e inexorável de adaptação às inflexões econômicas, era, na verdade, *socialmente produzida*. Descortinava-se, de súbito, o papel central dos atores que, no interior de uma estrutura social determinada — a sociedade brasileira com o seu Estado, o seu sistema científico e a sua economia dependente —, buscavam construir uma "nova ciência", voltada para a interação com a economia, a inovação tecnológica e a promoção do desenvolvimento econômico nacional. Por essa "nova ciência", eles formularam e difundiram novas concepções, desenharam novas políticas científicas e incentivaram novos mecanismos de interação. Mas encontraram, no meio do caminho, outros atores: os cientistas que reproduziam antigas práticas e sentidos, os empresários nacionais que se orientavam segundo uma dinâmica econômica específica e os agentes do Estado que tinham seus próprios interesses e concepções.

Traduzindo essa problemática geral para um desenho empírico circunscrito, esta pesquisa se estruturou em três "momentos", correspondendo, cada um deles, a uma *dimensão específica* da ciência. Analisou-se, em um primeiro momento, a transformação da ciência brasileira a partir do *discurso oficial sobre a ciência*, expresso na Política Nacional de Ciência e Tecnologia e seus diferentes mecanismos. Em um segundo momento, essa mesma transformação foi analisada no âmbito do *esforço de institucionalização da ciência brasileira* — entenda-se, dos processos de negociação, gestão e legitimação que garantem um grau mínimo de autonomia e estabilidade para que a ciência funcione como uma instituição social efetiva. Por fim, a transformação da ciência foi vista da perspectiva das *práticas científicas* dos pesquisadores em atividade em um laboratório de ponta no Brasil.

A realização de uma pesquisa dessa amplitude — que considerou a transformação da ciência brasileira da perspectiva dos discursos e políticas governamentais, do processo de institucionalização da ciência e das práticas científicas — só foi possível porque partimos de um objeto muito privilegiado: o Laboratório Nacional de Luz Síncrotron (LNLS).

A Fonte de Luz Síncrotron é, provavelmente, um dos empreendimentos científicos mais ousados e mais bem-sucedidos do Brasil, não apenas por ter sido totalmente projetado e construído no país, mas por ter permanecido, durante vários anos, como o único instrumento do gênero do Hemisfério Sul. Do ponto de vista técnico, trata-se de um acelerador de partículas com um enorme potencial de pesquisa nas áreas de física, química, biologia, engenharia de materiais e, mais recentemente, em bio e nanotecnologia.

Além da Fonte de Luz Síncrotron, o LNLS dispõe de toda uma estrutura de pesquisa organizada em torno dos seguintes laboratórios e/ou grupos: Laboratório de Microscopia Eletrônica (LME), Laboratório de Microscopia de Força Atômica e Tunelamento

(MTA), Laboratório de Microfabricação (LMF), Grupo de Teoria (TEO), Laboratório de Síntese Química de Nanopartículas (LSQ), Laboratório de Filmes Finos (LFF).[2] Mas não é só pela sua importância científica e tecnológica que o Síncrotron constitui um objeto de pesquisa privilegiado. Apesar de só ter entrado em operação em 1997, o Síncrotron é uma máquina pela qual a "comunidade" científica nacional luta desde os anos 1950. Isso significa que o processo de negociação e implantação do laboratório, por ter atravessado meio século, constitui uma experiência privilegiada para acompanhar e compreender a transformação dos padrões de institucionalização da ciência brasileira.

Além disso, o caráter estratégico do laboratório e o fato de ter sido um empreendimento científico muitíssimo bem-sucedido, com projeção nacional e internacional, foram alguns dos fatores que possibilitaram que os cientistas envolvidos na sua construção e gestão assumissem posições privilegiadas no campo de formulação e implementação de políticas públicas para a ciência e a tecnologia no país, o que faz do Síncrotron uma porta de entrada privilegiada para esse universo.

---

2   Essa estrutura passou por uma reestruturação em 2010, quando o LNLS desmembrou-se, formando o Centro Nacional de Pesquisa em Energia e Materiais (CNPEM), composto pelo próprio Laboratório Nacional de Luz Síncrotron (LNLS), responsável pela Fonte de Luz Síncrotron, associado ao Laboratório Nacional de Biociências (LNBio), Laboratório Nacional de Ciência e Tecnologia do Bioetanol (CTBE) e Laboratório Nacional de Nanotecnologia (LNNano). Até então, esse conjunto de laboratórios formava o LNLS e era administrado pela ABTLuS (Associação Brasileira de Tecnologia de Luz Síncrotron). Como a pesquisa empírica que fundamenta este trabalho foi realizada antes do desmembramento e dado que a célula original desse complexo foi o LNLS, usamos o nome original, Laboratório Nacional de Luz Síncrotron, para referir os laboratórios que atualmente compõem o CNPEM.

Por fim, mas não menos importante, o Síncrotron, por ser um complexo laboratorial aberto, atrai pesquisadores de todo o Brasil, das mais diferentes áreas e instituições de pesquisa. Assim, entre 1997 e 2008, passaram pelo laboratório mais de 2.500 cientistas, provindos de centenas de instituições diferentes, de todos os estados do país e das mais diversas disciplinas científicas. A possibilidade de acessar esse conjunto amplo e diverso de pesquisadores a partir de um único ponto para, através deles, esboçarmos um retrato privilegiado da ciência brasileira é, talvez, a principal razão do Síncrotron ser este espaço de pesquisa tão estratégico.

Percorrendo os diferentes caminhos de entrada e saída do laboratório tornou-se possível realizar uma pesquisa capaz de abordar dimensões aparentemente tão diversas e tão autônomas: os discursos oficiais, as políticas científicas e tecnológicas, os marcos jurídico-institucionais, os padrões de institucionalização e legitimação da ciência e as práticas de produção e difusão do conhecimento científico.

Foi esse objeto estratégico que me permitiu entender a produção do *discurso da inovação* — tal como aparece nas políticas científicas dos governos de Fernando Henrique Cardoso e de Luiz Inácio Lula da Silva — à luz dos processos de institucionalização da ciência brasileira, o que tornou possível mostrar como esse discurso funciona, em primeiro lugar e acima de tudo, como uma estratégia de (auto)legitimação articulada por alguns setores da "comunidade" científica nacional ligados à construção e à gestão da ciência no país. Como veremos, essa estratégia é essencialmente ambígua na medida em que implica uma *transformação* cujo sentido é radicalmente *conservador*: a ciência brasileira muda para permanecer como sempre esteve — organizada em instituições atreladas ao aparelho de Estado e administradas a partir de uma estrutura burocrática altamente fechada e avessa a processos internos e externos de democratização.

INTRODUÇÃO

Mas a ambiguidade da atual transformação da ciência brasileira assume um sentido ainda mais profundo quando olhamos não só para os discursos sobre a ciência e a sua organização institucional mas, também, para as práticas científicas dos pesquisadores que atuam no país. Desse modo se, por um lado, essa transformação significa a preservação da atual estrutura de poder das universidades e institutos estatais de pesquisa, por outro, ela também resulta na preservação da própria ciência como atividade relativamente autônoma, protegida de processos mais radicais de mercantilização.

A neutralização do processo de subsunção da ciência a uma lógica puramente econômica ou política, garantida pela sua institucionalização enquanto regime disciplinar, possibilita que a ciência se mantenha como uma esfera social diferenciada, na qual a certificação dos seus enunciados — as hipóteses e explicações propriamente científicas — permanece atrelada a uma lógica interna. Ao mesmo tempo, esse processo garante que o trabalho científico continue sendo organizado e controlado a partir dos mecanismos internos ao regime científico/disciplinar.

A conclusão geral da investigação aponta, portanto, para uma aparente contradição: quanto mais se difunde o discurso oficial de que a ciência brasileira está se *transformando* na medida em que assume *novos papéis econômicos e políticos*, mais essa mesma ciência se *conserva* e se fortalece como *atividade social relativamente autônoma*. Para compreender como essa situação aparentemente absurda foi possível, o leitor deverá percorrer as diferentes veredas da mudança científica brasileira, em parte delineadas nas páginas que se seguem.

O texto que dá origem a este livro foi redigido, originalmente, como dissertação de mestrado para o Programa de Pós-Graduação em Sociologia da Faculdade de Filosofia, Letras e Ciências Humanas da USP, entre 2006 e 2008, sob orientação do professor Ruy Gomes Braga. Apesar das correções e modificações que foram feitas desde então, o texto que o leitor tem em mãos é, em larga medida, o mesmo. O fato de ter sido originalmente uma dissertação de mestrado explica, ainda que não justifique, o estilo demasiado "rígido" do texto.

CAPÍTULO 1

A perspectiva sociológica da transformação científica: tensões entre a dimensão institucional, prática e discursiva da ciência

A partir da década de 1970, diversas mudanças incidiram sobre os regimes de produção e distribuição de conhecimento científico,[1] alterando a dinâmica da sua aplicação econômica, atualmente chamada "inovação". Em um primeiro momento e com um sentido determinado, essas mudanças surgiram na Europa e nos Estados Unidos. Posteriormente e com novas significações, chegaram a diversos países do mundo, incluindo o Brasil. Essas transformações alteraram as estratégias do Estado na promoção da ciência e da tecnologia, o lugar das universidades no sistema de produção e comercialização do conhecimento e a forma como as empresas capitalistas organizam e administram seus processos internos de inovação. Consequentemente, a reestruturação das políticas nacionais de ciência e tecnologia, as reformas universitárias que se espalham por todo o mundo e as mudanças gerenciais

---

[1] Os estudos sobre a produção de conhecimento — sejam eles da área de sociologia, economia, administração ou mesmo filosofia — reconhecem, em geral, a validade da ideia de que existem diferentes *modos, sistemas ou regimes de produção do conhecimento*, aos quais correspondem formas específicas de estrutura institucional, organização do trabalho, regime de recompensa, padrões de motivação subjetiva, práticas, valores e formas de gestão da propriedade intelectual (cf. Merton, 1957; Biagioli, 1998; Bourdieu, 2004a, 2004b; Nelson, 2004; Shinn, 1980, 2000a, 2000b, 2008a).

que incidiram sobre a organização e o controle do trabalho de pesquisa e desenvolvimento (P&D) nas empresas são as expressões mais significativas desse processo.

No mesmo período, o Brasil passou por mudanças estruturais importantes, tanto na sua *estrutura político-social* quanto na sua *dinâmica econômica*. No âmbito político e social, o processo de abertura iniciado na década de 1980, ao expor o aparelho de Estado à lógica da representação política, implicou, em tese, processos de democratização em diferentes esferas sociais que alteraram, por sua vez, práticas e dinâmicas consolidadas pelo período autoritário. No outro plano, a transformação da estrutura econômica do país resultou de um processo complexo ancorado na abrupta liberalização econômica dos anos 1990, no consequente enfraquecimento das empresas de capital nacional, na estabilização econômica, no aumento do investimento externo direto e na alteração do papel político-econômico do Estado. A partir dos anos 2000, parte desses processos se inverte, gerando novas transformações estruturais com a estabilização das contas externas e a recuperação do poder econômico do Estado.

Os impactos desses processos sociais que se desenrolam no plano nacional e internacional sobre a atividade científica brasileira e sobre a dinâmica da negociação e institucionalização da ciência no país são o pano de fundo do presente trabalho.

Estudar a ciência como construção institucional, como prática social e na sua natureza discursiva e ideológica se justifica pela adoção de novas abordagens da sociologia da ciência que — em resposta às insuficiências da perspectiva funcionalista e ao caráter ideológico dos discursos contemporâneos sobre a ciência — tornaram a relação entre o processo de institucionalização da ciência e as práticas concretas dos cientistas um problema de pesquisa incontornável.

1 O QUE SIGNIFICA ESTUDAR CRITICAMENTE O PROCESSO DE TRANSFORMAÇÃO DA CIÊNCIA DA PERSPECTIVA SOCIOLÓGICA CONTEMPORÂNEA?

É amplamente reconhecido que a sociologia da ciência constituiu-se como um campo delimitado de pesquisa a partir dos trabalhos de Robert King Merton sobre as condições histórico-sociais de emergência e desenvolvimento da atividade científica (cf. Merton, 1957, 1970) que determinaram, por sua vez, o funcionamento da sua estrutura institucional e normativa (cf. Merton, 1938, 1942, 1963, 1972, 1973).[2]

A partir das formulações iniciais de Merton, uma forte tradição de pesquisa desenvolveu-se buscando compreender o processo histórico-social de institucionalização das regras internas de funcionamento da ciência, sobretudo as regras de controle do trabalho e de hierarquização profissional. Ato contínuo, surgiram estudos mais pragmáticos que buscavam determinar as condições ideais de desenvolvimento da atividade científica, tanto no plano da gestão da ciência como instituição social quanto no controle da atividade científica como trabalho.

---

2 Em 1938, Robert Merton defendeu a sua tese de doutorado, *Ciência, tecnologia e sociedade na Inglaterra do século XVII*. Merton propunha analisar, do ponto de vista sociológico, as condições religiosas, econômicas, profissionais e institucionais capazes de explicar a revolução científica e técnica ocorrida na Inglaterra do século XVII. O doutorado de Merton tem uma dupla importância na medida em que oferece uma resposta da sociologia ao problema da origem da ciência moderna, ao mesmo tempo em que formula uma definição sociológica de ciência. Assim, apesar de ter havido, antes de Merton, estudos sociológicos sobre a ciência (por exemplo, Durkheim, Mannheim, Ludwig Fleck ou mesmo Karl Marx e Max Weber), Merton é considerado o "pai fundador" da sociologia da ciência uma vez que foi o seu arsenal conceitual, a sua terminologia e o seu programa de pesquisa que orientaram os trabalhos da área pelo menos até os anos 1970.

Nesse duplo registro, a sociologia mertoniana da ciência caracteriza-se, em primeiro lugar, pelo estudo da estrutura de funcionamento da ciência (cf. Cole & Cole, 1967; Zuckerman, 1967a, 1967b; Hagstrom, 1965, 1972; De Solla Price, 1963, 1968) que orientou teoricamente um conjunto de recomendações sobre como incentivar o desenvolvimento científico, tanto no sistema público/científico de pesquisa, por meio das políticas públicas nacionais de ciência e tecnologia (cf. Ben-David, 1965, 1974, 1977; Ben-David & Collins, 1966; Ben-David & Zloczower, 1962), quanto no sistema privado/empresarial, através da implantação de dispositivos e técnicas de controle do trabalho nos grandes laboratórios privados ou governamentais (cf. Brown, 1954; Glaser, 1965; Kaplan, 1959, 1965; Marcson, 1960; Pelz et al., 1953; Pelz & Andrews, 1966; Tagiuri, 1965).[3]

Em termos gerais, de acordo com a sociologia mertoniana da ciência, o trabalho científico organiza-se a partir de um regime de excelência caracterizado pela definição meritocrática da hierarquia (cf. Brown, 1954; Pelz et al., 1953; Pelz & Andrews, 1966), pelo controle dos resultados do trabalho segundo a avaliação por pares (cf. Merton, 1938, 1942, 1957, 1963; Hagstrom, 1965, 1972), o que permite uma certa autonomia na organização do tempo de trabalho (cf. Kaplan, 1959, 1965; Marcson, 1960; Tagiuri, 1965), na escolha dos problemas relevantes de pesquisa e na definição

---

3   O desdobramento da teoria mertoniana em termos de uma dupla forma de controle — controle do arranjo institucional da ciência e controle das práticas concretas de pesquisa e do processo de formação de novos pesquisadores — explicita o reconhecimento de que "a ciência" — essa denominação abstrata e repleta de significados — correspondia, na verdade, a uma atividade social marcada por regras e padrões de organização, controle e divisão do trabalho que apresentava pelo menos duas formas distintas de expressão: a ciência desenvolvida no sistema público — ou seja, nas universidades e institutos públicos — e a ciência desenvolvida no sistema privado — nos laboratórios de pesquisa e desenvolvimento das grandes empresas.

das teorias, métodos e técnicas de pesquisa mais apropriados para descrever e enfrentar esses problemas (cf. Kuhn, 1963, 1972, 1989, 2006).[4]

A esse regime de organização do trabalho corresponde um sistema de motivação subjetiva no qual o esforço para oferecer contribuições relevantes à ciência é indissociável da busca pelo reconhecimento de outros cientistas quanto à importância dessas mesmas contribuições (cf. Merton, 1957; Cole & Cole, 1967; Zuckerman, 1967a, 1967b). Não por acaso, portanto, o desenvolvimento de dispositivos de controle da produtividade acadêmica — baseados na avaliação da quantidade e do impacto das publicações de pesquisadores individuais, de instituições científicas e de países e regiões — é um dos mais importantes legados da sociologia mertoniana da ciência (cf. Shinn & Ragouet, 2008; Wouters, 2006; Nelson, 2004).

Assim, tanto o regime meritocrático de organização do trabalho quanto o sistema de motivação subjetiva com base no reconhecimento apoiam-se fortemente na valorização da ampla divulgação dos resultados de pesquisa, o que explica a ênfase na publicação como forma privilegiada de comunicação científica (cf. Merton, 1957, 1963, 1972; Hagstrom, 1965, 1972; Glaser,

---

[4] Embora Thomas Kuhn não possa ser classificado como um mertoniano, ele compartilha a concepção de que a ciência é uma atividade socialmente específica, dotada de regras particulares. Essas regras fazem com que a ciência tenha uma estrutura interna de funcionamento — baseada, para Kuhn, no esgotamento de paradigmas e em consequentes revoluções científicas — e produza, com isso, conteúdos de verdade, ainda que transitórios. Que essas regras sejam históricas e socialmente determinadas em nada altera o problema. A noção de "paradigma" — ou seja, o conjunto de crenças teóricas e metodológicas compartilhadas e que orientam a escolha de problemas e métodos de investigação em uma dada disciplina — procura justamente dar conta dessa ambiguidade ligada ao fato de que a ciência é socialmente construída mas produz conteúdos com validade universal (cf. Kuhn, 1963, 1972, 1989, 2006).

1965). Não por acaso, a primeira — e até hoje mais importante — forma de avaliação e controle da atividade científica está relacionada à quantificação do número de publicações e à mensuração do seu impacto (cf. De Solla Price, 1963, 1968; Wouters, 2006).

É importante ressaltar que, ao tornar a ampla divulgação dos resultados de pesquisa a base sobre a qual se estrutura todo o seu funcionamento, a ciência, ou melhor, os cientistas usam a sua propriedade intelectual — sob a forma de direito autoral — para garantir que o conhecimento científico esteja acessível aos "pares". Dito de outro modo, ao publicar um livro ou um artigo, o cientista usa do seu direito de propriedade intelectual para liberar o conteúdo, permitindo que o conhecimento se torne "público".[5] Que, depois, as editoras para as quais esse direito autoral foi cedido o utilizem para impedir a ampla reprodução do seu conteúdo não altera o fato de que ele permanece virtualmente acessível, podendo ser usado de diferentes formas, desde que referenciado. Isso significa que a propriedade intelectual, nesse caso, é garantia — e não restrição — de acesso[6] e é essa ligação entre a divulgação de resultados por meio de publicações e a estrutura de funcionamento da ciência que faz da propriedade intelectual uma questão tão central, sobretudo hoje, quando o incentivo ao patenteamento de resultados de pesquisa pode representar uma mudança na forma como os cientistas mobilizam esse dispositivo jurídico.

---

5   Claro que existem uma série de limites impostos ao acesso à literatura científica. O mercado de periódicos científicos é, hoje, altamente concentrado em torno de grandes empresas tais como, por exemplo, a Sage, a Routledge, a Elsevier, o que eleva substancialmente o custo do acesso a periódicos internacionais. Isso justifica porque utilizo "público" entre aspas.

6   Outro exemplo importante de uso da propriedade intelectual como forma de garantir o acesso ao conhecimento é o do chamado "*software* livre". Aliás, existem fortes indícios de que a lógica de funcionamento da ciência inspirou as práticas de desenvolvimento de "*software* livre" (cf. Carlotto & Ortellado, 2011).

Para a teoria mertoniana, no entanto, esse conjunto de regras e valores diferencia a ciência de outras formas de produção de conhecimento, tanto social quanto cognitivamente. Reconhecida essa diferenciação básica, os sociólogos da ciência passaram a estudar como se desenvolveu, historicamente, a profissionalização e a institucionalização da ciência — como consolidação da autonomia e do financiamento social — e o quanto essa institucionalização determinou o desenvolvimento da atividade de pesquisa, compreendido como *processos de diferenciação horizontal* — o surgimento de novas disciplinas e áreas de pesquisa — e *vertical* — a formação de hierarquias entre as ciências e os cientistas, ou seja, as disputas por notoriedade e produtividade científica[7] (cf. Ben-David, 1965, 1974, 1977; Ben-David & Collins, 1966; Zilsel, 1942; Shinn & Ragouet, 2008).

Essa tradição sociológica permaneceu praticamente hegemônica até a década de 1970, quando passou a ser duramente criticada, tanto no âmbito dos estudos sociológicos da ciência quanto no campo do desenho de políticas e mecanismos de gestão da ciência.[8] No plano das políticas públicas para a ciência e a tecno-

---

7   Existe uma grande afinidade entre os estudos da sociologia da ciência sobre o problema da estratificação da ciência (a distribuição desigual da notoriedade científica) e as primeiras formas de mensuração da produtividade científica. A assim chamada *cientometria* se dedica à mensuração do volume e do impacto das publicações científicas.

8   A relação existente entre esses dois processos — a crise do funcionalismo no âmbito da sociologia da ciência e o declínio das políticas científicas a ele direta ou indiretamente correspondentes — é um tema bastante complexo. Uma belíssima análise do tema pode ser encontrada em Forman (2007). Para o historiador, a alteração das concepções de ciência e de tecnologia, que está na base das mudanças das políticas científicas e tecnológicas e das inflexões da relação entre ciência e tecnologia no campo das ciências humanas e filosofia, reflete uma mudança cultural bem mais ampla. Não tenho, no entanto, condições de tratar a questão de Forman aqui.

logia destacam-se as críticas às políticas "não intervencionistas",⁹ que vigoraram dos anos 1950 ao final dos 1970, inspiradas pela sociologia mertoniana. Essa inflexão é um dos objetos centrais do segundo capítulo deste livro. Restringindo-se, por ora, à crítica propriamente sociológica, é possível afirmar que as principais vertentes que organizam atualmente o campo da sociologia da ciência emergiram, fundamentalmente, de contestações, mais ou menos radicais, da tradição mertoniana. Segundo Terry Shinn e Pascal Ragouet (2008), essas correntes podem ser classificadas em dois grandes grupos: as *teorias antidiferenciacionistas* (a assim chamada "Nova Sociologia da Ciência", sobretudo na sua vertente construtivista, que nega a diferenciação epistemológica e institucional da ciência) e as *teorias neodiferenciacionistas* (todos os sociólogos que, embora críticos da sociologia mertoniana, ainda reconhecem a especificidade da ciência como instituição social e como sistema cognitivo).[10]

---

9 Embora o termo mais comum seja políticas *lineares* (Stokes, 2005) ou *ofertistas* (Dagnino & Velho, 1998) de ciência e tecnologia, entendo que a expressão mais adequada seja *política não intervencionista*, no sentido dado por Benner e Sandström ao analisarem o modelo de funcionamento de agências de fomento (2000, p. 300): uma política que parte do pressuposto de que a ciência deve se "autoadministrar", controlando, através das suas estruturas de financiamento e avaliação, o processo de produção de pesquisas.

10 A classificação proposta por Shinn e Ragouet (2005, 2008) define três categorias. Os *diferenciacionistas clássicos*, representados por Robert K. Merton e todos os sociólogos que seguem, direta ou indiretamente, o seu trabalho: Cole & Cole (1967), Crane (1969, 1972), Hagstrom (1965, 1972), Zuckerman (1967a, 1967b), Ben-David (1965, 1974, 1977). Os *neodiferenciacionistas*, que entendem a ciência enquanto esfera dotada de alguma especificidade — tanto social quanto cognitiva — ainda que reconheçam sua historicidade, suas fortes ligações com a sociedade, bem como seu papel nos processos sociais de dominação e, vice-versa, o papel dos processos sociais de dominação no interior da ciência. Nessa tradição, além de Pierre Bourdieu (1975, 2004a, 2004b) e Richard D. Whitley (2000), inserem-se,

O ponto de partida das vertentes da chamada Nova Sociologia da Ciência[11] — o que lhes confere unidade — é a problematização do silêncio da sociologia mertoniana em relação ao processo de produção/fabricação de "verdades" científicas. Em outras palavras, todos partem da crítica à separação radical entre sociologia e epistemologia. Na base dessa crítica estão duas inflexões. Primeiro, uma ênfase maior no que esses autores descrevem como a *pesquisa em ação*, ou seja, com as *práticas concretas* de investigação e formulação de fatos e enunciados científicos. Segundo, a negação dos processos de diferenciação da ciência, tanto no nível institucional — a sua constituição como esfera social relativamente autônoma a partir da sua diferenciação em relação a outras esferas — quanto na dimensão epistemológica — a diferenciação em relação a outras formas de produção de conhecimento, como a religião e a mitologia.

Ao negar tanto a autonomia relativa da ciência quanto as suas particularidades epistemológicas (cf. Shinn & Ragouet, 2008, p. 11), a Nova Sociologia da Ciência suspende as diferenças tradicio-

---

a meu ver, autores como o próprio Terry Shinn (1980, 2000a; 2000b, 2002, 2008a, 2008b), Pascal Ragouet (2000) e Yves Gingras (2000, 2003; Gingras *et al.*, 2003). Já a linha *antidiferenciacionista* é composta dos autores ligados ao chamado "Programa Forte" de sociologia da ciência (Barnes, 1977; Bloor, 1976, 1982), à etnografia da ciência (Knorr-Cetina, 1981, 1992; Latour, 1984a, 1984b, Latour & Woolgar, 1996) e à linha mais radical do antidiferenciacionismo, a sociologia construtivista da ciência (Callon, 1986, 1998a; Callon & Latour, 1991; Latour, 1983, 1984b, 1995, 2000, 2001; Coutouzis & Latour, 1986).

11 Segundo Shinn e Ragouet, "certos autores situam-se em várias dessas categorias, na medida em que suas tomadas de decisão, evolutivas, não podem ser exclusivamente exprimidas por [apenas] uma delas" (2008, p. 60). Isso explica por que Bruno Latour, por exemplo, tem trabalhos que podem ser classificados tanto na linha "etnográfica" da ciência, como, por exemplo, *La vie de laboratoire*, escrito em parceria com Steve Woolgar (Latour & Woolgar, 1996), quanto na linha construtivista, como *Les microbes: guerre et paix* (Latour, 1984b), *Le métier de chercheur: regard d'un anthropologue* (Latour, 1995) e *La science telle qu'elle se fait* (Callon & Latour, 1991).

nalmente atribuídas às diversas formas de produção de ciência como, por exemplo, a que se desenvolve em instituições público--estatais e as que são financiadas por investimentos privados e realizadas no interior das empresas. Dentre todas as vertentes da Nova Sociologia da Ciência, foi o construtivismo — cuja expressão mais atual são as pesquisas feitas a partir da noção de ator/rede — que acumulou, sem dúvida, maior influência nas pesquisas sociológicas sobre a ciência, particularmente no Brasil. Esses trabalhos, como o próprio nome sugere, estão preocupados com o processo de *construção social da ciência*[12] — não enquanto instituição organizada por regras e valores próprios, cuja existência eles negam, mas enquanto um discurso que se pretende "legítimo" e "verdadeiro" (cf. Callon, 1986, 1998a; Callon & Latour, 1991; Latour, 1984a, 1984b, 1994, 1995, 2000, 2001, 2002). Partindo da negação radical de dicotomias cognitivamente estruturantes — tais como falso/verdadeiro, ciência/

---

12 Bruno Latour, um dos nomes mais importantes da "Nova Sociologia da Ciência", está particularmente interessado no processo de produção/construção de verdades científicas. Como o próprio autor afirma, a sua teoria pode ser considerada uma filosofia da ciência embasada em pesquisa empírica. Nesse espírito, Latour chama a atenção para a diferença essencial entre a *ciência acabada* (teorias e verdades constituídas) e o que ele chama a *ciência em ação*, destacando a importância de olhar para esta última para entender, de fato, como se produzem as "verdades" científicas. Assim, a difícil tarefa de estudar a ciência deve começar, para ele, "pela porta de trás", ou seja, pela ciência em construção, esse é "o nó da questão: o tópico no qual os cientistas e engenheiros trabalham arduamente" (Latour, 2000, p. 16-17). No entanto, segundo Latour, os estudos sobre ciência são, de forma geral, marcados por um enorme descaso em relação ao processo que antecede a ciência acabada: "Apesar do quadro rico, desconcertante, ambíguo e fascinante que assim se revela, poucas pessoas de fora já penetraram nas atividades internas da ciência e da tecnologia e depois saíram para explicar, a quem continua do lado de fora, como tudo aquilo funciona (...) infelizmente, quase ninguém está interessado no processo de construção da ciência" (Latour, 2000, p. 33-34).

não ciência, observador/objeto, fato/conceito, natureza/cultura e moderno/não moderno —, a sociologia construtivista privilegia o processo social pelo qual essas diferenciações são produzidas, tornando ciência um discurso socialmente legítimo e dominante. Nesse registro, a forte preocupação com a dimensão produtiva da ciência enquanto *discurso* aproxima o construtivismo de Latour e Callon das teorias "pós-modernas", não obstante as críticas de Latour à concepção pós-moderna de ciência (cf. Latour, 1994, p. 50-52). O impacto da sociologia construtivista sobre o estudo contemporâneo da ciência tem, portanto, três níveis. Em primeiro lugar, ela nega radicalmente que a compreensão de que a ciência possa ser entendida como uma esfera social diferenciada, constituída por um processo de institucionalização que lhe permitiria funcionar segundo regras, valores e formas próprias de organização e gestão do trabalho. À negação da dimensão institucional da ciência, soma-se a ênfase nas práticas concretas dos pesquisadores, o que justifica a escolha pela pesquisa etnográfica de laboratórios e outros locais de trabalho. Por fim, a incorporação da dimensão epistemológica da ciência possibilita problematizar o papel político desempenhado pelos discursos supostamente "legítimos" da ciência na construção da realidade — ou seja, a função da ciência como instrumento de poder e dominação (cf. Latour, 1984a, 1994, 2001; Callon, 2006).[13]

---

[13] A sociologia tradicional da ciência foi duramente criticada pela Nova Sociologia da Ciência por aceitar o caráter supostamente "verdadeiro" e "universal" dos enunciados científicos — ou seja, por partir do pressuposto de que a ciência constitui uma forma de cognição mais "racional" e, portanto, "superior" a outras —, silenciando tanto em relação aos processos sociais de construção dos fatos científicos quanto em relação à interação entre a ciência e os processos de dominação. Essa crítica à ciência e à racionalidade é o elemento pós-moderno dessas teorias, mais presente em autores como Callon e Latour, levando, inclusive, a segmenta-

29

Em uma chave completamente distinta, a perspectiva que se origina a partir dos trabalhos de Pierre Bourdieu sobre o campo científico volta suas críticas à sociologia mertoniana para outro alvo: a visão excessivamente funcionalista, homogênea e purista da ciência. Ao classificar a tradição mertoniana como "estrutural--funcionalista", Bourdieu (1975, 2004a) criticava o fato dessa tradição considerar "o mundo científico como uma *comunidade* que se dotou — se desenvolveu — com instituições justas e legítimas de regulação e onde não há lutas — em todo caso, não há lutas a propósito do motivo das lutas" (Bourdieu, 2004a, p. 24). Em contraposição a essa concepção funcionalista, Bourdieu propõe pensar a ciência a partir do conceito de "campo científico", compreendido como um:

(...) sistema de relações objetivas entre as posições adquiridas (pelas lutas anteriores), é o lugar (quer dizer, o espaço de jogo) de uma luta de concorrência que tem por objetivo *específico* o monopólio da *autoridade científica*, inseparavelmente definida como capacidade técnica e como poder social, ou, se preferirmos, o monopólio da *competência científica*, entendida no sentido de capacidade de falar e de agir legitimamente (quer dizer, de maneira autorizada e com autoridade) em matéria de ciência, que é socialmente reconhecida em um agente determinado (Bourdieu, 1975, p. 91-92).

A ciência aparece, desse modo, como um espaço essencialmente conflituoso e não, como pressupunha Merton, como uma comunidade de iguais — os pares — em que as regras, os mecanismos de hierarquização e as formas de controle são justos e amplamente compartilhados porque incorporados ao *éthos* científi-

---

ções no interior da Nova Sociologia da Ciência, como atesta o famoso texto de David Bloor intitulado "Anti-Latour" (Bloor, 1999).

co. A ciência constitui, nessa linha, um espaço de "concorrência perfeita" em que a "ideia verdadeira" deve necessariamente prevalecer[14] (Bourdieu, 1975, p. 92).

Vista conceitualmente como um campo, a ciência torna-se um espaço de luta cujo objetivo é o controle da autoridade científica, que Bourdieu denomina, por vezes, de "monopólio da competência científica". A noção de campo permite romper exatamente com uma visão excessivamente pacífica e conciliadora da atividade científica, aquela que entende que a ciência constitui "um mundo de trocas generosas em que todos os investigadores colaboram para um mesmo fim" (Bourdieu, 2004a, p. 67). Ainda segundo Bourdieu: "essa visão idealista que descreve a prática científica como produto da submissão voluntária a uma norma ideal é contradita pelos fatos: o que se observa são conflitos, por vezes ferozes, e competições no interior de estruturas de domínio" (2004a, p. 68). Essa visão "comunitarista" esquece, portanto, que o mundo científico fundamenta-se em disputas pelo monopólio legítimo dos bens científicos — ou seja, a definição do que seja "bons métodos", "boa pesquisa", "bons objetivos" etc.

Mas se existe luta no interior de um campo, é fundamental reconhecer que ela se desenvolve de forma regrada, ou seja, como uma disputa pelo acúmulo de capital científico — expressão específica do capital simbólico. O capital científico depende estritamente do reconhecimento dos agentes do campo das contribuições dadas por cientistas individuais, sob a forma de publicações ou outras comunicações acadêmicas, a uma dada área ou disciplina. O acúmulo diferenciado de capital científico, ao definir a

---

14 Sobre a tradição mertoniana, conclui Bourdieu: "muito objetivista, muito realista (...) muito clássica (...) essa abordagem não faz a menor referência à forma como são resolvidos os conflitos científicos. Aceita, de fato, a definição dominante, logicista, da ciência, à qual entende limitar-se" (2004a, p. 25).

estrutura do campo, faz com que a ciência constitua-se como um espaço necessariamente estratificado, no qual a luta não se desenrola em condições de igualdade, uma vez que o poder específico de cada agente — a sua autoridade científica — é dado pela sua posição no interior de um campo *estruturado*. O campo científico constitui-se, desse modo, como espaço de poder e dominação, dimensão que está completamente ausente da teoria mertoniana.

Dizer que o campo científico constitui-se como espaço de luta e de dominação não implica afirmar, no entanto, que os cientistas buscam exclusivamente o poder, expresso no reconhecimento dos pares e na autoridade científica a ele correspondente. Bourdieu enfatiza que as disputas científicas são marcadas por uma ambiguidade estrutural: o fato de serem, indissociavelmente, "epistemológicas" e "políticas".[15] Assim, as lutas no interior de um campo, enquanto contraposição política, realizam-se sob a forma de disputas epistemológicas: quem faz a melhor ciência, oferecendo as contribuições mais relevantes e mais rigorosas. Mas essas disputas epistemológicas envolvem, ao mesmo tempo e necessariamente, uma dimensão política: o acúmulo de capital simbólico que confere mais poder para definir, a partir de uma posição mais privilegiada, o que é a boa ciência.[16]

---

15 Dirá Bourdieu: "Uma análise que tentasse isolar uma dimensão puramente 'política' dos conflitos pela dominação do campo científico seria tão radicalmente falsa quanto a posição inversa, mais frequente, de reter apenas as determinações 'puras' e puramente intelectuais dos conflitos científicos" (1975, p. 93).

16 Essa dimensão ambígua das disputas científicas é destacada por Bourdieu também no curso do *Collège de France*: "Há uma espécie de ambiguidade estrutural do campo científico (e do capital simbólico) que poderia ser o princípio objetivo da 'ambivalência dos cientistas', já evocada por Merton, a propósito das reivindicações de prioridade: a instituição que valoriza a prioridade (ou seja, a apropriação simbólica), valoriza também o desinteresse e a 'dedicação desinteressada ao avanço do conhecimento'. O campo impõe, simultaneamente, a competição 'egoísta' (...) e o desprendimento (...). Não há dúvida de que foi também essa

A compreensão do funcionamento da ciência segundo a dialética interesse/desinteresse — a busca "desinteressada" pela "verdade" corresponde à disputa "interessada" por poder, e a disputa "interessada" por poder assume a forma de uma busca "desinteressada" pela "verdade" — diferencia a posição de Bourdieu tanto em relação à tradição mertoniana — que não reconhece o conflito, portanto, a dimensão essencialmente política do campo científico — quanto em relação à "Nova Sociologia da Ciência" — que não reconhece a dimensão epistemológica das disputas científicas, por apresentá-las exclusivamente como uma disputa de poder, portanto, como exercício de dominação.

Esse duplo desvio permite a Bourdieu tratar sociologicamente a dimensão epistemológica da ciência, mas em uma chave completamente distinta da visão construtivista. Nesse sentido, o autor abre o seu artigo de 1975 — "La spécificité du champ scientifique et les conditions sociales du prógrés de la raison" — com a seguinte afirmação:

> A sociologia da ciência repousa sobre o postulado de que a verdade do produto — trata-se desse produto muito particular que é a verdade científica — reside em uma espécie particular de condições sociais de produção; quer dizer, mais precisamente, em um estado determinado da estrutura e do funcionamento do campo científico (p. 91).

Essa mesma questão — do pressuposto histórico da razão científica — reaparece com ainda mais força no seu curso no *Collège de France* de 2000-2001, publicado em francês com o título *Science*

---

ambiguidade que fez com que se pudesse descrever as trocas que têm lugar no campo científico segundo o modelo da troca de dádivas, em que cada pesquisador deve oferecer aos outros a nova informação que descobriu para deles obter, em contrapartida, reconhecimento" (Bourdieu, 2004a, p. 77).

de la science et reflexivité. Nesse texto, Bourdieu sai definitivamente "em defesa" da intrínseca relação existente entre as regras internas de funcionamento do campo científico — sua constituição enquanto esfera diferenciada do mundo social — e a possibilidade de produção de "verdades" universalmente válidas. Em um diálogo explícito — e por vezes de uma violência incomum[17] — com a Nova Sociologia da Ciência o autor argumenta:

> O fato de os produtores [científicos] tenderem a ter como clientes apenas os seus adversários mais rigorosos, os mais competentes e críticos, portanto, os mais *inclinados* e os *mais aptos* a validar a sua crítica é, para mim, o *ponto arquimediano* em que nos podemos basear para *explicar cientificamente a razão da razão científica*, para libertar a razão científica da redução relativista e explicar que a ciência pode avançar incessantemente para uma maior racionalidade sem ser obrigada a recorrer a uma espécie

---

[17] Sobre o construtivismo que denomina de "radical", Bourdieu comenta com ênfase: "Ao afirmar que os fatos são artificiais no sentido em que são fabricados, Latour e Woolgar deixam entender que os fatos são fictícios, não objetivos, não autênticos. O sucesso das afirmações desses autores resulta do 'efeito de radicalidade' como diz Yves Gingras (2000), que nasce desse deslize sugerido e encorajado pelo hábil uso de conceitos ambíguos. A estratégia de passagem ao limite é um dos recursos privilegiados da investigação deste efeito, mas pode levar a posições insustentáveis e indefensáveis, porque muito simplesmente absurdas. Daí uma estratégia típica consiste em avançar uma posição muito radical (do tipo: o fato científico é uma construção ou — deslize — uma fabricação, portanto um artefato, uma ficção) para depois se retratar diante da crítica, refugiando-se em banalidades, ou seja, na face mais vulgar das noções ambíguas como construção etc." (2004a, p. 43). E conclui, alegando que as teorias construtivistas lhe inspiram uma "*santa cólera* que encontra o seu fundamento no fato de essas pessoas [Bourdieu refere-se a Latour], que recusam geralmente o nome e o estatuto de sociólogos sem serem realmente capazes de se submeter às exigências do rigor filosófico, poderem ter sucesso junto aos membros recém-admitidos e atrasar o progresso da investigação, levantando falsos problemas que fazem perder muito tempo (...)" (2004a, p. 49).

de milagre fundador. Não é necessário sair da História para compreender a emergência e a existência da razão na História. O fechamento sobre si do campo autônomo constitui o princípio histórico da gênese da razão e do exercício de sua normatividade (2004a, p. 78).

Em outras palavras, é no processo de autonomização da esfera científica — que impõe a necessidade de que a ciência *internalize* e *institucionalize* o processo de certificação dos seus enunciados — que reside, segundo Bourdieu, a fundamentação *histórica* da racionalidade científica.

Esse mesmo argumento aparece desenvolvido em *Meditações pascalianas*, no capítulo em que o autor trata dos *fundamentos históricos da razão* e afirma:

> Quando se admite que a razão científica é um produto da história e que ela se afirma cada vez mais à medida que se amplia a autonomia relativa do campo científico em relação às constrições e determinações externas, ou melhor, à medida que esse campo consegue impor de modo mais soberano suas leis específicas de funcionamento, mormente em termos de discussão, de crítica etc., somos levados a refutar os dois termos da alternativa comumente aceita: o absolutismo "logicista" que pretende conferir os "fundamentos lógicos" *a priori* ao método científico e o relativismo "historicista" ou "psicologicista" (...) (2007, p. 130).

A forma como Bourdieu trata o problema da racionalidade científica aproxima-o de uma das questões mais essenciais da sociologia: o processo de emancipação das esferas de valor e sua relação com o processo histórico de emergência da modernidade.

Um dos pontos centrais da interpretação weberiana sobre a emergência da modernidade reside no reconhecimento da emancipação das esferas de valor que constitui, por sua vez, uma das chaves de compreensão do que Weber considera como o "processo de racionalização ocidental".[18] A emancipação, autonomização ou autorregulação das esferas são expressões usadas para descrever o processo em que as esferas sociais — Weber destaca pelo menos cinco: a econômica, a política, a estética, a erótica e a intelectual ou científica — passam a se organizar a partir de critérios próprios de legitimação, ou seja, segundo uma legalidade e um conjunto próprio de critérios valorativos. No contexto moderno, portanto, a religião não pode mais dizer, por exemplo, o que é esteticamente belo, o que é politicamente justo ou o que é cientificamente verdadeiro. Cabe a cada uma dessas esferas — a estética, a política, a científica, a religiosa etc. — definir seus critérios internos de validade e autocertificação. O mundo moderno é caracterizado, por Weber, pela coexistência dessas esferas autorreguladas com pretensão de autonomia. A contraposição marcante é com o mundo medieval europeu, onde as esferas encontravam-se imbricadas e subordinas à religião, embora Weber estenda essa caracterização a todas as formas sociais cujo sentido

---

18 O mundo moderno, para Weber, distingue-se pela existência de um sistema econômico organizado a partir da lógica racional calculadora — capitalismo moderno — e pela racionalização das práticas sociais em todas as esferas da vida (cf. Cohn, 1979). Ambas as características podem ser encaradas, entretanto, como um duplo aspecto de um mesmo processo mais geral e mais extenso: o processo de racionalização ocidental. Segundo Pierucci (2003), conceitualmente, o uso de termos como "racionalização", "racionalismo" e "processo de racionalização" é ambíguo, polissêmico e, muitas vezes, contraditório na obra de Weber. O mesmo, porém, não acontece com o uso do termo *desencantamento do mundo*, que é muito mais específico e rigoroso. Por isso, argumenta Pierucci, para a compreensão, em termos conceituais, do que Weber chama "processo de racionalização" é interessante perseguir a construção do conceito de *desencantamento*. Ainda segundo Pierucci, existem dois sentidos para o termo *desencantamento* que são usados por Weber "ao mesmo tempo e o tempo todo". Em termos bastante simplistas, podemos dizer: "desencantamento do mundo pela religião" e "desencantamento do mundo pela ciência" (p. 27-42).

conferido à natureza e à existência humana é dado por uma teodisseia. O mundo moderno aparece, portanto, como o "outro" dessas formas sociais, uma vez que a emancipação das esferas de valor — o desencantamento do mundo — implica a corrosão de um princípio único de significação ética e a consequente expansão da racionalidade como princípio da ação social propriamente moderna.

A apropriação da hipótese weberiana de que a autonomização das esferas de valor está na base da racionalidade moderna é um elemento que aproxima a obra de Pierre Bourdieu da de Jürgen Habermas. Apesar de todas as diferenças,[19] os dois autores inserem-se no mesmo debate, enfrentando os mesmos interlocutores, quais sejam, os pós-estruturalistas, sobretudo franceses. Assim, em seu livro *Science de la science et reflexivité*, Bourdieu está reagindo às críticas formuladas pelo construtivismo pós--estruturalista às "pretensões racionais da ciência". Na mesma direção, Habermas escreve *O discurso filosófico da modernidade* em resposta "ao desafio proposto pela crítica neoestruturalista à razão" (Habermas, 2002, p. 1). Mas as aproximações entre os dois autores não se resume aos interlocutores que têm em comum. O problema formulado por eles é, também, extremamente próximo.

---

19 Em *Os usos sociais da ciência*, Bourdieu afirma: "Diferentemente de uma filosofia da 'ação comunicativa' tal como a de Habermas (...) que atribui um lugar considerável aos problemas e às normas da comunicação nos espaços sociais como o campo político, essa *realpolitik* da qual estou tentando dar ilustrações propõe que, para que se realize o ideal que se dá como a verdade da comunicação, é preciso agir sobre as estruturas nas quais se concretiza a comunicação, por uma ação política mais específica, isto é, capaz de atingir os obstáculos sociais específicos da comunicação racional e da discussão esclarecida" (Bourdieu, 2004b, p. 67). Assim, o estruturalismo de Bourdieu, que reconhece a estruturação da ação social, impede que o sociólogo francês aceite o pressuposto de que, na esfera pública, a ação comunicativa possibilite o enfrentamento da "razão pura".

No primeiro capítulo de *O discurso filosófico da modernidade* — intitulado "Consciência de tempo da modernidade e sua necessidade de autocertificação" —, Habermas apresenta o que ele chama de "o problema filosófico da modernidade", que encontraria em Hegel a sua primeira formulação acabada:

> Hegel foi o primeiro a tomar como problema filosófico o processo pelo qual a modernidade se desliga das sugestões normativas do passado, que lhe são estranhas. (...) apenas no final do século XVIII *o problema da autocertificação da modernidade* se aguçou a tal ponto que Hegel pôde perceber essa questão como problema filosófico e, com efeito, como *o problema fundamental* de sua filosofia. O fato de uma modernidade sem modelos ter de estabilizar-se com base nas cisões por ela mesma produzidas causa uma inquietude que Hegel concebe como a "fonte da necessidade da filosofia" (Habermas, 2002, p. 24).

Assim, para Hegel, a especificidade da modernidade reside, justamente, na (auto)consciência da sua própria historicidade. A modernidade não pode e não quer tomar seus critérios de fundamentação e orientação da tradição e do passado; "ela tem que extrair de si mesma a sua própria normatividade" (Habermas, 2002, p. 12). O problema da modernidade estende-se às diferentes esferas sociais. Assim, a arte, a filosofia, a política e a ciência precisam extrair de si mesmas os fundamentos valorativos e os critérios de validade que inspiram suas regras de funcionamento.

É nesse processo — nitidamente aparentado àquele descrito por Weber — que reside o que Habermas denomina de "conteúdo racional da modernidade cultural" (Habermas, 2002, p. 148). Isso porque a emancipação das esferas de valor potencializa o desenvolvimento dos processos comunicativos na medida em que substitui os critérios externos de validade — como, por exemplo, o pensamento mítico-religioso — por "verdades proposicionais" estabelecidas comunicativamente, ou seja, por consensos racionais que se definem a partir de processos comunicativos. A ausência de uma ordem externa que organize tais esferas não só possibilita como exige que a razão comunicativa se transforme no novo critério de validade. Tal movimento se expande para além das esferas de valor individuais e acaba por provocar uma modernização do *mundo da vida* por meio da absorção dos potenciais emancipatórios da modernidade cultural (cf. Cohen & Arato, 1992). É esse processo, fundamentado na autonomia das esferas, que permite um certo grau de resistência das esferas em relação ao avanço da racionalidade instrumental inerente à expansão econômica e burocrática:

> [Se, por um lado] É certo que com a economia capitalista e o Estado moderno se reforça também a tendência de se confinar todas as questões da validade ao horizonte limitado da racionalidade orientada para fins de sujeitos que se autopreservam ou de sistemas que se mantêm em existência, [por outro,] a este pendor para a regressão social da razão opõe-se (...) a compulsão, que não se pode deixar de considerar, induzida pela racionalização das imagens do mundo e dos mundos da vida, para a progressiva diferenciação de uma razão que assume uma forma processual (...). À assimilação naturalista das pretensões de validade e de poder, à destruição da capacidade crítica, opõe-se o desenvolvimento das culturas especializadas nas quais uma esfera de validade articulada proporciona às pretensões de verdade proposicional, justeza normativa e autenticidade, um sentido próprio (Habermas, 2002, p. 115).

Portanto, o problema da autofundamentação da racionalidade científica chega a Bourdieu e a Habermas pela leitura que esses autores têm da relação entre emancipação das esferas e racionalização, tal como formulado, inicialmente, por Weber. Não por acaso, a forma como Bourdieu expõe a relação entre autonomia e racionalidade científica[20] parece muito próxima da forma como Hegel — o primeiro filósofo da modernidade, segundo Habermas — expõe a mesma relação:

A ciência pode ser empregada como entendimento servil para fins finitos e meios causais e, assim, não adquire sua determinação a partir de si mesma mas a partir de outros objetos e relações; por outro lado, ela também se liberta dessa servidão para se elevar à verdade em uma autonomia livre, na qual ela se realiza independentemente apenas com seus próprios fins (Hegel, 2001, p. 32).

Essa aproximação é reconhecida pelo próprio Bourdieu, que afirma:

(...) eu não estou certo que seja assim tão radical quanto possa parecer à primeira vista a oposição entre o racionalismo historicista que eu defendo — com a ideia de uma história social da razão e do campo científico como lugar da gênese histórica das condições sociais de produção da razão — e o racionalismo neokantiano que tende a se fundamentar como razão científica ao apoiar-se sobre as conquistas da linguística, como na obra de Habermas. *O relativismo racionalista e o absolutismo esclarecido podem se encontrar na defesa da Aufklärung* (Bourdieu, 2002, p. 6-7; grifo meu).

---

20 De novo, nas palavras de Bourdieu: "(...) a razão científica é um produto da história e (...) ela se afirma cada vez mais à medida que se amplia a autonomia relativa do campo científico em relação às constrições e determinações externas, ou melhor, à medida que esse campo consegue impor de modo mais soberano suas leis específicas de funcionamento (...)" (2007, p. 130).

Assim, em contraposição ao relativismo da Nova Sociologia da Ciência, Bourdieu filia-se a toda uma tradição sociológica que lhe permite repor, em um só movimento, a validade do conceito de diferenciação social do campo científico e a possibilidade de pensar a ciência como uma forma específica de produção de conhecimento. Em outras palavras: fundada em um processo histórico de autonomização e institucionalização, a ciência emerge como uma forma específica de conhecimento, capaz de produzir enunciados racionais e válidos para além do seu contexto específico de produção, negando a compreensão da sociologia construtivista de que a ciência seria uma construção cultural como outra qualquer, cujo significado dos enunciados seria contextualmente dependente.

Da perspectiva bourdieusiana, a transformação da esfera científica pressupõe a desconstrução dos mecanismos de certificação e proteção criados ao longo desse processo de institucionalização. A teoria de Bourdieu — inspirada na tradição sociológica que leva o problema da constituição das esferas sociais de Weber a Habermas — fornece, portanto, uma chave interessante para a análise da mudança da esfera científica, na medida em que entende essa mudança como a desconstrução das regras internas de funcionamento, por meio de um processo, digamos, de desinstitucionalização da ciência.

Por outro lado, por partir de uma teoria social que concebe a sociedade simplesmente como um conjunto de esferas mais ou menos independentes, a teoria de Bourdieu não oferece ferramentas para pensar a transformação social a partir de processos que estão para além das esferas individuais e sua interação. Essa forma quase mecânica de entender os processos sociais faz com que a teoria bourdieusiana não transcenda a percepção de que as esferas interagem por meio de processos de super, sobre e justaposição.

Se é verdade, portanto, que a ciência pode ser pensada como

uma esfera socialmente diferenciada que se constituiu por processos de institucionalização, não é possível compreender a dinâmica da sua relação com a economia e com a política como se esse fosse simplesmente um problema de "interação" entre esferas mais ou menos autônomas. Existem processos sociais transversais que, se não transformam as esferas ao mesmo tempo e da mesma forma, imprimem a todas elas tendências comuns que estão necessariamente interligadas.

Portanto, se as questões postas por Bourdieu nos obrigam a olhar para o processo de institucionalização da esfera científica como um processo constitutivo e fundamental, não é possível ignorar o fato de que a ciência é, ao mesmo tempo, uma atividade social, ou seja, uma forma de trabalho que pressupõe determinadas formas de relação com a natureza, de organização e de controle que imprimem à ciência uma dinâmica de funcionamento comum a outros âmbitos sociais. Essa dimensão — a ciência não é só uma esfera institucionalmente diferenciada, mas uma atividade social e uma forma de trabalho — foi amplamente ressaltada pela Nova Sociologia da Ciência. Para os seus autores, não é mais possível empreender um estudo crítico da ciência sem levar em conta a dimensão das práticas concretas da atividade científica, bem como o papel político que a ciência desempenha, como discurso socialmente legítimo, na construção da realidade social.

É do entrelaçamento dessas problemáticas — a ciência como instituição, como prática social e como discurso socialmente legítimo — que emergem os problemas essenciais do presente trabalho: a transformação da ciência no Brasil, pensada da perspectiva dos discursos legítimos sobre a ciência, da sua dinâmica jurídico-institucional e do seu impacto sobre as práticas concretas dos cientistas. A seguir, procuramos avançar na formulação dessas dimensões da pesquisa — que resultam inseparáveis.

2 A CIÊNCIA COMO *instituição* E COMO *prática*: OS REGIMES DE PRODUÇÃO E DIFUSÃO DO CONHECIMENTO CIENTÍFICO E SUA TRANSFORMAÇÃO

O conceito de regimes de produção e distribuição de conhecimento científico, tal como formulado por Terry Shinn, emerge, em certa medida, da interação entre a problemática da Nova Sociologia da Ciência — que ressalta a importância de olhar para as práticas científicas — e as formulações de Pierre Bourdieu — que tratam a ciência como esfera socialmente diferenciada. Shinn parte do reconhecimento de que a ciência constituiu-se como esfera relativamente autônoma — do ponto de vista social e cognitivo —, levando em conta não só o seu profundo enraizamento histórico como, também, a diversidade das suas práticas e culturas de pesquisa, como ele mesmo aponta:

A gênese de cada regime [de produção e difusão do conhecimento] corresponde ao ambiente cognitivo, político e econômico de uma época histórica e às dimensões culturais de um dado tempo. Cada regime possui sua divisão específica de trabalho, sistema organizacional, regras e hierarquias internas, universo de emprego, formas de produzir resultados, clientela e seu sistema particular de circulação entre produção e mercado (Shinn, 2008b, p. 13).

A partir dessa definição geral, Shinn propõe a existência de quatro regimes: o disciplinar, o utilitário, o transitório e o transversal (cf. Joerges & Shinn, 2001; Shinn, 2000a, 2000b, 2008a). Ele define o regime disciplinar de produção do conhecimento nos seguintes termos:

O regime disciplinar de produção de conhecimento (...) está assim baseado em departamentos disciplinares de universida-

des, cujo objetivo é (1) reproduzir o conhecimento disciplinar-
-padrão para os estudantes e (2) conduzir pesquisa original no
interior da disciplina. O regime disciplinar é fortemente definido por sua orientação autorreferente. Com relação aos tópicos
de pesquisa, eles são retirados do interior da disciplina e relacionam-se tanto com a história e a inércia disciplinares, como
com a direção para a qual o futuro da disciplina aponta, segundo
percepções dos praticantes disciplinares. A disciplina também
estabelece seus critérios internos para a avaliação de seus resultados de pesquisa. Segundo as mesmas linhas, ela decide o que
deve ser aprendido pelos estudantes, e em que extensão, para o
estabelecimento da certificação da realização na forma de diplomas. O regime disciplinar constitui o seu próprio mercado. Os
praticantes são os consumidores de suas próprias produções. O
resultado da pesquisa está dirigido pelos pares disciplinares que
avaliam, portanto, a qualidade do resultado e consomem os produtos cognitivos gerados por outros colegas disciplinares. (...) A
distribuição da produção e a eventual assimilação subsequente
da produção são realizadas por meio de revistas, cujo conteúdo
é controlado pela disciplina (Shinn, 2008a, p. 17).

No presente trabalho, denomino esse regime de *disciplinar/
estatal*. Tal escolha se justifica porque incorpora a constatação —
fundamental para esta pesquisa — de que embora a estrutura
disciplinar possa existir fora do sistema estatal de produção do
conhecimento, ou seja, sem o financiamento do Estado, não é o
que acontece no Brasil, nem em outros países do mundo, sobretudo os europeus.

A escolha por essa denominação busca ressaltar, portanto, que
esse regime disciplinar de produção e distribuição de conhecimento desenvolve-se a partir de uma relação necessariamente
tensa e ambígua com o Estado. Por um lado, a dependência crescente em relação ao fundo público administrado a partir do apa-

relho estatal impõe à ciência uma ligação cada vez mais íntima com o Estado, seus objetivos e seus interesses, os quais são mediados, ainda que indiretamente, pelo funcionamento da democracia representativa. Por outro, o processo de autonomização da esfera científica, que corresponde ao estabelecimento de regras internas de autorregulação, implica uma forte relação de oposição às tentativas do Estado de dirigir e controlar a atividade científica. Segundo Shinn:

> O regime disciplinar de produção e difusão científica está sólida e historicamente baseado na universidade. Isso começa por volta do início do século XIX, quando os Estados nacionais orientaram a produção e reprodução do conhecimento para *uma nova forma de organização, ao mesmo tempo unida ao Estado e lutando por independência da intervenção política e estatal*, e lutando sistematicamente para evitar a vinculação às demandas práticas de curto prazo, economicamente orientadas (2008a, p. 17; grifo meu).

A história das lutas a que se refere Shinn pode ser lida como *a história da luta pela institucionalização da ciência*, ou seja, pelo estabelecimento de condições para que as disciplinas funcionem de forma autorreferida, ou seja, com autonomia relativa em relação ao Estado, à sociedade e ao mercado.[21]

A dimensão estatal é ainda mais importante para o caso brasileiro, no qual à institucionalização frágil e tardia da ciência soma-se a completa ausência de outros setores sociais interessados no desenvolvimento da ciência e em seus possíveis resultados, o que

---

21 Em outras palavras, o processo de institucionalização da ciência encerra a tensão entre o processo de emancipação de uma esfera social — a ciência — e os processos de mercantilização e politização (no sentido de controle externo, sobretudo do Estado).

torna a institucionalização do regime disciplinar uma exigência ainda mais importante e, ao mesmo tempo, mais dependente do Estado. Essa situação peculiar torna as instituições científicas brasileiras extensões imediatas do aparelho de Estado, ainda que administradas, internamente, por uma burocracia estritamente científica, ao mesmo tempo fechada e estruturada por mecanismos de autorreprodução.

Mas não é apenas a dimensão institucional que orienta a formulação do conceito de regimes de produção e distribuição do conhecimento. Igualmente importante é a dimensão das *práticas científicas*, especialmente das formas de organização e controle do trabalho.

No regime disciplinar, a *organização do trabalho* é determinada pela especialização teórica, metodológica e técnica interna a cada disciplina,[22] o que significa dizer que os pesquisadores em atividade nesse regime se distribuem pelas áreas, temas e problemas que as disciplinas acadêmicas, através de um processo de tradução de interesses sociais e de desenvolvimento interno, definiram como sendo os mais importantes e prioritários.

Paralelamente, o *controle do trabalho científico* também é interno ao regime, assumindo a forma de um controle "reputacional", profundamente dependente dos "resultados de pesquisa e do interesse que os pares têm por ela", definição que recoloca o problema clássico do reconhecimento científico ligado à avaliação por pares (cf. Whitley, 2000).

O problema do reconhecimento social do mérito das contribuições científicas individuais — o problema da notoriedade

---

22 A organização disciplinar da ciência é absolutamente fundamental para a estruturação do regime disciplinar, donde a importância que ganha o estudo das novas formas de organização das disciplinas científicas (Shinn & Marcovich, 2011).

científica — é incorporado até pelos críticos mais duros da tradição mertoniana como, por exemplo, Bruno Latour, que lança mão da noção de "credibilidade científica" para analisar o funcionamento da "vida em laboratório" (Latour & Woolgar, 1996, p. 193). Como o reconhecimento das contribuições dos pesquisadores ao campo científico depende da possibilidade de avaliação dos resultados das pesquisas realizadas, o funcionamento e a organização da ciência no regime disciplinar/estatal está ancorada na ampla divulgação dos resultados de pesquisa. A divulgação científica pode assumir diversas formas, tais como: i) a publicação em revistas especializadas; ii) a participação em seminários científicos e congressos científicos; iii) a apresentação em aulas e outras atividades pedagógicas. A permanência ou variação dessas formas expressa, portanto, mudanças importantes nas práticas científicas que se refletem na organização e no funcionamento da ciência, donde a centralidade do problema da propriedade intelectual nos estudos contemporâneos da ciência.

É justamente entre esses estudos que se torna cada vez mais consensual a constatação de que o regime disciplinar/estatal de produção e difusão do conhecimento científico, tal como descrito por Terry Shinn, se ainda não se transformou completamente, sofre uma tentativa deliberada por parte dos governos, dos órgãos de gestão da ciência e da própria burocracia científica[23] nessa direção.

Mas, como vimos, o conceito de regime disciplinar/estatal, na sua tentativa de conciliar duas dimensões da ciência em geral

---

23 O termo "burocracia científica" está sendo usado, nesse contexto, para designar o corpo de diretores e administradores de instituições científicas que são responsáveis por uma série de alterações no funcionamento institucional da ciência. Nesse sentido, a ideia de "burocracia científica" encerra um duplo sentido: denota a estrutura administrativa da ciência e, ao mesmo tempo, o fato de que essa estrutura é ocupada, no geral, por cientistas.

isoladas pela literatura, concebe-a ao mesmo tempo como instituição e como prática. Ao incorporar essa dupla natureza da ciência, esse conceito viabiliza pesquisas que explorem justamente as tensões e contradições entre os dois âmbitos de estruturação da ciência. O conceito permite ver, portanto, que esse processo de transformação da ciência pode ter sentidos distintos quando olhamos para os marcos jurídico-institucionais,[24] de um lado, e para as práticas científicas, de outro.

Passar por cima dessa diferença significa ignorar que a transformação da ciência é um processo de mudança de caráter essencialmente político e historicamente produzido (cf. Carlotto, 2012). Mais que isso, significa também minimizar o papel das resistências e tensões que podem emergir da tentativa de produzir uma mudança do regime disciplinar/estatal por meio da alteração do seu marco institucional, ou seja, por meio da indução jurídico-normativa de uma transformação das práticas concretas dos que trabalham com a produção de ciência e tecnologia no Brasil. É partindo desse conceito de regime de produção e difusão do conhecimento científico — que define a ciência como instituição e como prática — que esta pesquisa pretende explorar as tensões que emergem entre a transformação institucional da ciência brasileira e os seus efeitos sobre a prática concreta dos cientistas nacionais.

---

24 Por marco jurídico-institucional entendemos o conjunto de leis, programas, políticas estatais e normas internas de instituições científicas voltadas para o financiamento, organização e avaliação da produção de ciência e tecnologia.

3 A ciência como *discurso* e como *ideologia*: a obliteração da política e a produção da mudança no regime disciplinar/estatal de produção do conhecimento

A transformação institucional da atividade científica — ou seja, as políticas, leis, instituições e dispositivos que estruturam o seu funcionamento — reflete, em parte, a emergência de novos *discursos* que espelham, por sua vez, alterações nas concepções científicas da ciência. Isso implica reconhecer que a ciência, além de uma *instituição* social e de um conjunto de *práticas*, é, também, um *discurso* socialmente legítimo que pode, em diferentes contextos, fortalecer projetos políticos como o de reorganização da própria ciência. Ao tentar explicar a relação entre as inflexões das teorias sobre a ciência e o desenho de políticas e dispositivos a elas correspondentes, a sociologia, explorando as possibilidades abertas pelas orientações reflexivas, vem enfatizando o papel que os discursos científicos sobre a ciência desempenham no desenho da sua reforma.

Nesse sentido, em seus textos mais recentes, Michel Callon (1998b, 1998c, 2006; Callon & Muniesa, 2008) vem chamando a atenção para o que ele designa como "o caráter performativo das ciências sociais":[25]

---

25 A preocupação sociológica com as consequências práticas ou, se preferirmos, com o caráter produtivo das ciências sociais não é, de forma alguma, novidade, como aliás, admite o próprio Michel Callon, em texto escrito em parceria com Fabian Muniesa: "a configuração de um mundo social depende, ao menos em parte, da implementação de certos saberes e do emprego de certas práticas; que saberes científicos e práticas técnicas desempenham um papel particularmente importante na configuração do mundo chamado 'moderno'; e que tudo isso aplica-se particularmente bem à questão da economia, constituem preposições sociológicas comumente aceitas desde a formação da disciplina" (Callon & Muniesa, 2008, p. 3). Assim, embora o problema do papel que as ciências sociais desempe-

A noção de performatividade, emprestada da pragmática da linguagem, evidencia o fato de que as ciências em geral, as sociais em particular, e as econômicas no caso aqui examinado, não se limitam a representar o mundo: elas também o realizam, o provocam, o constituem, ao menos em certa medida e sob certas condições (Callon & Muniesa, 2008, p. 1).

A noção de *performance* surge na teoria da linguagem, a princípio para descrever a forma como os discursos desempenham um efeito produtivo, atuando sobre a "realidade", conformando-a. Mas a preocupação de Callon, como ele mesmo explicita, não é com a ciência no plano puramente linguístico, mas com a forma como algumas teorias "científicas", enquanto um discurso legítimo sobre "o mundo", produzem, *por meio de agenciamentos materiais*, condições para que esse mesmo mundo se aproxime da sua descrição teórica (Callon, 2006, p. 13). Em outras palavras, enquanto descreve como o mundo supostamente funciona, a ciência constrói, paralelamente, agenciamentos materiais que operam para que o mundo passe a funcionar daquele modo. Mas esse processo — no qual a realidade se aproxima da sua suposta descrição — não aparece como uma realização da teoria, mas como uma "atualização" do mundo (Callon, 2006, p. 14), e é nessa inversão que residem tanto as especificidades quanto os problemas das teorias performativas — o seu caráter propriamente ideológico.

Aqui, duas notas são importantes. A primeira é que a noção de "agenciamentos materiais", ou seja, as condições concretas para que uma dada realidade assuma determinadas características, apenas se torna analiticamente válida quando reconhecemos que

---

nham na constituição do mundo não seja propriamente um tema novo, é notável a forma como Callon tem buscado torná-lo um problema privilegiado de pesquisa em sociologia da ciência.

o agente do processo de "atualização" do mundo não é "a ciência", enquanto um discurso sem sujeito, mas os grupos sociais envolvidos com a produção e difusão dos discursos "científicos" e "legítimos" e com a construção dos agenciamentos materiais a eles correspondentes. Em outras palavras, o processo por meio do qual a ciência assume uma função performativa não é um processo linguístico, mas essencialmente político e material.

A segunda nota é que, embora seja um processo essencialmente político, a "atualização" do mundo em relação a um modelo teórico, por meio dos agenciamentos materiais ligados à ciência performativa, assume uma aparência técnica que mascara a sua natureza política — enquanto ciência, a teoria performativa *aparece* como descrição "neutra" do mundo e, enquanto intervenção política sob a forma de agenciamentos sociotécnicos, *aparece* como intervenção cientificamente justificada e, portanto, mais ou menos isenta de discussão e contestação política. Em outras palavras: a ciência performativa não pode ser confundida com uma ciência engajada que intervém sobre o mundo realizando-se enquanto política e pela política. A ciência performativa realiza--se enquanto ciência obliterando, assim, a sua dimensão propriamente política.[26] É, nesse registro, uma forma de ideologia.

---

26 O esforço de Callon aproxima-se muito do movimento operado por Michel Foucault. Acompanhando a trajetória do filósofo francês, é possível observar que ele caminha progressivamente na direção de uma análise dos efeitos produtivos do discurso — particularmente do discurso com pretensão de verdade que se apresenta como saber — a partir da sua institucionalização em práticas, técnicas e instituições. É esse deslocamento em direção à análise do discurso como um dispositivo de saber-poder que justifica a transição da arqueologia à genealogia, levando-o a afirmar que "as genealogias são muito exatamente anticiências. (...) Trata-se da insurreição dos saberes. Não tanto contra os conteúdos, os métodos ou os conceitos de uma ciência, mas de uma insurreição sobretudo e acima de tudo contra os efeitos centralizadores de poder que são vinculados à instituição e ao funcionamento de um discurso científico organizado no interior de uma socieda-

O significado da noção de ciência performativa talvez fique mais claro quando olhamos para casos concretos como, por exemplo, as consequências que a emergência de uma teoria econômica da ciência e da inovação implicou para a reorganização da forma como o Estado e as burocracias científicas passaram a conduzir o financiamento, a organização institucional e a avaliação da ciência a partir da década de 1970.

A mudança do regime disciplinar/estatal de produção e distribuição do conhecimento vem sendo descrita — performativamente — por três matrizes teóricas que olham para aspectos distintos do processo: i) a *teoria dos sistemas nacionais de inovação*, que enfatiza o papel do arcabouço institucional, notadamente das leis e políticas públicas; ii) as *teorias da nova produção de conhecimento*; e iii) as teorias da chamada *hélice tripla*. As duas últimas olham para a reconfiguração das práticas de produção e difusão do conhecimento no regime disciplinar, embora não trabalhem com esse conceito.

A primeira dessas teorias, a dos Sistemas Nacionais de Inovação (SNI), emerge no interior do neoinstitucionalismo econômico enfatizando o papel do arcabouço institucional na aceleração e eficiência dos processos de inovação. Esse arcabouço constitui o chamado SNI e seria composto de leis, programas estatais, formas de financiamento, regulamentações jurídicas e mesmo, para alguns, de traços socioculturais específicos.

Essa teoria tem dois pontos de partida: o primeiro é que a ciência "invadiu" a economia a partir do momento em que as chamadas "áreas intensivas em conhecimento" e a "inovação tecnológica" tornaram-se — ou passaram a ser consideradas — o "motor" do crescimento econômico, ideia resumida na hipótese

---

de como a nossa. (...) É exatamente contra os efeitos de poder próprios de um discurso considerado científico que a genealogia deve travar combate" (Foucault, 1999, p. 14).

da emergência da chamada Nova Economia. O segundo pressuposto é que a economia teria "invadido" a ciência quando ela, enquanto um *momento* do processo de inovação, deixou de ser pensada como exógena à economia — como pressupunha toda a sociologia da época — para ser tratada enquanto uma atividade econômica como outra qualquer, podendo, portanto, ser *mensurada* e *gerida* em termos econômicos, segundo uma relação entre investimento e retorno econômico (cf. Freeman, 1974).

A teoria dos Sistemas Nacionais de Inovação vem sendo estudada por alguns autores como um dos instrumentos fundamentais da redefinição das políticas nacionais de ciência e tecnologia de diversos países. Naubahar Sharif (2006), por exemplo, estudou a emergência e o desenvolvimento do conceito mostrando como ele assumiu uma posição essencialmente ambígua ao colocar-se como instrumento teórico e político. Segundo ele:

[o conceito de sistema nacional de inovação] emergiu simultaneamente na academia e no campo político, facilitado pela presença de acadêmicos na OCDE. (...) Assim, os atores principais na promoção do conceito ocuparam papéis duais (na academia e na atividade de formulação de política). Nós podemos hipoteticamente supor que, no seu trabalho, esses atores desenvolveram dois tipos de retórica dependendo das "carapuças" que estavam usando ou da posição que eles ocupavam em um dado momento. Nesse sentido, esses atores qualificados foram capazes de tirar vantagem da confusão e da ambiguidade associada ao conceito de SNI para fortalecer o seu apelo para a sua audiência dependendo do propósito que eles pretendiam alcançar. Dado que o conceito de SNI pode ser interpretado flexivelmente e, portanto, adequar-se confortavelmente a duas distintas esferas, os atores foram (e são) capazes de negociar entre teoria e aplicação (Sharif, 2006, p. 752).

Segundo essa interpretação, portanto, os mesmos cientistas que, no campo científico, produziam artigos e trabalhos que afirmavam a centralidade do Estado no incentivo à inovação estavam, simultaneamente, assumindo postos em grandes agências internacionais — como a Organização para a Cooperação e Desenvolvimento Econômico (OCDE) — que aconselhavam os Estados a investirem em inovação, assumindo um papel ativo na promoção de um arcabouço institucional de incentivo e controle das atividades inovativas. Ou ainda, os mesmos atores que afirmavam que a inovação é uma atividade econômica como outra qualquer podendo, portanto, ser medida e gerenciada a partir de critérios de eficiência, estavam desenhando os instrumentos e indicadores que possibilitavam a *mensuração da ciência* em termos econômicos e promovendo novos mecanismos de *gestão da inovação*.[27]

Ainda sobre a relação entre as formulações acadêmicas e os seus desdobramentos materiais, Sharif apontou que a repercussão política que o conceito de SNI adquiriu, a partir dos anos 1980, foi fundamental para o financiamento de projetos e seminários acadêmicos, que acabaram disseminando o conceito entre pesquisadores da relação entre ciência, economia e inovação (cf. 2006, p. 750). No mesmo sentido, Albert e Laberge (2007) mostraram que a rápida disseminação da abordagem dos SNI no campo das políticas públicas esteve diretamente atrelada ao seu prestígio científico, o que mostra o quanto as duas dimensões — a científica e a política — confundem-se e reforçam-se mutuamente.

---

27 Não por acaso, Christopher Freeman — um dos primeiros a teorizar a ciência como uma atividade econômica passível de ser medida segundo critérios econômicos — foi consultor da OCDE nos anos 1980, tendo participado da construção dos indicadores da OCDE para ciência, tecnologia e inovação (cf. Sharif, 2006, p. 752).

Esse sentido ambivalente do conceito de SNI fez com que Michel Callon considerasse as teorias da inovação como um dos exemplos paradigmáticos de teorias performativas. Segundo Callon e Muniesa, à lista de exemplos de teorias performativas devem ser somadas "a economia evolucionista e a economia neoinstitucionalista [que] desempenham um papel central na elaboração e na implementação das políticas de inovação, notadamente na Europa" (Callon & Muniesa, 2008, p. 3).

As outras duas correntes teóricas que reconfiguram, ao mesmo tempo em que descrevem, a organização da ciência são aquelas que sugerem, por um lado, a emergência de um "novo modo de produção de conhecimento" (Gibbons *et al.*, 1994; Nowotny, Scott & Gibbons, 2001) e, por outro, a mudança do regime público de produção do conhecimento, sediado nas universidades, a partir do conceito de *hélice tripla* (Etzkowitz, 1998, 2002, 2003; Etzkowitz, Webster & Healey, 1998; Etzkowitz & Leydesdorff, 1997, 2000; Etzkowitz *et al.*, 2000; Leydesdorff, 2000).

A primeira dessas correntes defende a hipótese da emergência de um novo modo de produção de conhecimento científico, o chamado "modo 2" que estaria substituindo completamente o dito "modo 1", que se caracteriza por ser centrado na universidade, marcado por uma matriz disciplinar voltada exclusivamente para a compreensão dos fenômenos, pautado por uma avaliação autorreferida e marcado por uma produção de conhecimento deslocada do seu contexto de aplicação. Já o "modo 2", como eles denominam "o novo modo de produção do conhecimento", seria marcado por uma organização transdisciplinar ou multidiciplinar, pela preocupação com o contexto de aplicação do conhecimento, pela consideração dos seus resultados no momento da avaliação das contribuições científicas e pela diversificação dos lugares de produção do conhecimento e das formas de organização do trabalho científico (cf. Gibbons *et al.*, 1994).

A teoria da tripla hélice, por sua vez, defende que as universidades — mais do que as empresas e os governos — desempenham um papel cada vez mais central nos processos de inovação no contexto das chamadas sociedades baseadas no conhecimento (cf. Etzkowitz & Leydesdorff, 2000, p. 109). Partindo de uma consideração histórica de longo prazo, esses autores entendem a universidade como uma instituição originalmente medieval que à sua função clássica de conservação do saber incorporou a função de produção de novos conhecimentos e, recentemente, de sua aplicação e comercialização. Ou seja, depois de incorporar a pesquisa como uma função essencial ao lado do ensino, as universidades estariam, entre o fim do século XX e o início do XXI, passando por uma "segunda revolução acadêmica" ao incorporar a inovação como uma de suas funções básicas (cf. Etzkowitz, 2002, 2003; Etzkowitz, Webster & Healey, 1998; Benner & Sandström, 2000).

As duas correntes teóricas podem ser lidas, portanto, como descrições das mudanças por que vem passando o regime disciplinar/estatal de produção e difusão do conhecimento. Mas elas também vêm sendo analisadas como teorias performativas que estariam assumindo não só funções descritivas, mas também produtivas, na medida em que influenciam todo um conjunto de reformas universitárias (cf. Shinn, 2002; Shinn & Ragouet, 2008).

As reformas orientadas por essas teorias apontariam no sentido da incorporação da aplicação e da comercialização do conhecimento como função acadêmica; da implementação de um modelo interdisciplinar de produção de conhecimento; da valorização institucional de parcerias com agentes externos à universidade; e da criação de mecanismos para desmontar o sistema de avaliação autorreferenciada, ou seja, em que os cientistas avaliam a si mesmos segundo critérios essencialmente científicos (cf. Cohen et al., 1998; Godin & Gingras, 2000; Jansen, 2002; Milot, 2003; Pestre, 2003; Shinn, 2002; Shinn & Ragouet, 2008; Ziman, 2000). É notável, nesse sentido, a ênfase dada — pelas burocracias científicas (universitárias ou governamentais) — ao patenteamento de pesquisa, à extensão universitária, aos cursos e pesquisas interdisciplinares, à aceleração do processo de formação de novos pesquisadores e à inclusão do impacto social e econômico do conhecimento na avaliação dos pesquisadores/docentes contratados, entre outras.

À discussão sobre o caráter performativo das teorias da inovação e da transformação científica soma-se, atualmente, um extenso debate sobre como e em que medida as reformas institucionais impulsionadas por essas teorias implicaram mudanças efetivas para a prática científica, transformando as bases do regime disciplinar/estatal. Alguns trabalhos têm minimizado o efeito dessa reorientação institucional sobre as práticas e culturas de pesquisa no interior dos laboratórios (cf. Milot, 2003; Shinn, 2002, 2008a; Shinn & Marcovich, 2011).

Em outras palavras, existem dois caminhos possíveis — e complementares — para o estudo de teorias performativas: um primeiro consiste em estudar a construção social dessas teorias e a forma como, por meio de agenciamentos político-sociais, elas impulsionam mudanças jurídico-institucionais. Um outro caminho consiste em estudar a relação entre essas mudanças e as práticas concretas dos cientistas na tentativa de compreender em que consiste, efetivamente, a transformação da ciência, em geral, e do regime disciplinar/estatal de produção e difusão do conhecimento, em particular. É esse duplo percurso que este trabalho percorreu para abordar a mudança da ciência brasileira.

Partindo do referencial teórico acima referido, esta investigação segue explorando as tensões e contradições que emergem da transformação da ciência brasileira quando vista a partir dessas três dimensões constitutivas: discursos, instituições e práticas. Assim, o capítulo que se segue analisa a emergência das políticas de inovação no Brasil e no mundo, enfatizando os sentidos específicos que o discurso da inovação assume no país. No terceiro capítulo, a produção social da nova política científica é analisada como um momento do processo de institucionalização da ciência nacional. Por fim, o quarto capítulo explora o impacto da nova política sobre as práticas de pesquisa de um grupo de cientistas brasileiros.

Capítulo 2

Da promoção do conhecimento científico ao incentivo à inovação tecnológica: novos discursos sobre a ciência

> [No Brasil] quanto mais as coisas se fragmentam, mais a elite brasileira, bem como o sistema político no seu todo, parecem tomados por uma exasperação que [Alfredo] Bosi chama de "obsessão do descompasso", aquela que mede a distância entre o Brasil e as sociedades capitalistas avançadas. Tal obsessão domina a mente de economistas, políticos, homens de mídia, empresários e professores universitários. A modernização é necessária, urgente e crucial; em uma palavra: a salvação. (...) A obsessão do descompasso parece a derradeira manifestação da mente colonizada, agudamente percebida por Frantz Fanon e outros. Isso ficou evidente, uma vez mais, em maio de 1993, quando o Congresso Brasileiro votou a lei de patentes.
>
> Laymert Garcia dos Santos (1998, p. 23-25)

É possível dizer, a partir da análise de documentos, leis e programas, que o governo brasileiro, especialmente no âmbito federal e sobretudo a partir de 2001, vem implementando uma nova política de ciência e tecnologia, marcada por uma forte ênfase no incentivo à transformação do *conhecimento científico* em *inovação tecnológica* como estratégia para aumentar a competitividade das empresas brasileiras e impulsionar o crescimento econômico do país (cf. Brasil, 2001, 2002a, 2002b, 2003, 2004a, 2005a, 2005b, 2006a, 2006b, 2007). O discurso oficial que fundamenta e justifica a nova política ressalta a importância de seguir o exemplo das nações "bem-sucedidas", que implantaram políticas de inovação e incentivaram a comercialização do conhecimento científico, especialmente daquele produzido no regime disciplinar por universidades e laboratórios governamentais e financiado com recursos públicos. Esse diagnóstico fica explícito na abertura do *Livro branco de ciência, tecnologia e inovação*, síntese programática da nova política:

A análise da sociedade e da economia internacionais indica que as nações mais bem-sucedidas são as que investem, de forma sistemática, em Ciência e Tecnologia e são capazes de transformar os frutos desses esforços em inovações. (...) A via para o crescimento e o desenvolvimento sustentado passa necessariamente pelas políticas de promoção da competitividade, como estratégia de inserção. (...) Não basta, porém, promover o desenvolvimento científico. Deve-se reconhecer que é limitada a capacidade, até agora demonstrada no País, em transformar os avanços do conhecimento em inovações traduzidas em efetivas conquistas econômicas e sociais. É necessário, portanto, difundir esse conhecimento e transformá-lo em fonte efetiva de desenvolvimento. É por intermédio da inovação que o avanço do conhecimento se socializa, e se materializa em bens e serviços para as pessoas (Brasil, 2002a, p. 26).

A Nova Política Nacional de Ciência, Tecnologia e Inovação incorpora, praticamente sem mediações, a ideia de "Política de inovação" tal como implementada nos países centrais a partir dos anos 1980. Nesse sentido, o objetivo deste segundo capítulo é apresentar, em linhas gerais, no que consistem as novas políticas de inovação nos países centrais e como elas foram incorporadas pelo governo brasileiro a partir do início da década de 2000.

A primeira parte do capítulo apresenta um "modelo geral" das políticas de inovação, desde a crise das políticas científicas não intervencionistas, que incentivavam a produção de conhecimento científico, até sua substituição pelas chamadas políticas de inovação, que enfatizam a construção dos SNIs. O intuito de descrever as novas políticas de inovação — tal como elas emergem nos países centrais e com especial atenção sobre os seus pressupostos teóricos — justifica-se pelo fato de que elas são o modelo da política de ciência e tecnologia implantada no Brasil, iluminando, portanto, o caminho que o país pretende seguir.

A segunda parte do capítulo apresenta a Nova Política Nacional de Ciência, Tecnologia e Inovação e a forma como ela foi incorporada pela Política Industrial, Tecnológica e de Comércio Exterior lançada em 2004. Essa política corresponde ao projeto formal do governo brasileiro para a ciência e a tecnologia, cujo centro é a busca pela otimização da sua incorporação pelo setor empresarial.

A terceira parte contrapõe à apresentação desse projeto formal de incentivo à inovação alguns dados sobre a atividade de inovação no Brasil, com foco na atuação das empresas nacionais. Ao mostrar como o país pode ser caracterizado, basicamente, como um país consumidor de tecnologia, podemos consolidar melhor uma das hipóteses centrais deste trabalho, qual seja, que o discurso do engajamento da ciência com o setor produtivo, resumido no lema da inovação, parte menos do setor empresarial nacional do que de grupos de cientistas envolvidos com o processo de institucionalização da ciência brasileira, assumindo, portanto, uma função de legitimação.

1 O MODELO DA NOVA POLÍTICA BRASILEIRA DE CIÊNCIA E TECNOLOGIA: AS POLÍTICAS DE INOVAÇÃO NOS PAÍSES CENTRAIS

1.1 AS POLÍTICAS CIENTÍFICAS "NÃO INTERVENCIONISTAS", SUA CRISE E SEU SIGNIFICADO

Embora o Estado moderno tenha financiado a atividade científica desde pelo menos o século XVII (cf. Baiardi, 1996), a ideia de que existe uma política nacional de ciência e tecnologia só surgiu no começo dos anos 1950, quando alguns Estados nacionais, reconhecendo o papel central desempenhado pela ciência no desenvolvimento de novas tecnologias, sobretudo militares, passaram a coordenar ações de financiamento, organização e rotinização da atividade científica. Esse período corresponde ao aumento substancial do investimento público em ciência e tecnologia nos países avançados, particularmente em pesquisas ligadas à segurança nacional e à capacitação militar (cf. Stokes, 2005; Erber, Guimarães & Araújo Júnior, 1985).

As políticas estatais para a ciência e a tecnologia do pós-guerra seguiam, em geral, um mesmo paradigma cujas bases residiam na separação, mais ou menos rígida, entre o processo de produção e o processo de comercialização do conhecimento científico. Dicotomias como pesquisa básica/pesquisa aplicada, ciência/tecnologia, regime público/regime privado, embora insuficientes, originam-se nessa separação e por ela se justificam.

Embora a origem histórica desse paradigma permaneça obscura (cf. Godin, 2006), grande parte da literatura a atribui ao famoso relatório *Science, the endless frontier*, publicado em 1945, no qual o então professor do *Massachusetts Institute of Technology* (MIT), Vannevar Bush, expõe ao presidente norte-americano Franklin Roosevelt os possíveis papéis que a ciência desempenharia na sociedade estadunidense a partir do fim da Segunda Guerra Mundial (cf. Bush, 1990). Vannevar Bush tentava justificar por que o governo dos Estados Unidos deveria manter um alto nível de investimento público em pesquisa científica, terminado o esforço de guerra. A justificativa expressa no relatório era de que a ciência — antes mesmo do que a tecnologia — seria essencial para que um país pudesse gerar inovações tecnológicas e, com isso, competir internacionalmente no plano econômico. Nas palavras de Bush, "uma nação que depende de outras para obter conhecimento científico básico novo será lenta em seu progresso industrial e fraca em sua situação competitiva no comércio mundial" (Bush, 1990, p. 19).

O pressuposto implícito nessa justificativa era de que o processo de desenvolvimento tecnológico seguia uma trajetória linear que partia da pesquisa básica, passava pela pesquisa aplicada e pelo desenvolvimento de novos produtos e processos até introduzi-los no mercado. A linearidade envolvia, antes de tudo, uma dimensão temporal: os diferentes momentos do processo de inovação — cujos extremos eram a produção de conhecimento científico e sua introdução no mercado enquanto novo produto ou processo — estavam separados no tempo e sucediam-se segundo uma ordem determinada na qual a ciência "impulsionava" o resto do processo. No entanto, mais do que apenas momentos separados no tempo, as diferentes etapas do processo de inovação eram consideradas como esferas independentes, perpassadas por lógicas distintas de funcionamento e apartadas por fronteiras institucionais bastante precisas.

A esse modelo geral — que ficou conhecido, posteriormente, como *modelo linear de inovação* — correspondia uma política científica e tecnológica específica que se tornou predominante não só nos Estados Unidos, como em boa parte dos países ocidentais, incluindo o Brasil. Essa política definia que o Estado deveria concentrar-se no financiamento da pesquisa "básica" e na formação da "mão de obra" científica. Como tanto a pesquisa "básica" quanto a formação de pesquisadores eram conduzidas pelas universidades e institutos públicos de pesquisa, grande parte do financiamento público era destinada para essas instituições, que seguiam critérios acadêmicos de distribuição dos recursos e de avaliação dos resultados.

Paralelamente, a comercialização desse conhecimento era considerada responsabilidade do setor privado, que se apropriava dos resultados da pesquisa universitária de forma *indireta*, por meio da contratação de pesquisadores que, formados no meio acadêmico, teriam condições de acompanhar os desenvolvimentos das pesquisas científicas realizadas no regime disciplinar através de canais propriamente acadêmicos de comunicação: publicações em periódicos científicos, seminários e congressos, aulas, palestras, entre outros.

O pressuposto geral era de que o percurso que levava da produção do conhecimento científico à sua aplicação comercial não poderia ser totalmente controlado e administrado, seja porque o regime disciplinar tinha a sua autonomia assegurada por regras institucionais consolidadas,[1] seja porque era reconhecido pelas próprias políticas científicas que havia algo de *imponderável* — os estudos falam em *"serendipity"* — nessa passagem da invenção à aplicação. Essa imprevisibilidade constituía-se como característica essencial do processo de inovação pensado, então, segundo a

---

[1] Tais como o funcionamento das agências de financiamento estruturado na avaliação meritocrática por pares; a hierarquia da carreira acadêmica fundamentada no mérito; a valorização institucional da publicação, entre outras. É evidente que esses mecanismos estão sujeitos a inúmeras distorções que comprometem esse funcionamento "ideal" da ciência, mas essas distorções, embora fundamentais para a compreensão da atividade científica, não importam na apresentação do modelo geral de política científica e sua transformação.

famosa metáfora da ciência como uma "caixa preta". Como afirma Richard Nelson:

> Um elemento-chave dessa teoria [sociologia da ciência de influência mertoniana] é que, fora da indústria, o trabalho dos cientistas é, e deve ser, motivado pela busca do entendimento, e *as aplicações práticas que normalmente derivam da pesquisa bem--sucedida são largamente imprevisíveis (...) O acaso* [serendipity] *é a razão do porquê a pesquisa científica tem aplicações práticas, e as chances que esse acaso aconteça são maiores quando brilhantes e dedicados cientistas estão livres para atacar o que eles consideram como os problemas científicos os mais desafiadores da forma que eles entendem como sendo a mais promissora*. Por essa razão, decisões sobre quais questões e a avaliação do desempenho dos cientistas individuais e dos grandes programas de pesquisa deveriam preferencialmente estar nas mãos dos cientistas que trabalham na área (Nelson, 2004, p. 456; grifo meu).

Embora tenha sido Vannevar Bush quem sistematizou essa forma de entender a relação entre ciência e desenvolvimento tecnológico, apresentando-a em um documento político de grande impacto, seria um equívoco atribuir apenas a ele a formulação desse modelo assentado na separação temporal e institucional entre a esfera científica e a esfera econômica. Um dos pressupostos básicos da formulação de Bush, qual seja, o de que a ciência responde a uma lógica própria de funcionamento que faz dela não só um momento separado do processo de inovação, como de difícil controle por parte do Estado e das instituições econômicas, reside antes na sociologia diferenciacionista da ciência inspirada nos trabalhos de Merton, que atribui um lugar absolutamente central às fronteiras entre a ciência e outras esferas sociais e às diferenças entre a ciência e outras formas de produção de conhecimento.

O ponto de partida da sociologia diferenciacionista — que reconhecidamente inspirou leituras como a de Vannevar Bush[2] — é a compreensão de que a ciência experimentou um processo de institucionalização, a partir do século XVII, que pode ser caracterizado como a construção de um sistema de regras, normas e valores internos que definem uma forma específica de organização e gestão do trabalho, um regime próprio de recompensa/motivação subjetiva e uma relação igualmente peculiar com a propriedade intelectual.

Para esses autores, é consensual o diagnóstico de que a institucionalização da ciência era a condição necessária tanto do desenvolvimento qualitativo da ciência — a ampliação dos campos e temas de pesquisa — quanto do incremento da sua produtividade — o volume de produção científica. Quanto mais autônoma e institucionalizada fosse a ciência, mais rápido seria o seu avanço e maior a sua contribuição para a sociedade, sobretudo na forma de desenvolvimentos tecnológicos (cf. Ben-David & Zloczwer, 1962; Ben-David, 1965, 1974, 1977). Esse modo de entender o problema da ciência e sua relação com a inovação tecnológica tornou-se quase hegemônico a partir dos anos 1950, passando a orientar grande parte das políticas nacionais de ciência e tecnologia[3] re-

---

2 A influência da sociologia da ciência desenvolvida a partir dos trabalhos de Merton sobre a formulação do modelo linear de inovação é reconhecida não só por Shinn e Ragouet (2005), mas também por Richard Nelson (2004).

3 Um exemplo interessante da interferência da tradição diferenciacionista "clássica" sobre as políticas nacionais de ciência e tecnologia é o envolvimento de Joseph Ben-David com a formulação de políticas científicas no final dos anos 1960. Como consultor na área, ofereceu recomendações que foram incorporadas pela OCDE nos anos 1960 e 1970. Sua orientação geral era, justamente, de que uma política de ciência e tecnologia deveria ser o menos intervencionista possível. Segundo ele, os EUA dos anos 1960 e 1970 constituíam um exemplo a ser seguido; ali, a comunidade científica teria sido totalmente livre para decidir a quantidade e a qualidade da sua pesquisa e do seu ensino. Além disso, a comunidade científica

percutindo, por exemplo, no relatório de Vannevar Bush, arquétipo da política científica não intervencionista.

Dizer que as políticas científicas correspondentes à definição diferenciacionista da ciência pressupunham um certo grau de "não intervenção" não implica afirmar que a ciência realizada nesse período era isenta de interferência social, portanto, alheia aos interesses econômicos e políticos que orbitavam em torno dos seus resultados, ou mesmo sugerir que não existiam formas externas de controle do trabalho científico. É evidente que a ciência sempre foi permeada pelo "social" e embebida de expectativas político-econômicas as mais diversas. Aliás, o próprio financiamento público da ciência e todas as concessões feitas à sua relativa autonomia explicam-se exatamente por essas expectativas.[4] Não é por acaso, portanto, que a perspectiva mertoniana sobre o funcionamento "autônomo" da ciência tenha produzido os primeiros indicadores de produtividade científica, baseados na quantificação de publicações e citações. Dentre esses indicadores está o *Science citation index*[5] criado por Eugène Garfield, por in-

---

norte-americana se baseava em um "mercado livre" de oferta e procura que garantiria as condições do progresso científico. Para uma análise do envolvimento de Ben-David com o processo de desenvolvimento de políticas estatais para a ciência, ver Shinn & Ragouet, 2008, p. 23-30.

4 Grande grande parte desses gastos — sobretudo nos EUA — eram ligados à defesa e à segurança nacional, notadamente à energia nuclear. Entre 1950 e 1960, a porcentagem do PIB norte-americano gasto em ciência e tecnologia passou de 0,98% a 2,73%. Em 1951, 53% do orçamento de P&D dos EUA era gasto pelo Departamento de Defesa e 36% pela Comissão de Energia Atômica (cf. Schwartzman, 1979, p. 282-284).

5 O *Science citation index* foi financiado pela *National Science Foundation* — a maior e mais importante agência científica de fomento dos EUA — e contou com amplo apoio de Robert Merton que era, na época, muito influente junto à burocracia científica norte-americana (cf. Shinn & Ragouet, 2008; Wouters, 2006). O SCI funciona por meio da indexação de revistas acadêmicas, o que permite acompanhar a quantidade de publicações e o volume de citações. Foi através desse tipo de

fluência direta de Merton, no final dos anos 1950 nos Estados Unidos. Esse índice é, até hoje, uma das formas mais importantes de controle do trabalho acadêmico, servindo de modelo para outros índices e classificações como as utilizadas pelas agências de fomento brasileiras.[6] O caráter não intervencionista das políticas científicas dos anos 1950, 1960 e 1970 não corresponde, portanto, à afirmação ingênua de que a ciência do pós-guerra permaneceu alheia aos interesses econômicos e políticos que giravam em torno dos seus resultados, muito menos à percepção idealista de que o controle sobre a produtividade científica não era valorizado e perseguido pelas instituições que financiavam a ciência. Porém, tanto as expectativas políticas e econômicas quanto o controle de produtividade recaíam sobre a ciência de forma *mediada*, ou seja, através de mecanismos que incorporavam a concepção de que a ciência era uma esfera socialmente específica que deveria gozar de uma relativa autonomia.

As políticas científicas "não intervencionistas"[7] baseavam--se, portanto, em três pressupostos: i) que a melhor forma de garantir o avanço da ciência era permitir que ela funcionasse de acordo com as suas próprias regras; ii) que era basicamente o avanço da ciência que impulsionava o desenvolvimento da tecnologia; e, por fim, iii) que esse desenvolvimento tecnológico não podia ser objeto de controle e administração por se tratar de um

---

ferramenta que se tornou possível avaliar os cientistas, os departamentos, as instituições e as áreas de pesquisa pela quantidade de artigos publicados e pelo seu impacto.

6 A política brasileira de avaliação de publicações científicas nacionais e internacionais com base em um fator de impacto — o chamado *Qualis periódicos*, da Capes — é um bom exemplo desse tipo de política e avaliação.

7 Alguns chamam esse modelo de *ofertista* porque ele concentra forças na garantia da oferta de novos conhecimentos, apostando que isso, por si só, conduzirá ao sucesso dos processos de inovação.

processo social complexo e marcado fundamentalmente pelo *acaso*.

Assim, o modelo de investimento e avaliação da ciência enraizado na percepção de que é a ciência que impulsiona os processos de inovação, de que esse impulso tem algo de imponderável e de que as chances de que o imponderável aconteça são maiores quanto maior for a liberdade de funcionamento da ciência envolvia: investir o máximo possível em ciência, deixar que a escolha dos problemas de pesquisa fosse feita pelos próprios cientistas, autorizar que a avaliação dos resultados seguisse critérios acadêmicos e, por fim, garantir que, por meio da ampla divulgação dos resultados das pesquisas, essa ciência fosse absorvida por diferentes empresas que a transformaria em bens e serviços comercializáveis.

É essa compreensão sobre o funcionamento da ciência e do seu processo de aplicação comercial, bem como o modelo de política científica e tecnológica a ela correspondente, que entram em crise no final da década de 1970 (cf. Forman, 2007). Desde então, é possível observar o início de uma mudança importante na forma como se concebe e se executa o incentivo público à ciência e à tecnologia.

A primeira dessas mudanças é a transferência da ênfase do apoio à ciência para a promoção da inovação, considerada, mais do que nunca, como fator crítico da promoção do crescimento econômico e da competitividade das empresas. Outra mudança importante é que o processo de inovação — a transformação de conhecimento em bens comercializáveis — passa a ser, aos poucos, considerado um processo econômico como outro qualquer, de modo que o Estado deve empenhar-se, progressivamente, na gestão do "acaso" que ligava a ciência à inovação tecnológica. O resultado global dessas inflexões foi a progressiva ênfase das políticas de ciência e tecnologia no controle e apropriação dos resultados científicos sob a forma de patentes, contratos, parceiras e outras formas de transferência de tecnologia tidas como resultados econômicos propriamente ditos.

Em termos gerais, essa mudança pode ser caracterizada como a crise do modelo não intervencionista de política científica e a desconstrução do consenso em torno do reconhecimento das especificidades da ciência enquanto esfera social e cognitivamente diferenciada — consenso que legitimava a separação clara entre o momento de produção e o momento de comercialização do conhecimento, garantindo à ciência uma ampla margem de autonomia.

1.2 A emergência da inovação como foco de ação do Estado

A preocupação com os resultados econômicos da ciência é constitutiva da própria concepção das políticas nacionais de ciência e tecnologia. Ainda assim, é possível dizer que ela ganha um novo impulso e significado a partir do momento em que se difundiu a ideia de que, nas últimas décadas, teria ocorrido uma mudança substancial no "paradigma de desenvolvimento" que reflete uma mudança na natureza mesma da economia e na substância do valor, ou seja, no papel do trabalho na geração de riqueza social. Essa inflexão, bem como a importância da atuação direta do Estado na promoção do crescimento, aparece de forma explícita em muitos trabalhos e documentos como, por exemplo, em Castells:

> Como afirmam analistas, críticos e líderes políticos em debates a respeito da região [América Latina], o crescimento econômico, na nova economia aberta, deve ser complementado por uma política de redistribuição. Contudo, para poder redistribuir, primeiro os países precisam gerar riquezas. Isso significa que a ênfase precisa voltar, como nos bons tempos da economia de-

senvolvimentista, para o crescimento econômico baseado na produtividade e para a geração das condições dessa produtividade: o desenvolvimento das forças produtivas. *O problema é que, hoje em dia, as forças produtivas não se medem em toneladas de aço nem em quilowatts, como diriam Henry Ford ou Lênin, mas na capacidade inovadora de gerar valor agregado através do conhecimento e da informação.* Esse modelo de crescimento econômico baseado no conhecimento é o mesmo em toda parte, como foi a industrialização no paradigma do desenvolvimento (Castells, 2002, p. 398; grifo meu).

Essa dupla mudança na natureza do capitalismo — mudança na natureza do trabalho e das mercadorias produzidas — implicaria uma transformação, ainda mais profunda, na natureza mesma do valor. Uma das formas de interpretar esse processo é dizer que a teoria do valor-trabalho é substituída pela chamada teoria do valor-conhecimento, para a qual:

> A atividade [o trabalho] se define, então, pela cooperação descentralizada de cérebros assessorados por computadores em rede mundial. O conhecimento incorporado aos bens, a produção de inteligência e de inovação contínua torna-se o coração da formação do valor econômico (Moulier-Boutang, 2005, *on-line*).

Mas a ideia de Nova Economia não incorpora apenas essa dimensão teórica, supostamente radical,[8] que sustenta a hipótese

---

8 Embora não seja o caso de aprofundar o debate neste espaço, cabe apontar que o fundamento teórico que impulsiona as conclusões dos teóricos do capitalismo cognitivo sobre a crise do valor-trabalho encontra-se, para muitos, na própria obra de Marx. Trata-se de um breve trecho dos *Grundrisse* em que o autor teria adiantado a crise da sua própria teoria. Escreve Marx: "Na medida, no entanto, em que a grande indústria se desenvolve, a criação de riqueza efetiva se torna menos

de que houve uma mudança na natureza da economia (cf. Castells, 2002; Gorz, 2003a, 2003b; Hardt & Negri, 2002; Lazzarato, 1995; Lazzarato & Negri, 2001; Moulier-Boutang, 2001, 2005). A noção de Nova Economia ou Economia do Conhecimento, sobretudo na forma como foi difundida por agências multilaterais como a OCDE, envolve uma dimensão mais simples e mais operacional, que é o reconhecimento de que o crescimento econômico explica-se, antes de tudo, pela eficiência dos processos nacionais de inovação, de modo que os setores mais dinâmicos da economia seriam aqueles ligados às novas tecnologias, particularmente a bio e a nanotecnologia.

O reconhecimento dos impactos positivos da inovação sobre o crescimento econômico[9] somado ao empenho ativo de agências internacionais, como a OCDE, na promoção e difusão desse reconhecimento (cf. Godin, 2004; Milot, 2003; Sharif, 2006) são alguns dos elementos que explicam o consenso cada vez mais

---

dependente do tempo de trabalho e do *quantum* de trabalho empregado, que do poder dos agentes postos em movimento durante o tempo de trabalho, poder que, por sua vez, não guarda relação alguma com o tempo de trabalho imediato necessário à produção, senão que depende mais do estado geral da ciência e do progresso da tecnologia, ou da aplicação dessa ciência na produção" (Marx, 1993, p. 229). Para uma crítica da leitura feita pelos teóricos da Nova Economia dos textos de Marx, ver Mello, 2007.

9 A ideia de que a "inovação" e o "conhecimento" constituem-se como o fator--chave para a explicação do crescimento econômico é cada vez mais consensual na literatura. Ainda assim, existem divergências importantes. Por exemplo, o editorial do volume 52 da *Monthly Review* afirma: "A nova economia também tem sido atrelada ao desenvolvimento de uma força de trabalho mais flexível: não sindicalizada, altamente mobilizável, trabalhadores *just-in-time*, algumas vezes, portando novas habilidades e competências (...) as elevadas taxas de retorno oferecidas pelas novas tecnologias nos Estados Unidos são, em grande medida, resultado da redução dos custos de trabalho por unidade de retorno. As taxas de retorno das mesmas tecnologias são, por sua vez, menores na Europa e no Japão porque os empresários enfrentam custos mais altos por trabalhador" (*Monthly Review*, 2001, *on-line*).

amplo em torno da necessidade de promoção da inovação, sobretudo pelas políticas de Estado. Nicholas Valéry sugere a possibilidade de descrevê-lo como uma espécie de *valor sagrado* que, no mundo todo, substitui a retórica do bem-estar social, unindo o pensamento progressista e liberal em torno do desenho de políticas de incentivo à inovação (cf. Valéry, 2000).

A recente mobilização estatal em torno da promoção do crescimento econômico não reside somente na crescente importância atribuída à inovação mas, sobretudo, na ideia de que o processo de inovação — do qual a ciência é parte constitutiva — é endógeno à economia, podendo, portanto, ser medido e administrado a partir de critérios de racionalidade econômica.

Nas últimas três décadas, o problema da inovação assumiu progressivamente duas dimensões centrais: i) a ideia de que o processo de inovação é um processo econômico como outro qualquer, podendo ser medido segundo critérios de eficiência econômica; e ii) a percepção de que a gestão eficiente da inovação — o aumento da eficiência do processo de comercialização do conhecimento — torna-se não só possível como necessária.

Essas duas dimensões são balizas que orientam as transformações na forma como a promoção e a organização da ciência vêm sendo pensadas pelos formuladores de política científica e tecnológica nos chamados países avançados e, mais recentemente, também no Brasil, embora aqui, como veremos, esse processo assume determinações específicas. O elemento crucial dessa mudança reside na percepção de que o foco da ação do Estado deve deixar de ser a promoção da atividade científica em geral — cuja repercussão positiva sobre a economia era difícil de avaliar e promover — para tornar-se, essencialmente, o incentivo e a gestão dos processos de inovação.

1.3 A CIÊNCIA COMO ATIVIDADE ECONÔMICA E A GESTÃO EFICIENTE DA INOVAÇÃO

> [O indicador de] eficiência da inovação mede o quão bem os países estão transformando seus recursos — educação e investimentos em pesquisa e desenvolvimento e em inovação — em resultados — retorno econômico de novos produtos, emprego em setores de alta tecnologia, patentes etc.
>
> European Trendchart on Innovation (2005, p. 11)

A inovação é definida, em geral, como a atividade que transforma conhecimento em bens comercializáveis. Nesse registro, as atividades inovadoras incluem todos os esforços realizados para que invenções e descobertas — práticas ou científicas — sejam traduzidas em novos produtos e processos[10] que possam ser, direta ou indiretamente,[11] inseridos no mercado. O *Manual de Oslo* preparado pela OCDE sintetiza essa definição nos seguintes termos:

> [A inovação é] a implementação de um produto (bem ou serviço) novo ou significativamente melhorado, ou um processo, ou um novo método de marketing, ou um novo método organizacional nas práticas de negócios, na organização do local de trabalho ou nas relações externas [da empresa]. Nesse sentido, as atividades inovadoras são etapas científicas, tecnológicas, organizacionais,

---

10 As definições mais amplas de inovação consideram como resultados do processo não só novos produtos e processos, mas novas estratégias de marketing, novas medidas organizacionais e novos modelos de negócios.

11 A inovação pode ser um novo produto que se vende diretamente no mercado, ou um novo processo produtivo que se transfere indiretamente para a esfera comercial por meio dos produtos que passam a ser produzidos a partir dessas mudanças.

financeiras e comerciais que conduzem, ou visam conduzir, à implementação de inovações. (...) Um aspecto geral de uma inovação é que ela deve ter sido implementada. Um produto novo ou melhorado é implementado quando introduzido no mercado. Novos processos, métodos de marketing e métodos organizacionais são implementados quando eles são efetivamente utilizados nas operações das empresas (OCDE, 2005, p. 55-56).

Nesse registro, a inovação está relacionada tanto à produção quanto à comercialização do conhecimento,[12] sendo a sua "eficiência" uma medida do tempo que se leva para passar de um momento ao outro (cf. Fagerberg, 2004). A partir disso, o aumento da eficiência da inovação pode ser pensado, de forma simplificada, como a aceleração da comercialização de um conhecimento produzido dentro ou fora da empresa.

É interessante observar que existe, nessa forma específica de definir a inovação, uma dupla aproximação entre economia e ciência. Por um lado, o progresso tecnocientífico "invade" a economia na medida em que a mudança tecnológica transforma-se no principal fator explicativo do crescimento econômico, o que torna a inovação objeto privilegiado da ação estatal. Por outro, a economia "invade" a atividade científica e tecnológica quando se torna base para a criação de um instrumental capaz de medir o desempenho da inovação em termos de eficiência, possibilitando a sua gestão segundo critérios econômicos.

Esse último caso pressupõe dois movimentos paralelos e complementares. O primeiro movimento é a conceitualização da inovação — em especial daquela baseada em ciência — como uma

---

12 Essa forma específica de compreender a inovação tem origens na diferenciação clássica de Schumpeter entre inovação e invenção, ou seja, na ênfase sobre a importância do processo de tradução do conhecimento em bem passível de comercialização (cf. Schumpeter, 1984).

atividade cuja natureza seja essencialmente econômica ou, *grosso modo*, como uma atividade mensurável em termos de *inputs/outputs*, isto é, segundo uma razão investimento/resultados. O segundo movimento, que é ao mesmo tempo pressuposto e consequência do primeiro, é o surgimento de um instrumental técnico e metodológico capaz de mensurar os indicadores de investimento e o retorno econômico da inovação e, consequentemente, da própria atividade científica.

O desenvolvimento de indicadores para medir a ciência e a inovação segundo critérios econômicos insere-se em um processo mais amplo de mensuração de diferentes atividades sociais na tentativa de inseri-las na contabilização do Produto Interno Bruto (PIB) e, com isso, ampliar políticas setoriais de incentivo. É notável, dessa perspectiva, a estreita relação entre o processo de surgimento da assim chamada *economia da ciência e da inovação* com a emergência de uma dita *economia da cultura*, a qual dependeu, igualmente, da produção de indicadores capazes de medir o impacto econômico das atividades culturais que passaram a derivar dessas estatísticas econômicas parte da sua legitimação social (cf. Gibson & Kong, 2005).

O estudo sistemático dos fatores que explicam o crescimento do PIB das economias nacionais remete aos anos 1930 e 1940, quando a ciência econômica desenvolveu um instrumental metodológico capaz de mensurar o impacto de diferentes fatores produtivos sobre o crescimento econômico. A partir disso começaram a surgir, na década de 1950, estudos que mediam o impacto da mudança tecnológica sobre o crescimento econômico, sendo as pesquisas de Abramovitz (1956) e Solow (1957) as primeiras a apontar a importância da tecnologia para o dinamismo econômico. Ainda assim, esses estudos não tratavam a ciência e o desenvolvimento tecnológico como atividades econômicas mensuráveis a partir da razão investimento/resultado, mas como atividades sociais com regras de funcionamento para as quais a economia não possuía ferramentas conceituais para explicar nem meios para controlar.

Os primeiros passos no sentido de conceituar a inovação como uma atividade estritamente econômica foram dados no estudo clássico de Cristopher Freeman, *A economia da inovação industrial*, publicado originalmente em 1974. Nesse trabalho, o autor defende a possibilidade de realizar um estudo econômico da atividade de inovação partindo do diagnóstico de que, até aquele momento, a visão da economia sobre a ciência e a inovação não havia prestado a devida atenção às consequências do processo de profissionalização da atividade científica, transformada em trabalho organizado. Consequentemente, embora os economistas reconhecessem a importância crucial da mudança tecnológica para o progresso da economia, poucos foram os que procuraram examinar a invenção e a inovação a partir do referencial econômico. Segundo o autor, mesmo Schumpeter, que reservou para o processo de destruição criativa um lugar absolutamente central na sua teoria,

(...) não concedeu à geração e difusão de inventos e inovações o tratamento de tema passível de estudo econômico nem, em nenhum sentido, de *output* do trabalho organizado de "pesquisa e desenvolvimento experimental" (...) No entanto, na época em que Schumpeter escreveu suas obras, já existia uma rede de laboratórios de pesquisa organizada e de instituições relacionadas dentro do Estado, das universidades e das indústrias que empregavam uma equipe profissional com dedicação exclusiva. Esta indústria de P&D pode submeter-se à análise econômica assim como qualquer outra. Seu *output* pode ser um fluxo de informação nova, tanto de caráter geral (o resultado da pesquisa fundamental ou básica) como relacionada com as aplicações específicas (pesquisa "aplicada") (Freeman, 1974, p. 26-27).

Freeman defende, portanto, que a organização profissional da pesquisa científica tornava possível a avaliação dessa atividade a partir do instrumental teórico e metodológico da economia. Dito de outro modo, a partir do momento em que o trabalho científico organiza-se segundo determinadas relações sociais, marcadamente a partir do assalariamento e da gestão centralizada, viabiliza-se a mensuração dessa atividade segundo uma razão econômica entre investimento e resultado.[13]

Essa forma específica de conceituar a atividade científica abre caminho para a emergência do problema da eficiência da inovação, pensada como a otimização da transformação de um investimento inicial em ciência em retorno econômico sob a forma de inovação tecnológica.[14]

---

13 Freeman não atribui a possibilidade de conceitualização e organização da atividade de inovação em termos econômicos a uma suposta *natureza* econômica da atividade científica e técnica, mas sim ao processo histórico de organização e profissionalização dessa atividade. Isso é absolutamente central para entender o processo de mercantilização da ciência, que parece menos ligada a instrumentos jurídicos como a propriedade intelectual do que à profissionalização e organização do trabalho científico.

14 O estudo de tais documentos e das principais instituições voltadas para o controle e o incentivo da inovação é um passo importante na compreensão da mudança que atinge, recentemente, as instituições e as práticas científicas. A criação desses dispositivos exemplifica a transformação da ciência em objeto de conhecimento e regulação por parte da ciência econômica. Para tanto, seria extremamente útil seguir os estudos de Michel Foucault sobre "*o surgimento de uma arte de governar*" que tinha como questão a introdução da *economia* — isto é, *a maneira de gerir corretamente os indivíduos, os bens, as riquezas no interior da família* — na gestão do Estado. Nesse sentido, dirá Foucault: "A arte de governar é precisamente a arte de exercer o poder segundo o modelo da economia — é porque a palavra economia, por razões que procurarei explicitar, já começa a adquirir seu sentido moderno e porque neste momento se começa a considerar que é da própria essência do governo ter por objetivo principal o que hoje chamamos de economia" (Foucault, 1995, p. 281-282).

Desde que Freeman escreveu seu livro, em 1974, o processo de promoção da inovação e de mensuração da sua eficiência vem se tornando cada vez mais central, e com mudanças importantes. Ao considerar a forma como Freeman conceitua a inovação, fica evidente que o autor, seguindo o consenso da sua época, reconhece a centralidade da pesquisa científica no interior do processo de desenvolvimento tecnológico, ênfase que vai sendo deslocada, progressivamente, para a capacidade de gestão da comercialização da pesquisa.

Mais do que isso, o autor reconhece, também, a diferença entre atividade de pesquisa básica — cujos *outputs* deveriam ser medidos em termos de fluxos de informação nem sempre traduzíveis em produtos comercializáveis — e a pesquisa aplicada — voltada para a criação de novos produtos e processos. Nesse sentido, a eficiência da pesquisa básica deveria ser medida em termos de resultados propriamente científicos como, por exemplo, a formulação de novos problemas, hipóteses e teorias, passíveis de mensuração por indicadores acadêmicos. Por outro lado, a avaliação da eficiência da pesquisa aplicada passaria pela mensuração de resultados econômicos como patentes, protótipos de novos produtos, desenho de novos processos, venda de novos produtos etc. Essa diferença entre uma forma e outra de pesquisa vai sendo igualmente desconstruída, de modo que, atualmente, do ponto de vista da gestão da inovação, toda atividade de pesquisa passa a ser medida também em termos de resultados supostamente econômicos.[15]

---

15 Existem incontáveis estudos que apontam para o caráter falho dos indicadores de retorno econômico do investimento em inovação (por exemplo, European Innovation Scoreboard, 2006; Fagenberg, 2004; Godin, 2002; OCDE, 2006a). Ainda assim, esses indicadores — dentre os quais as patentes são o principal — continuam sendo usados por falta de outros.

Mas a economia da inovação pode ser considerada — como o fez Michel Callon (2006) — como um exemplo paradigmático de teoria performativa. Nesse sentido, ao mesmo tempo em que redefiniram a inovação como atividade econômica, os economistas da inovação engajaram-se na construção das condições materiais para que essa definição se viabilizasse: passaram a trabalhar na construção de indicadores, instrumentos e organismos capazes de *medir* a ciência e a inovação em termos econômicos (cf. Sharif, 2006; Godin, 2004). A partir do final dos anos 1970, esses indicadores surgem, em todo o mundo, baseados em estudos, relatórios, manuais, índices e regulamentações que visam mensurar e avaliar a inovação em termos econômicos.[16] Segundo exemplifica o próprio *Manual de Oslo*:

> A geração, a exploração e a difusão do conhecimento são fundamentais para o crescimento econômico, o desenvolvimento e o bem-estar das nações. *Assim, é fundamental dispor de melhores medidas de inovação. Ao longo do tempo a natureza e o panorama da inovação mudaram, assim como a necessidade de indicadores que apreendem tais mudanças e ofereçam aos formuladores de políticas instrumentos apropriados de análise*. Um trabalho considerável foi realizado durante os anos 1980 e 1990 para desenvolver modelos e estruturas de análise para estudos sobre inovação (OCDE, 1997b, p. 15; grifos meus).

É nessa chave de interpretação que se deve entender os processos de: i) elaboração e difusão de manuais que orientam a

---

[16] Segundo o *Manual de Oslo*: "Desde 1992, o número de países que realizaram pesquisas sobre inovação cresceu muito: países da UE, outros países da OCDE como Canadá, Austrália, Nova Zelândia e Japão, e um grande número de economias fora da OCDE, entre as quais vários países latino-americanos, Rússia e África do Sul" (OCDE, 1997b, p. 16).

coleta e interpretação de dados relativos à inovação (como o *Manual de Oslo* e o de *Frascatti*); ii) criação de agências governamentais voltadas para a inovação e a transferência de tecnologia; iii) regularização das pesquisas nacionais sobre desempenho inovador das economias e empresas nacionais (como a Pintec no Brasil); iv) as estratégias nacionais e internacionais para a promoção da inovação (como a *Estratégia de Lisboa*,[17] lançada pela Comunidade Europeia em 2000); e, por fim, v) a crescente influência dos relatórios que apresentam estudos sistemáticos sobre a situação da inovação tecnológica nas principais economias do mundo, com base em índices de mensuração da inovação e da sua eficiência (como os da OCDE, da Unesco e da Comunidade Europeia).

1.3.1 Um exemplo paradigmático: o *European Innovation Scoreboard*

Um exemplo paradigmático do esforço orquestrado para mensurar, avaliar e reorientar o investimento estatal em ciência e tecnologia é o *European Innovation Scoreboard*, um dos mais importantes instrumentos de produção de estatísticas e de difusão de recomendações políticas na área de inovação. O *European Innovation Scoreboard* é a ferramenta da União Europeia para medir a atividade inovadora dos seus países. Tendo como base o

---

[17] É interessante observar que, dentre as atualizações da *Estratégia de Lisboa*, aprovadas em 2005, conta a seguinte recomendação: "Para realizar progressos [colocados como objetivo da estratégia], os Estados-Membros [da UE] deverão centrar-se na execução das reformas acordadas no âmbito da *Estratégia de Lisboa* e aplicar políticas macroeconômicas baseadas na estabilidade e em políticas orçamentais sólidas. (...) Para estimular o crescimento, a Comissão tenciona: (...) Encorajar o conhecimento e a inovação, melhorando o investimento na investigação e no desenvolvimento, facilitando a inovação, a adoção das tecnologias da informação e da comunicação (TIC)" (Commission of the European Communities, 2005a, *on-line*).

Summary Innovation Index, um índice construído a partir de 26 indicadores, o objetivo desse relatório é apresentar uma síntese da situação da inovação nos diversos países estudados. No sumário executivo do relatório anual de 2006, o *European Innovation Scoreboard* autodefine-se como:

O instrumento desenvolvido por iniciativa da Comissão Europeia, no âmbito da Estratégia de Lisboa, para avaliar e comparar a atuação inovadora dos Estados-membros da UE (European Innovation Scoreboard, 2006, p. 3).

O intuito do *European Innovation Scoreboard* é, portanto, avaliar o desempenho da inovação e estabelecer, a partir disso, um índice comparativo que permita posicionar os países em uma escala comum de "desempenho inovador". Toda a ênfase está, evidentemente, em conhecer os pontos críticos que separam o desempenho europeu dos seus principais concorrentes — Estados Unidos e Japão — para, então, desenvolver políticas específicas para melhorar esse desempenho.

Não por acaso, a partir do *European Innovation Scoreboard* é produzido um relatório chamado *European Innovation Progress Report*, que visa associar os resultados do estudo quantitativo da inovação ao estudo qualitativo das políticas promovidas pelos governos para compará-las, avaliá-las e incentivá-las, aumentando a sua eficiência. Assim, duas dimensões inseparáveis são cobertas por esses relatórios: de um lado, o estudo quantitativo e comparativo do desempenho da inovação e, de outro, o estudo do desempenho dos governos na promoção e gestão da inovação.

Essas duas dimensões do estudo sistemático da inovação — a mensuração da inovação e a avaliação da sua gestão — aparecem no Relatório do *European Innovation Progress Report* de 2006 nos seguintes termos:

Inovação diz respeito à mudança e à habilidade de gerir a mudança no tempo. O *Relatório* (...) auxilia a organização e os planos gerenciais na Europa a partir de informações e estatísticas resumidas e concisas sobre políticas, atuações e tendências da inovação na União Europeia. Ele é, ainda, um fórum europeu para a comparação e o intercâmbio de práticas bem-sucedidas na área de política pública voltada para a inovação. Este relatório combina essas duas abordagens para identificar, através da análise dos dados do *índice europeu de inovação*, de 2005, quais os três desafios-chave elencados pelos países na área da inovação para, então, avaliar em que medida o conjunto de políticas desenvolvidas em cada um desses países é relevante e tende a contribuir para superar tais desafios. (...) O desenvolvimento efetivo de políticas requer acesso à informação adequada e atualizada sobre tendências em indicadores determinantes e acesso ao conhecimento sobre a evolução de desenho, implementação e resultados de medidas políticas (European Trendchart on Innovation, 2006, p. 12).

Todo o objetivo do relatório é, assim, estabelecer políticas públicas voltadas para o gerenciamento da inovação nos diferentes países europeus e difundir os exemplos bem-sucedidos de políticas de inovação. No entanto, como o estabelecimento de políticas "eficientes" de inovação "requer acesso à informação adequada", o índice do *European Trendchart*, desenvolvido e aprimorado ao longo da década de 1990, baseia-se nos indicadores de *input/output* da inovação produzidos pelo mesmo órgão.

Esses indicadores são organizados segundo cinco dimensões--chave, três delas captando os incentivos à inovação (recursos humanos, investimento e incentivo à inovação nas empresas) e duas mensurando os resultados (aplicação econômica do conhecimento e propriedade intelectual). As variáveis são as seguintes:

Pré-condições da inovação (indicadores referentes a recursos humanos, notadamente as condições estruturais requeridas para o potencial inovador);
Criação de conhecimento (medidas de investimento em atividades de P&D, consideradas elementos-chave para uma economia do conhecimento);
Inovação e empreendedorismo (medidas dos esforços relativos à inovação no âmbito da firma);
Aplicação (medidas de desempenho, expresso em termos de trabalho e atividades empresariais, e o valor adicionado por eles nos setores inovadores);
Propriedade intelectual (medidas para alavancar resultados em termos de *know-how*).

Essas cinco categorias cobrem diferentes dimensões da atuação inovadora a partir de um número determinado de indicadores (European Trendchart on Innovation, 2006, p. 12).

Desse modo, partindo da definição da inovação enquanto uma atividade econômica como outra qualquer e do desenvolvimento de instituições e dispositivos capazes de viabilizar essa nova concepção, o processo de avaliação da produção e da comercialização do conhecimento sofre uma inflexão importante. Ganha força a pressão para medir os resultados da inovação não mais em termos propriamente científicos, como chegou a imaginar Freeman, mas por resultados comerciais mensuráveis por indicadores como os de "aplicação econômica" e "propriedade intelectual", o que terá impactos profundos sobre a dinâmica do funcionamento do regime disciplinar, enraizado nas universidades.

Além disso, essa nova concepção de inovação implica toda uma reorganização da ação do Estado no incentivo e controle da ciência, através da reestruturação das políticas públicas de ciência e tecnologia, também denominadas, mais recentemente, "políticas nacionais de inovação". Nessas políticas, a ciência passa a ser considerada um momento do processo de inovação, sendo avaliada, portanto, segundo os mesmos critérios que orientam a avaliação do processo como um todo, ou seja, pelos resultados econômicos que é capaz de produzir.

1.4 O IMPERATIVO DA CONSTRUÇÃO DOS SISTEMAS NACIONAIS DE INOVAÇÃO

Em termos gerais, é possível classificar a crise das políticas científicas não intervencionistas nos seguintes termos: i) primeiro, reconhece-se que a inovação tem dinâmicas diversas que não se limitam à progressão linear que leva da ciência básica à aplicação comercial; ii) segundo, com a emergência do problema da eficiência da inovação, torna-se cada vez mais difícil sustentar que a base da ação do Estado deve ser o financiamento da ciência básica "desinteressada" cuja transformação em produtos e processos responde a uma lógica do "acaso"; iii) por fim, a partir do momento em que tanto a produção quanto a comercialização do conhecimento passam a ser medidos e administrados como um processo único e segundo os mesmos critérios econômicos, não faz mais sentido construir uma política que reconheça diferenças substanciais entre a pesquisa científica e as outras fases do processo de inovação.[18]

É nesse contexto que surge a ideia de construção de um Sistema Nacional de Inovação (SNI) que implica, de forma mais ou menos direta, a ressignificação e a reformulação do papel do regime disciplinar de produção e reprodução do conhecimento no processo de aplicação econômica da ciência (Cf. Cimoli, Dosi,

---

18 Esse último movimento compromete, no limite, a possibilidade de que a avaliação e a escolha dos problemas continuem sendo feitas exclusivamente pelos próprios cientistas, com relativa independência em relação às demandas sociais de natureza estatal e econômica.

Nelson & Stiglitz, 2006; Chesnais, 2005; Coriat & Weinstein, 2002; Dosi *et al.*, 1998; Freeman, 1987, 1988, 1995; Nelson, 1988, 1993, 2006; Nelson & Winter, 2005). O conceito de SNI emergiu na primeira metade dos anos 1980, no âmbito da OCDE, no contexto de uma disputa política e teórica em torno do melhor desenho de política industrial e científico--tecnológica para os países avançados, da interpretação do papel da inovação para o crescimento econômico e do reconhecimento da centralidade das instituições sociais na gestão dos mercados.[19] Desde então, muitas organizações internacionais — além da própria OCDE, a União Europeia, a *United Nations Conference on Trade and Development* (Unctad), o Banco Mundial, entre outras — absorveram o conceito nas suas perspectivas analíticas e nas suas recomendações de políticas (cf. Sharif, 2006, p. 745).

Do ponto de vista estritamente econômico, o apoio estatal à ciência e à tecnologia tem a função de contornar as características supostamente intrínsecas ao conhecimento — o seu caráter de "bem público" — que dificultam a sua comercialização. A noção de "bem público", da perspectiva da teoria econômica, não tem o

---

[19] Sharif, na sua pesquisa sobre a OCDE, mostra como François Chesnais havia percebido que no princípio dos anos 1980, quando o mundo se movia em direção à globalização e à abertura econômica, a OCDE ainda não tinha total clareza quanto ao significado desses processos e duas linhas de recomendação política passaram a desenvolver-se paralelamente dentro da organização: uma, de viés neoclássico, era uma teoria ortodoxa do comércio, cuja principal recomendação política era a redução do "custo dos salários". Outra, ligada ao *Departament of Science, Technology and Industry*, coordenado pelo próprio Chesnais, em parceria com Lundvall, Freeman, entre outros institucionalistas, afirmava que a competitividade era um fenômeno social holístico, baseado em um conjunto tão amplo de fatores que o certo seria falar em competitividade estrutural. Assim, o conceito de "Sistema Nacional de Inovação" tinha, sobretudo, um sentido político: a ideia de sistema referia-se a esse conjunto complexo de *elementos sociais*, enquanto a ideia de nacional vinha enfatizar o *papel do Estado* em um contexto em que ele estava sendo considerado morto ou inócuo (cf. Sharif, 2006, p. 753).

sentido axiológico geralmente associado à noção de "público", refere-se apenas a um conjunto de características inerentes ao conhecimento — em especial, ao conhecimento científico — que impede que sua produção seja conduzida apenas pelo mercado, tornando necessária a ação do Estado, seja diretamente (por meio de financiamento), seja indiretamente (criando as condições necessárias para a mercantilização do conhecimento por meio da aprovação de legislações de propriedade intelectual).[20] Michel Callon descreve de forma bastante contundente como os economistas, em geral, entendem a questão da política científica e tecnológica:

> Na ausência de regulações, o conhecimento científico é um bem difícil de apropriar, não rival e durável. A sua produção é cercada, pelo menos em certos casos, de profundas incertezas. Para um economista, esse conjunto de propriedades define um bem público, ou melhor, um bem quase público, porque nem todas as condições são completamente satisfeitas. A produção de um bem que, por suas características implícitas, tem o *status* de bem

---

20 Vale observar que essa é a justificativa *econômica* para a existência de políticas nacionais de ciência e tecnologia. A perspectiva sociológica nos coloca outras determinações, sendo uma das mais importantes a historicização da ciência e a "desnaturalização" de sua relação com o setor produtivo e da ação do Estado no apoio à ciência e tecnologia. Em outras palavras, a problematização sociológica nos fornece ferramentas a partir das quais é possível criticar a formulação de que a ciência possui um conjunto de características intrínsecas — portanto, naturais e a-históricas — que tornam a sua mercantilização ou privatização artificial (cf. Bourdieu, 2000). Do ponto de vista sociológico, aquilo que chamamos de ciência moderna nada mais é do que o resultado de um conjunto de práticas sociais que emergiram em um dado momento histórico com determinadas características que nada têm de naturais, imutáveis ou intrínsecas. Nesse sentido, a chamada revolução científica dos séculos XVI e XVII refere-se não só a importantes avanços teóricos, especialmente no campo da física e da matemática, mas, também, ao surgimento de um conjunto de práticas sociais que definem a atividade científica moderna.

público não pode ser garantida em um nível "ótimo" no mercado: indústrias e empresas não investem o suficiente em produção científica. Para resolver essa "falha de mercado" o governo precisa interferir, seja diretamente, seja através de um sistema de incentivos (Callon, 1994, p. 406).

A ideia de que o conhecimento escapa à lógica do mercado e de que, portanto, a ação do Estado na promoção de atividades ligadas à produção e à reprodução de conhecimento tem um caráter *necessário* sempre foi relativamente consensual na teoria econômica. Da mesma forma, embora fossem considerados processos de natureza extraeconômica, a inovação e o progresso técnico eram vistos como uma das fontes de crescimento econômico. Mas a despeito desses consensos a hegemonia da teoria econômica neoclássica apontou, a partir da década de 1970, para outros caminhos que não o fortalecimento das políticas públicas de incentivo à inovação e à capacitação tecnológica dos países. Com o predomínio das orientações políticas de fundamento neoclássico, tornava-se cada vez mais difundida a defesa da diminuição do papel do Estado, sobretudo como agente planejador, e o fortalecimento da liberalização comercial como "motor" do crescimento econômico.

As diretrizes políticas do modelo neoclássico de crescimento econômico sustentavam-se na hipótese geral de que se os mercados internos tendiam ao equilíbrio, o mesmo aconteceria com os mercados internacionais, de modo que as economias nacionais e regionais deveriam, com o tempo, convergir *naturalmente* para os mesmos padrões de desenvolvimento econômico e social.

Na contramão da teoria neoclássica, os chamados teóricos neoinstitucionalistas partem do reconhecimento de que os processos de inovação são essencialmente econômicos devendo, portanto, ser geridos e administrados ativamente. A partir disso, afirmam a centralidade assumida pela ação de atores sociais, especialmente do Estado, na regulação dos processos de produção e reprodução de conhecimento. Nesse contexto, emerge a proposta de desenho e construção de SNIs como uma das condições de fortalecimento do crescimento de longo prazo e, consequentemente, da possibilidade de convergência econômica internacional.

Nesse sentido, embora a teoria dos SNIs seja claramente inspirada na visão schumpeteriana de que a inovação acontece primordialmente no interior da empresa capitalista, não é verdade que ela apresenta uma concepção meramente empresarial da inovação. Ao contrário, o reconhecimento da centralidade do ambiente institucional nacional — em especial, das leis e políticas públicas — para a capacidade inovadora das empresas capitalistas assume um lugar central no conceito de SNI.

A ênfase dos teóricos do SNI recairá, portanto, menos nos processos essencialmente empresariais de produção e difusão de conhecimento, e mais na relação entre o setor público e o setor privado, desde o contato entre as instituições públicas de pesquisa e empresas até o financiamento público da inovação empresarial, passando pelo desenho institucional de leis e programas voltados para o incentivo à inovação. Segundo a OCDE, o SNI constitui-se como:

(...) um conjunto de instituições que, conjunta ou individualmente, contribuem para o desenvolvimento e a difusão de novas tecnologias. Essas instituições provêm uma estrutura na qual cada governo forma e implementa políticas para influenciar o processo de inovação. Como tal, é um sistema de instituições interconectadas para criar, estocar e transferir conhecimento, habilidades e artefatos que definem as novas tecnologias (OCDE, 1999, p. 24).

O SNI pode ser considerado como a teia de relações sociais, institucionais e até mesmo culturais que otimiza a transformação de conhecimento em inovação, acelerando o retorno econômico do investimento social em ciência e tecnologia. O SNI deve estar voltado para a promoção de uma aproximação entre os produtores e os comercializadores de ciência e tecnologia, ou seja, entre o sistema nacional de ciência e tecnologia e o setor produtivo. Essa aproximação busca diminuir o tempo entre a produção de um novo conhecimento e a sua comercialização no mercado, aumentando a eficiência com que se transformam os processos de conhecimento em resultados econômicos sob a forma de inovações.

É a concepção de que a inovação é um processo que engloba produção e comercialização de conhecimento, de que a passagem entre um momento e outro pode ser mensurada e gerenciada segundo critérios econômicos de eficiência e, por fim, de que o Estado deve atuar ativamente no incentivo e na gestão dos processos de inovação, que se relaciona à rápida transformação das políticas nacionais de ciência e tecnologia — centradas no investimento a instituições públicas de pesquisa e formação de pesquisadores — em políticas de incentivo à inovação, cujo foco é a construção de SNIs. Ou seja, o Estado vai buscar, cada vez mais, desenhar e implementar uma rede institucional que possibilite a aceleração da produção e da comercialização do conhecimento. Para essas novas políticas, a reforma do regime disciplinar de produção de conhecimento — sediado, como foi dito, nas universidades e nos laboratórios públicos — torna-se um aspecto absolutamente central.

1.5 O NOVO PAPEL DAS UNIVERSIDADES E LABORATÓRIOS PÚBLICOS: COMERCIALIZAÇÃO E PATENTEAMENTO DE PESQUISAS CIENTÍFICAS

É amplamente reconhecido que as universidades e os institutos públicos de pesquisa vêm sofrendo e promovendo mudanças na sua estrutura institucional interna no sentido de facilitar o envolvimento mais direto com o processo de aplicação e comercialização do conhecimento e o engajamento dos pesquisadores no processo produtivo (cf. Gingras, 2003; Gingras & Gemme, 2006; Gingras *et al.*, 2003; Scott, 2004; Washburn, 2005; Yates, 2000). Essa mudança é descrita por Shinn e Lamy nos seguintes termos:

> Na busca por novas formas de financiamento, e submetidas à pressão das demandas econômicas e sociais, as instituições científicas evoluem para modelos mais próximos da indústria. Elas se mercantilizam e tendem a submeter-se aos interesses comerciais e a inscrever-se em uma lógica de oferta econômica que às vezes substitui, às vezes se mistura à lógica de oferta científica (Shinn & Lamy, 2006a, p. 23).

As mudanças a que se referem Shinn e Lamy são inúmeras e bastante complexas. Envolvem desde a reformulação dos cursos de graduação no sentido de formar profissionais flexíveis aos desafios do mercado de trabalho até o incentivo à criação de novas empresas a partir de universidades, passando pela comercialização direta do conhecimento produzido no sistema público. Do ponto de vista das alterações nas práticas de pesquisa, um desses processos de mudança assume um aspecto central: o incentivo ao patenteamento e ao licenciamento dos resultados de pesquisa.

Até os anos 1970, o patenteamento de resultados científicos era prerrogativa quase exclusiva do regime utilitário (dito também empresarial), em que o imperativo da competição entre as firmas impunha a dinâmica do segredo ao processo de produção de conhecimento. Nesse regime, a propriedade intelectual buscava restringir a utilização do conhecimento produzido, limitando a entrada de novos competidores no mercado. O regime disciplinar/estatal era, por outro lado, marcado por uma dinâmica completamente distinta. Como o imperativo da divulgação das pesquisas é o pilar que sustenta a organização da produção do conhecimento nesse regime,[21] a propriedade intelectual era mobilizada, sob a forma do direito autoral, não para proibir, mas para autorizar a utilização e a divulgação do conhecimento.[22] O patenteamento de pesquisas no regime disciplinar permaneceu, por muito tempo, restrito a casos muito excepcionais e o direito autoral, que incide automaticamente sobre qualquer forma de publicação, permaneceu por longo tempo como a forma principal de mobilização da propriedade intelectual nesse regime (cf. Mowery et al., 2001; Mowery & Ziedonis, 2002).

Esse cenário começou a mudar nos anos 1980, quando o congresso norte-americano aprovou a primeira lei que permitia, abertamente, o patenteamento de pesquisas financiadas com fundos públicos — o *Bayh-Dole Act* de 1982. A partir daí, o consenso relativo[23] que se formou em torno da necessidade da auto-

---

21 Uma vez que é da publicação que dependem a certificação do conhecimento, a avaliação por pares, o sistema de crédito, notoriedade e reconhecimento científico e, idealmente, a própria organização da hierarquia meritocrática das instituições científicas.

22 Para uma análise da diferença entre os dois regimes de produção tomando como exemplo o caso da produção de *softwares*, ver Carlotto & Ortellado, 2011.

23 Relativo porque durante a Rodada do Uruguai do *General Agreement on Tariffs and Trade* (GATT), na qual foi discutido e aprovado o *Trade-Related Aspects of Intellectual Property Rights* (Trips), houve forte resistência dos países designados "em desenvolvimento". Até hoje, existe forte resistência da sociedade civil ao processo de recrudescimento da propriedade intelectual tanto nesses países quanto nos países desenvolvidos.

rização e do incentivo ao patenteamento nas instituições públicas permaneceu fortemente ligado à ideia de que essa forma de propriedade intelectual representava um dos instrumentos centrais de apoio do Estado à inovação tecnológica.

O incentivo estatal, através da propriedade intelectual, poderia atuar de forma dupla: por meio da garantia de exclusividade da exploração econômica através da concessão de patentes a empresas privadas, ou através do incentivo ao patenteamento e licenciamento de pesquisas desenvolvidas no sistema público.

Paralelamente, como vimos, além de mecanismo de incentivo, a propriedade intelectual tornava-se indicador do retorno econômico da atividade científica, o que contribuía para a sua valorização em diversos âmbitos. Para a OCDE, por exemplo, as patentes passaram a ser consideradas como o indicador mais representativo do retorno econômico do investimento em pesquisa e desenvolvimento (cf. OCDE, 2005, p. 4).

A propriedade intelectual passa a significar, portanto, não só um *instrumento de incentivo à inovação* mas, também, um *indicador de desempenho* por meio do qual se quantifica, avalia e administra a inovação.

Essa dupla função da propriedade intelectual redefine a forma como o Estado, certas empresas e parte da comunidade científica compreendem o papel da propriedade intelectual. Do ponto de vista do setor privado, as patentes passam a ser vistas como um instrumento para aumentar o valor de mercado das empresas de alta tecnologia por meio da valorização das suas ações com base em expectativas de ganhos futuros (cf. Coriat & Orsi, 2002). Do ponto de vista das universidades, tornam-se um mecanismo de autojustificação, à medida que *indicam* que elas estão produzindo conhecimento com retorno econômico efetivo (cf. Hendriks & Sousa, 2007; Lerner & Kortum, 1999; Malissard, Gingras & Gemme, 2003; Mowery & Ziedonis, 2002; Mowery *et al.*, 2001).

Como consequência disso, o crescimento do patenteamento universitário é um fenômeno importante nos principais países do mundo. A Tabela 1 ilustra esse processo, entre os anos 1980 e 1998, nas grandes universidades norte-americanas.

Tabela 1
Número de patentes solicitadas
por universidades norte-americanas, 1980 e 1998

Universidades	Número de pedidos de patente por ano	
	1980	1998
Iowa State University	12	53
Stanford University	11	79
Johns Hopkins University	6	78
University of California	7	399
University of Florida	7	53

Fonte: Relatório "Universidades brasileiras e patentes: utilização do sistema nos anos 90" (INPI, 2000). Elaboração própria.

Ainda que estejam crescendo, as patentes universitárias vêm sofrendo fortes objeções. As críticas apontam, em geral, para o fato de que em vez de *acelerar* os processos de inovação, como era esperado, as patentes universitárias estariam *retardando-os*, seja porque monopolizam a informação, sobretudo por meio das "patentes básicas",[24] seja porque as empresas privadas que, em tese,

---

24 As patentes básicas (*basic patentes*) são aquelas que, por se relacionarem a aspectos elementares de uma área de investigação, impedem que outros desenvolvam pesquisas nessa área. Não é raro uma grande empresa adquirir patentes para bloquear o desenvolvimento de uma determinada tecnologia que pode, de alguma forma, prejudicar o seu negócio.

comprariam as patentes universitárias não se interessam por elas (cf. David & Hall, 2000; Kingston, 2001; Jaffe, 2000; Lerner & Jaffe, 2004; Lerner & Kortum, 1999; McMillan, Narin & Deeds, 2000; Nelson, 2004; Mazzoleni & Nelson, 1998). O envolvimento das universidades com o patenteamento de pesquisa é observável também no Brasil, onde os incentivos ao patenteamento universitário pelas políticas públicas e pelas próprias instituições científicas reforçam-se mutuamente, repercutindo efetivamente na prática de patenteamento das universidades públicas do país, como pode ser observado no Gráfico 1, que descreve a evolução do depósito de patentes por universidades brasileiras de 1990 a 2004:

Gráfico 1
Distribuição das patentes depositadas
por universidades brasileiras no INPI, 1990-2004

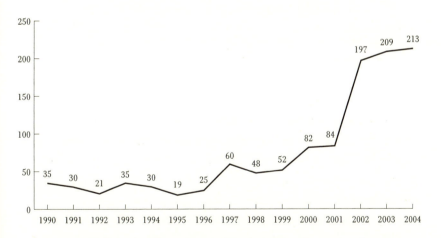

Fonte: Relatório "Universidades brasileiras e patentes: utilização do sistema nos anos 90" (INPI, 2000) e Relatório "Universidades brasileiras: utilização do sistema de patentes de 2000 a 2004." (INPI, 2007). Elaboração própria.

Se as patentes universitárias brasileiras começam a crescer a partir de 1996 — ano de aprovação da nova lei brasileira de patentes, que incorpora as exigências mínimas do acordo Trips[25]—, é a partir de 2001 que o patenteamento universitário enfrenta o seu crescimento mais agudo. É justamente o período de formulação da Nova Política Nacional de Ciência e Tecnologia do país, analisada nas páginas que se seguem.

2 A EMERGÊNCIA DA INOVAÇÃO COMO FOCO DA POLÍTICA CIENTÍFICA BRASILEIRA

2.1 A NOVA POLÍTICA NACIONAL DE CIÊNCIA, TECNOLOGIA E INOVAÇÃO: A "INOVAÇÃO" NO GOVERNO FERNANDO HENRIQUE CARDOSO

Partindo do diagnóstico sobre as relações existentes entre os processos de capacitação tecnológica e o desenvolvimento econômico nos países centrais, o processo de reconfiguração da

---

25 O Trips é um acordo internacional sobre propriedade intelectual que estabeleceu patamares mínimos de proteção para todos os países signatários. Os padrões definidos pelo Trips foram inspirados no sistema norte-americano de propriedade intelectual, um resultado esperado dado o enorme empenho do governo dos Estados Unidos, contra a pressão dos países em desenvolvimento, para a inclusão da matéria nos acordos para a criação da Organização Mundial do Comércio (OMC). A adesão ao acordo Trips passou a ser, consequentemente, pressuposto para o ingresso dos países na organização. Muitos estudos mostram, além disso, a relação entre pressão norte-americana e a proposta de uma nova Lei de Patentes brasileira ainda na década de 1990. O acordo Trips possibilitava que a atualização das legislações nacionais fosse feita até 2005 mas, no Brasil, a proposta de uma nova lei de patentes que incorporava os patamares mínimos de proteção exigidos pelo Trips começou a tramitar no Congresso Nacional já em 1993, meses após o estabelecimento do acordo (cf. Tachinardi, 1993; Hirst & Pinheiro, 1995; Santos, 1998).

política brasileira de ciência e tecnologia, a partir de 2001, incorporou, praticamente sem mediação, o "modelo" de política de inovação desses países. Nesse sentido, a Nova Política Nacional de Ciência, Tecnologia e Inovação confere um caráter prioritário à consolidação do sistema nacional de inovação, ao aumento da eficiência da inovação e à reforma do regime disciplinar/estatal de produção e reprodução do conhecimento, com especial ênfase ao incentivo à propriedade intelectual.

A construção desse sistema busca, por um lado, criar um ambiente favorável para que as empresas nacionais invistam em pesquisa, desenvolvimento e inovação e, por outro, aumentar a "eficiência" do investimento público em ciência e tecnologia, garantindo que ele tenha uma taxa maior de retorno econômico, sobretudo sob a forma de inovações.

O processo de formulação da nova política ganhou força, no âmbito do governo federal, durante o segundo mandato de Fernando Henrique Cardoso, quando Ronaldo Mota Sardenberg era ministro de Ciência e Tecnologia. Nesse período — 1999 a 2002 — o então Ministério de Ciência e Tecnologia (MCT)[26] criou um projeto denominado *Diretrizes estratégicas para a ciência, a tecnologia e a inovação*, cujo objetivo era, justamente, estabelecer novos objetivos para a ciência, a tecnologia e a inovação — essa última recentemente incorporada como pauta do MCT[27] — que orienta-

---

26 Em 2011, o Ministério de Ciência e Tecnologia tornou-se Ministério de Ciência, Tecnologia e Inovação. Como o objetivo é mostrar a construção desse consenso que resultou, inclusive, na mudança de nome do ministério, vamos preservar, na narrativa, a denominação em vigor na época.

27 Em entrevista concedida no dia 11 de fevereiro de 2008, Cylon Gonçalves da Silva, diretor do projeto *Diretrizes estratégicas para a ciência, a tecnologia e a inovação* do MCT afirmou que, até onde ele sabia, foi no *Livro verde de ciência e tecnologia*, de 2001, que a palavra "inovação" apareceu, pela primeira vez, como centro de um documento oficial do governo federal. De fato, antes de 2001, falava-se muito em "capacitação tecnológica", em "transferência de tecnologia", em "novas tecnolo-

riam o seu desenvolvimento até 2010. Segundo documento do próprio ministério:

> O processo de formulação de *Diretrizes estratégicas* busca estabelecer o papel da Ciência, Tecnologia e Inovação (CT&I) frente às questões suscitadas pelas transformações econômicas e sociais do mundo contemporâneo e aos desafios que se colocam para o futuro, *em particular a plena inserção da CT&I na agenda política e econômica brasileira, a otimização do esforço nacional nesse campo e o fortalecimento da posição do País na ordem internacional emergente* (Brasil, 2002b; grifo meu).

A justificativa oficial do MCT para o projeto *Diretrizes estratégicas* era a necessidade de inserir a ciência e a tecnologia na agenda política brasileira, otimizando esforços para, através disso, fortalecer a posição do Brasil na ordem econômica mundial. Podemos entender, portanto, que a política tinha o objetivo de diminuir a distância que separa o Brasil do centro do sistema econômico mundial, conduzindo-o a uma posição "menos periférica".

O projeto organizava-se da seguinte forma: as novas diretrizes estratégicas da nova política seriam formalmente definidas na Segunda Conferência Nacional de Ciência e Tecnologia, realizada em setembro de 2001.[28] Antes disso, porém, o conteúdo das dis-

---

gias", em "modernização do parque industrial", em "progresso técnico", mas pouco se usava o termo "inovação". Assim, por exemplo, no *Livro verde da sociedade da informação*, publicado no ano 2000, pelo MCT, a palavra "inovação" aparece apenas 10 vezes ao longo das mais de 230 páginas do documento. No *Livro verde de ciência e tecnologia*, do ano seguinte, a palavra "inovação" aparece 39 vezes só nas 15 páginas de introdução do documento. Já no *Livro branco*, de 2002, a mesma palavra aparece mais de 220 vezes ao longo das 80 páginas de texto, o que mostra, em parte, a evolução do "consenso".

28 A Primeira Conferência Nacional de Ciência e Tecnologia ocorreu em 1985, ano de fundação do MCT.

cussões da Segunda Conferência Nacional foi definido pelo *Livro verde: ciência, tecnologia e inovação, desafio para a sociedade brasileira* (Brasil, 2001), documento produzido pelo próprio ministério e lançado em julho de 2001, três meses antes da conferência. O resultado desse processo foi apresentado no *Livro branco de ciência, tecnologia e inovação* lançado em 2002 (Brasil, 2002a). A cronologia resumida do projeto *Diretrizes estratégicas para a ciência, a tecnologia e a inovação* do MCT aparece descrita no Quadro 1 a seguir.

Quadro 1
Cronologia do projeto *Diretrizes estratégicas para a ciência, a tecnologia e a inovação*:
principais momentos do processo de elaboração
da nova política de C&T

Janeiro de 2001
Lançado o programa *Diretrizes estratégicas para a ciência, a tecnologia e a inovação*. O programa pretendia redefinir as metas e objetivos da nova política de ciência e tecnologia, incorporando a inovação como questão central.

Julho de 2001
Lançado o *Livro verde: ciência, tecnologia e inovação, desafio para a sociedade brasileira*. O documento incorporava debates realizados com a comunidade científica e com a sociedade civil e, sobretudo, incorporava a proposta do MCT para subsidiar a 2ª Conferência Nacional de C&T.

Setembro de 2001
Realizada a 2ª Conferência Nacional de C&T. Foi o espaço de apresentação e discussão da proposta do MCT para a sociedade civil brasileira e incorporação de críticas e sugestões.

Junho de 2002
Lançado o *Livro branco de ciência, tecnologia e inovação*. Documento síntese da nova política e suas diretrizes estratégicas (Brasil, 2002a).

Fonte: Brasil (2001, 2002a, 2002b). Elaboração própria.

Da forma como o projeto foi estruturado, o *Livro branco de C&T&I* sintetiza a nova política de ciência e tecnologia a ser implementada pelo MCT não mais até 2010, como estava inicialmente previsto, mas até 2012. O "tom" do *Livro branco* era, em linhas gerais, o seguinte: os exemplos dos países economicamente bem-sucedidos mostram a necessidade de investir não só em ciência e tecnologia mas, também, na sua transformação em produtos e serviços de valor econômico, ou seja, em inovação. Nesse contexto, as políticas de "promoção da competitividade" são obrigatórias para sustentar o "crescimento e o desenvolvimento sustentado".

O Brasil tem uma grande capacidade científica, mas uma enorme dificuldade para transformar conhecimento em "fonte efetiva de desenvolvimento", ou seja, em inovação materializada em "bens e serviços" e é sobre essa dificuldade que deve incidir a ação do Estado, via política científica e tecnológica.

É importante frisar que esse diagnóstico — de que o país precisa, urgentemente, passar a transformar ciência em inovação — orientou a definição dos seis grandes objetivos da Política Nacional de Ciência, Tecnologia e Inovação, apresentados no Quadro 2 a seguir:

> **Quadro 2**
> **Os seis objetivos da Política Nacional**
> **de Ciência, Tecnologia e Inovação até 2012**
>
> Criar um ambiente favorável à inovação que contribua para a competitividade das empresas e para o melhor aproveitamento da capacidade instalada de C&T de forma a acelerar os processos de transformação do conhecimento em serviços e produtos para a sociedade;
>
> Ampliar a capacidade de inovação e expandir a base científica e tecnológica;
>
> Aperfeiçoar, consolidar e modernizar o aparato institucional de C&T&I. É preciso construir pontes para uma maior integração da política de C&T com as demais políticas setoriais, com o setor privado, terceiro setor, assim como a cooperação internacional;
>
> Promover a integração de todas as regiões brasileiras em tal esforço, fortalecendo-se suas oportunidades e possibilidades de usufruir dos resultados alcançados;
>
> Conquistar uma base ampla de apoio para esta política;
>
> Incorporar C&T&I como elemento estratégico da política nacional de desenvolvimento.
>
> Fonte: *Livro branco de C&T&I* (Brasil, 2002a, p. 49). Elaboração própria.

O ponto central que sustentou a formulação da nova política foi o reconhecimento de que a construção de um "sistema nacional de inovação efetivo" deveria passar, necessariamente, pela tentativa de superar o "abismo" que separa o sistema nacional de ciência e tecnologia — o "polo" produtor de conhecimento — e o setor industrial do país — o "polo" consumidor desse conhecimento. Assim, a forte ênfase dada pela nova política à reforma institucional do sistema brasileiro de ciência e tecnologia deriva do reconhecimento de que a aproximação entre o regime disciplinar e o setor produtivo precisa ser incentivada, sendo a reestruturação das instituições de ciência e tecnologia o âmbito privilegiado de ação do MCT.

Essa reforma apontou no sentido de incorporar o regime disciplinar a um sistema eficiente de inovação, ou seja, no sentido de incluir o momento da comercialização do conhecimento — o seu consumo efetivamente produtivo — como uma das funções das instituições estatais de pesquisa, o que implica uma série de transformações jurídicas e institucionais. Essa ênfase aparece em vários momentos no *Livro branco de C&T&I* de 2002, por exemplo, quando se afirma que:

> *A eficácia e a eficiência da Política Nacional de C&T&I dependerão da existência de instituições — organizações, normas e práticas — adequadas tanto para o novo papel e a maior relevância que Ciência, Tecnologia e Inovação assumem para o desenvolvimento nacional, como para as novas direções em que essas estão evoluindo no mundo atual. (...) Quer-se acelerar um processo de transformação institucional, na área de C&T&I, com base em um modelo de gestão sistêmica, para construir um arcabouço compatível com as exigências de um processo de C&T&I capaz de dar respostas às necessidades do País* (Brasil, 2002a, p. 33; grifo meu).

A partir de 2002, portanto, inicia-se todo um esforço no sentido de criar um novo aparato jurídico-institucional que, promovendo a inovação, elevaria o país a uma posição mais privilegiada no sistema internacional.[29] Esse aparato era pensado como a consolidação do sistema nacional de inovação. Não por acaso, dentre as nove diretrizes estratégicas estabelecidas pela Conferência Nacional de C&T&I, a primeira e mais importante era a criação desse sistema, como mostra o Quadro 3:

Quadro 3
As diretrizes estratégicas para
a Ciência, a Tecnologia e a Inovação, 2002-2012

Implantar um efetivo Sistema Nacional de Ciência, Tecnologia e Inovação.

Promover a inovação para aumentar a competitividade e a inserção internacional das empresas brasileiras.

Ampliar de forma sustentada os investimentos em Ciência, Tecnologia e Inovação.

Expandir e modernizar o sistema de formação de pessoal para Ciência, Tecnologia e Inovação.

---

29 É interessante observar que, na perspectiva de alguns empresários que trabalham em empresas de alta tecnologia, o começo dos anos 2000 também é percebido como um marco no início das políticas de inovação. Nesse sentido, um dos diretores de uma empresa de célula combustível com contrato industrial com o LNLS reconhece essa inflexão: "[Pergunta] Esses programas que você citou refletem uma ênfase que vem sendo dada de uns tempos pra cá pelo governo federal, estadual, agências em inovação. Eu queria saber como você entende a mudança de ênfase dessas políticas? [Resposta] É, eu vi isso surgir. Em 1999, quando eu comecei a me preocupar com inovação, não tinha essa ênfase. Não existia divulgação e não existiam programas. Em 2001, teve um *risk assessment*, vamos dizer assim, do governo federal, do MCT, chamado Prospectar. Eles estavam querendo saber em que áreas o Brasil precisaria investir em tecnologia. Todas as possíveis áreas: biotecnologia, energia, água, espaço, enfim, as mais variadas áreas".

Ampliar, diversificar e consolidar a capacidade de pesquisa básica no país.

Modernizar e consolidar instituições e procedimentos de gestão da política de Ciência, Tecnologia e Inovação e os mecanismos de articulação com as demais políticas públicas.

Educar para a sociedade do conhecimento.

Intensificar e explorar novas oportunidades da cooperação internacional em Ciência, Tecnologia e Inovação.

Ampliar a dimensão estratégica das atividades de Ciência, Tecnologia e Inovação.

Fonte: *Livro branco de C&T&I* (Brasil, 2002a, p. 49). Elaboração própria.

O fato do documento oficial do MCT adotar a terminologia própria à teoria dos sistemas nacionais de inovação, analisada anteriormente enquanto um exemplo de teorias performativas, mostra a capilaridade que esse discurso adquiriu, influenciando o redesenho de políticas científicas em todo o mundo. Quanto às outras diretrizes estratégicas da nova política, é interessante notar que foge ao âmbito de ação do MCT atuar diretamente sobre a promoção da competitividade das empresas nacionais mas, ainda assim, isso aparece como um dos seus novos objetivos. Para que tal objetivo se realize minimamente, o MCT, ou melhor, os atores *no* e *por meio do* ministério teriam de enveredar por dois caminhos: por um lado, empenhar-se para transformar tanto a inovação quanto o aumento da competitividade das empresas em pautas de outros setores do governo; por outro, engajar-se ativamente no interior do seu âmbito de ação, reformando o sistema nacional de ciência e tecnologia para que ele atue no sentido de aumentar essa competitividade. É esse esforço que aparece detalhado no Quadro 4 a seguir, que apresenta o conjunto das ações previstas para a construção do sistema nacional de inovação no Brasil:

Quadro 4
Detalhamento das ações para a construção
do Sistema Nacional de Inovação segundo o programa
Diretrizes estratégicas para C&T&I do MCT

Assegurar a disponibilidade de meios materiais e humanos compatíveis com as necessidades e a dinâmica dos processos de inovação.

Induzir e ampliar de forma significativa as parcerias entre o setor público e privado nos esforços de ciência, tecnologia e inovação.

Fortalecer mecanismos de interação, articulação e cooperação entre os elementos constituintes do Sistema Nacional de Ciência, Tecnologia e Inovação, em especial a academia e a universidade.

Ampliar e otimizar a infraestrutura de pesquisa, serviços e tecnologia industrial básica.

Estimular o desenvolvimento de atividades de pesquisa nas empresas.

Criar novos mecanismos para facilitar a mobilidade dos pesquisadores entre empresas e instituições de pesquisa.

> Estimular a adoção de redes de pesquisa e de serviços tecnológicos de âmbito nacional e regional, incorporando sempre que possível a dimensão virtual.
>
> Promover iniciativas e ampliar a oferta de informação e serviços tecnológicos em apoio às pequenas e médias empresas.
>
> Apoiar a criação e o fortalecimento de entidades tecnológicas setoriais.
>
> Aprimorar o marco regulatório relativo à propriedade intelectual e o que regula as condições e incentivos à inovação, a exemplo da Lei da Inovação.
>
> Fonte: *Livro branco de C&T&I* (Brasil, 2002a, p. 50). Elaboração própria.

A primeira ação específica ligada à implantação de um sistema já aponta, claramente, para o quanto a ênfase da política nacional passaria a ser, a partir de agora, "as necessidades do processo de inovação".

A construção desse "sistema compatível com as necessidades do processo de inovação" passava pela reforma do regime disciplinar/estatal. Não é por acaso, portanto, que a maioria das ações previstas apontava no sentido de alterar o marco jurídico-institucional da ciência brasileira, promovendo programas e iniciativas capazes de facilitar a articulação entre os diferentes atores do sistema de inovação e, particularmente, aproximar a universidade da empresa. Dentre essas ações destacam-se aquelas que visam aumentar as parcerias como, por exemplo, a que propõe "induzir e ampliar de forma significativa as parcerias entre o setor público e privado nos esforços de ciência, tecnologia e inovação" e a que procura "fortalecer mecanismos de interação, articulação e cooperação entre os elementos constituintes do Sistema Nacional de Ciência, Tecnologia e Inovação, em especial a academia e a universidade". Por outro lado, além do incentivo às parcerias, a reforma do sistema científico nacional enfatizava o incentivo ao patenteamento dos resultados de pesquisa, e propõe "aprimorar o marco regulatório relativo à propriedade intelectual e o que regula as condições e incentivos à inovação, a exemplo da Lei da Inovação".

A Lei da Inovação — aprovada em dezembro de 2004 — já era vista, em 2002, como um elemento essencial da nova política de inovação:

> A proposta de Lei da Inovação, apresentada na Conferência Nacional de Ciência, Tecnologia e Inovação e colocada em consulta pública pelo MCT, representa avanço significativo na direção do estímulo à inovação. Trata da gestão das instituições científicas e tecnológicas, em particular a gestão de pessoal envolvido em pesquisa. A proposta contempla novas formas de contratação que favoreçam a mobilidade de pesquisadores das instituições públicas de modo a permitir sua atuação em projetos de pesquisa de empresas ou para constituir empresas de base tecnológica. Estabelece, também, regras claras para a comercialização de inovações geradas com a participação de universidades ou instituições públicas de pesquisa, assim como para o respectivo compartilhamento dos direitos de propriedade intelectual entre pesquisadores, instituições de pesquisa e empresas. Propõe, ainda, novas formas de parcerias entre o setor público e privado, como a contratação ou encomendas ao setor privado de projetos de desenvolvimento tecnológico. Esse mecanismo, utilizado com grande êxito em países avançados, merece particular atenção pelo potencial de promoção de novos mercados, com menores

custos e riscos de desenvolvimento para as empresas (Brasil, 2002a, p. 42).

2.2 A LEI DA INOVAÇÃO E A POLÍTICA INDUSTRIAL, TECNOLÓGICA E DE COMÉRCIO EXTERIOR: A INOVAÇÃO NO PRIMEIRO GOVERNO LULA

A Lei da Inovação pode ser considerada como a peça mais importante da reforma jurídico-institucional do sistema científico nacional em curso no país. Apesar de ter sido considerada uma das prioridades da Nova Política Nacional de Ciência, Tecnologia e Inovação durante o segundo governo Fernando Henrique Cardoso, a Lei só foi realmente aprovada em dezembro de 2004, ou seja, no segundo ano do governo Luiz Inácio Lula da Silva. É possível dizer, portanto, que o "discurso da inovação" é um dos pontos de continuidade entre os dois governos — formados por partidos cujos ideários políticos não são só distintos mas, em muitos pontos, opostos — o que torna a compreensão da dinâmica da sua produção social um problema ainda mais interessante.

Em termos gerais, o objetivo da Lei da Inovação é criar condições legais para diminuir a enorme distância que separa o sistema estatal de ciência e tecnologia e o setor produtivo. Para tanto, a Lei da Inovação age não só no sentido de facilitar a relação entre instituições públicas de pesquisa e empresas,[30] como também de incentivar que essas mesmas instituições públicas envolvam-se diretamente no processo de comercialização de conhecimento, sobretudo por meio do patenteamento e do licenciamento de novas tecnologias.[31]

---

30 Ver o capítulo 2 da Lei da Inovação, "Do estímulo à construção de ambientes especializados e cooperativos de inovação" (Brasil, 2004a).

31 Ver o capítulo 3 da Lei da Inovação, "Do estímulo à participação das instituições científicas e tecnológicas no processo de inovação" (Brasil, 2004a).

Considerando o que diz a Lei da Inovação quanto à atuação das instituições estatais de ciência e tecnologia no processo de inovação, vale observar que a Lei dispõe sobre três níveis: i) a ação do Estado e suas agências de fomento nos diferentes níveis da administração pública — união, estados e municípios; ii) a ação das próprias instituições de ciência e tecnologia (ICTs); iii) a ação dos pesquisadores contratados por essas instituições, denominados, pela Lei da Inovação, "pesquisador público".[32]

No que concerne à ação do Estado, a Lei da Inovação autoriza as entidades da federação a estimular e apoiar a construção de "alianças estratégicas" e a participar como acionistas minoritárias do capital de empresas voltadas para a inovação.[33]

Quanto à ação das ICTs, a Lei estabelece simultaneamente direitos e deveres. Entre os seus direitos está o de estabelecer convênios e contratos com empresas; compartilhar a sua infraestrutura de pesquisa com empresas e entidades sem fins lucrativos voltadas à pesquisa; celebrar contratos de licenciamento de propriedade intelectual, inclusive com exclusividade, para a transferência de tecnologia; engajar-se diretamente na exploração (comercial) e no uso das suas criações; prestar serviços a empresas e entidades; celebrar acordos, inclusive remunerados, para o desenvolvimento de pesquisa conjunta com empresas e outras entidades, públicas ou privadas; ceder os direitos de uso e exploração das criações, protegidas por propriedade intelectual, para o próprio inventor. Já os deveres das instituições estatais de pesquisa são, basicamente: criar um núcleo de transferência

---

32 A Lei da Inovação define "pesquisador público" como "o ocupante de cargo efetivo, cargo militar ou emprego público que realize pesquisa básica ou aplicada de caráter científico ou tecnológico" (Brasil, 2004a, p. 2).

33 Embora não seja o caso de entrar na discussão propriamente econômica, vale notar que a forma como o incentivo à inovação vem sendo desenhada no Brasil aponta para que o Estado, nos seus diferentes níveis, atue enquanto um agente do mercado financeiro, garantindo o investimento de risco ainda incipiente no país.

de tecnologia; manter o MCT informado quanto à sua política de propriedade intelectual, as criações e invenções realizadas, as patentes solicitadas e concedidas e os contratos de licenciamento; e adotar medidas para melhorar a administração e a gestão da sua política de propriedade intelectual.

Por fim, no que concerne ao pesquisador público, ou seja, o funcionário contratado pelas ICTs para atuar em pesquisa, ele está autorizado, pela Lei da Inovação, a exercer seus direitos de inventor sobre uma criação, quando autorizado pela instituição de origem; participar, no mínimo, de 1/3 dos ganhos obtidos pelo contrato de licenciamento ou de transferência de tecnologia da sua criação; afastar-se da instituição para exercer seus direitos sobre sua criação, ou seja, para explorá-la comercialmente; licenciar-se, em caráter probatório, para criar uma empresa que atue na área de inovação. Paralelamente, a sua única proibição é "divulgar, noticiar ou publicar qualquer aspecto de criações de cujo desenvolvimento tenha participado diretamente ou tomado conhecimento por força de suas atividades, sem antes obter expressa autorização da ICT" (Brasil, 2004a, p. 2).

Considerando essa ampla gama de direitos e deveres atribuídos ao Estado, às instituições públicas de pesquisa e aos pesquisadores por elas contratados, podemos concluir que a Lei da Inovação de 2004 atua, primeiramente, no sentido de *permitir e incentivar o engajamento das instituições públicas e de seus pesquisadores no processo de exploração comercial da pesquisa científica, em diferentes níveis e formatos*.

Paralelamente, a Lei da Inovação busca *aumentar o controle do governo sobre as ações das instituições estatais*, que são obrigadas a criar núcleos de transferência, a adotar medidas de gestão da inovação e a informar ao MCT a sua política de propriedade intelectual, as criações realizadas e protegidas e os contratos firmados. No mesmo movimento, *aumenta o poder das instituições estatais sobre os próprios pesquisadores "públicos"*, que estão proibidos de divulgar qualquer resultado ou informação de pesquisa sem expressa autorização da sua instituição — o mesmo que dizer que eles estão obrigados a comunicar qualquer aspecto da sua pesquisa que desejem publicar, noticiar ou divulgar.

A Lei da Inovação assume, portanto, um caráter normativo/coercitivo não só em relação à atuação das instituições de ciência e tecnologia como, também, em relação à prática dos pesquisadores que atuam nessas instituições, ou seja, ao regime disciplinar/estatal tal como ele se constituiu no país — ilhado em universidades e institutos de pesquisa e financiado quase que exclusivamente pelo Estado.

Mas a Lei da Inovação não dispõe apenas sobre a participação das ICTs no processo de inovação, ela vai além e dispõe sobre o incentivo à inovação também no setor empresarial. O capítulo 4 da Lei, denominado "Do estímulo à inovação nas empresas", afirma que:

> (...) a união, as ICTs e as agências de fomento promoverão e incentivarão o desenvolvimento de produtos e processos inovadores em empresas nacionais e nas entidades nacionais de direito privado sem fins lucrativos voltadas para atividades de pesquisa, mediante a concessão de recursos financeiros, humanos, materiais ou de infraestrutura, a serem ajustados em convênios ou contratos específicos, destinados a apoiar atividades de pesquisa e desenvolvimento, para atender às prioridades da política industrial e tecnológica nacional (Brasil, 2004a, p. 2).

A Lei da Inovação apresenta dispositivos inéditos de incentivo à inovação nas empresas nacionais, sendo o principal deles o mecanismo de subvenção econômica que permite ao governo financiar *diretamente* projetos de inovação em empresas e instituições privadas sem fins lucrativos. Assim, os mecanismos previstos na Lei não limitam a ação do Estado ao financiamento de instituições de ensino e pesquisa, incorporando o financiamento direto de projetos de pesquisa em empresas privadas — uma ação que escapa completamente ao âmbito no MCT. Nesse registro, é possível dizer que a Lei da Inovação marca, em certo sentido, a incorporação do discurso da inovação por outros âmbitos de ação do governo que não só a burocracia ligada à formulação e implementação da política científica e tecnológica. É interessante notar que Vermulm e Bruginsky (2006), ao criarem uma cronologia da política nacional de ciência e tecnologia a partir da década de 1970, destacam três momentos importantes: o II Plano Nacional de Desenvolvimento, que "contou com uma política científica e tecnológica explícita"; a criação do MCT, em 1985, que "subtraiu do Conselho Nacional de Desenvolvimento Científico e Tecnológico (CNPq) a capacidade técnica e a missão institucional na formulação e implementação da política científica e tecnológica"; e o terceiro momento no segundo mandato de Fernando Henrique Cardoso, que os autores analisam nos seguintes termos:

> O terceiro momento digno de destaque foi durante o segundo mandato do presidente Fernando Henrique Cardoso, quando foram criados novos instrumentos para a política científica e tecnológica, sobretudo pela criação dos Fundos Setoriais de Desenvolvimento Científico e Tecnológico, pela introdução de novos mecanismos de fomento à P&D do setor privado (concessão de subvenção econômica, equalização de juros, apoio aos fundos de *venture capital*, dentre outros) e pela proposição de uma gestão compartilhada da nova política. Mas o mais importante foi colocar a *inovação* como foco da política. Pela primeira vez no Brasil a ciência e a tecnologia vieram acompanhadas pela inovação. (...) [Nesse momento, porém] a política de C&T&I esteve fechada em si mesma, já que não havia uma política de desenvolvimento industrial capaz de dar solidez e definir diretrizes

para a utilização dos novos instrumentos de política. O Brasil se armou de um arsenal de instrumentos para a política de desenvolvimento tecnológico, mas eles não são operados adequadamente e não existem diretrizes de política (Vermulm & Bruginsky, 2006, p. 2).

O governo Lula, como reconhecem Vermulm e Bruginsky, apresentou, então, uma inflexão em relação ao governo Fernando Henrique Cardoso ao lançar a Política Industrial, Tecnológica e de Comércio Exterior (PITCE), que incorporava a preocupação com a inovação à política industrial do país. Nesse sentido, se é verdade que no âmbito da política econômica o governo Lula é marcado por uma reconhecida continuidade em relação ao governo Fernando Henrique, no campo da política industrial é possível dizer que existe um considerável distanciamento — ao menos no plano da política "explícita" (cf. Herrera, 1975) — à medida que o governo esboça um esforço no sentido de apresentar um plano de ação estratégica na área da capacitação industrial do país, por meio da escolha de setores prioritários para a atuação governamental.

No momento em que o MCT começou a discutir a necessidade de incorporar a inovação à agenda política nacional, a partir do início do projeto *Diretrizes estratégicas* de 2001, esse esforço teve pouca ou nenhuma repercussão no governo Fernando Henrique, marcado pela inexistência de mecanismos mais fortes de "política industrial". A chegada do Partido dos Trabalhadores ao poder, em 2003, alterou consideravelmente o lugar do Estado no planejamento do desenvolvimento industrial do país (cf. Arbix, 2002), e o lançamento de uma política industrial nos primeiros meses de governo é, em certa medida, sinal dessa mudança. A PITCE, anunciada em 2004,[34] atribui uma enorme importância à ciência

---

34 Segundo um documento oficial do governo federal: "A PITCE é um marco na

e à tecnologia e é nesse contexto que podemos dizer que a "pauta" da inovação extravasa os limites da política científica e tecnológica, sendo incorporada também como estratégia de promoção do desenvolvimento industrial do país e de incentivo à mudança do seu padrão de inserção internacional (cf. Dieese, 2005). Dentre as principais diretrizes da PITCE constam:

(...) o aumento da eficiência da estrutura produtiva, aumento da capacidade de inovação das empresas brasileiras e expansão das exportações. Esta é a base para uma maior inserção do país no comércio internacional, estimulando os setores onde o Brasil tem maior capacidade ou necessidade de desenvolver vantagens competitivas, abrindo caminhos para inserção nos setores mais dinâmicos dos fluxos de troca internacionais (Brasil, 2004a, p. 2).

A estratégia de fortalecer a competitividade internacional das empresas brasileiras constitui um dos aspectos do projeto de desenvolvimento que vem sendo implementado pelo governo brasileiro e que pode ser resumido, em termos gerais, como a tentativa de garantir que o Brasil se reposicione na competição internacional através do fortalecimento das empresas nacionais recorrendo, sobretudo, à incorporação da inovação, o que asseguraria um grande aumento de competitividade.[35]

---

história do Brasil no que se refere ao planejamento do crescimento econômico e do desenvolvimento autossustentado. Ela objetiva ampliar a eficiência e a competitividade da empresa nacional e inseri-la internacionalmente, criando empregos e elevando a renda (...) A PITCE objetiva induzir a mudança do patamar competitivo da indústria brasileira, rumo à maior inovação e diferenciação de produtos, almejando competitividade internacional. A inserção externa da indústria é fator decisivo para o seu desenvolvimento" (Brasil, 2006b, p. 1).

35 O sentido político do projeto de fortalecer algumas empresas nacionais, garantindo condições para que elas possam acessar mercados na América Latina e na

Os dados disponíveis sugerem, no entanto, que a grande inflexão do padrão de desenvolvimento brasileiro, a partir de 2005, deveu-se menos a uma mudança do padrão de inovação das empresas nacionais e de inserção do país no mercado internacional[36] do que ao fortalecimento das políticas de distribuição de renda que, nos últimos anos, vêm fortalecendo o mercado interno brasileiro (cf. F. Negri, 2012; Singer, 2012; Pochmann, 2012).

Mas avaliar o sucesso ou fracasso da política industrial brasileira não é o objetivo deste livro. Seu intuito é, antes, compreender em que contexto emerge um "discurso da inovação" no país e qual o seu impacto sobre o regime disciplinar/estatal considerado tanto na sua dinâmica de institucionalização quanto nas suas práticas concretas de pesquisa e formação de novos pesquisadores. Para tanto, é preciso olhar para o significado da inovação no Brasil de um ponto de vista mais amplo. Traduzindo em perguntas, trata-se de questionar: Quem investe em ciência e tecnologia no país? Quem se apropria de resultados da pesquisa nacional? A inovação é importante para as empresas brasileiras? Em suma: a quem interessa, mais diretamente, um discurso da inovação? Responder a essas perguntas permitirá entender melhor o sentido exato da inflexão da política científica brasileira.

África, (re)acendeu o debate sobre o quanto a reorientação da política externa brasileira representaria um esforço de tornar o Brasil uma nação subimperialista, capaz de assumir uma posição economicamente dominante diante de outros países subdesenvolvidos ou em desenvolvimento, sem que isso represente alguma ruptura mais profunda na dinâmica de desenvolvimento nacional (cf. Bueno & Seabra, 2009; Luce, 2007; Marini, 1977).

36 É significativa, desse ponto de vista, a discussão atual sobre a desindustrialização do país e a consolidação do seu papel como exportador de *commodities*. Essa perspectiva fortalece os que consideram, erroneamente, que o crescimento brasileiro dos últimos anos deveu-se apenas a uma conjuntura internacional favorável, sem considerar o efeito concreto das políticas públicas nacionais, particularmente as que favoreceram o aumento do emprego e da renda.

3 O Brasil como consumidor de tecnologia: algumas características da inovação do país

3.1 O investimento nacional em Pesquisa e Desenvolvimento (P&D)[37]

Segundo dados do Ministério de Ciência, Tecnologia e Inovação (MCTI),[38] entre os anos 2000 e 2010 os gastos nacionais em P&D cresceram ininterruptamente, passando de R$ 12 bilhões em 2000 para R$ 43 bilhões em 2010, conforme expresso no Gráfico 2. Um olhar mais atento indica, porém, que esse incremento do valor total dispendido em P&D foi antes reflexo do crescimento sustentado do PIB brasileiro no período do que o resultado de uma inflexão do padrão de investimento em ciência e tecnologia no país.
Alguns aspectos sustentam essa afirmação. Em primeiro lugar, considerando a divisão do percentual gasto entre empresas e governo, observa-se que o investimento em P&D permanece sendo majoritariamente público: em 2010, o governo brasileiro responsabilizou-se por 53% dos gastos na área, um percentual semelhante ao que se verificava no início da década.

---

[37] Atualmente, existe um forte consenso na literatura internacional de que a melhor maneira de mensurar os investimentos efetivos em ciência e tecnologia é usar indicadores de P&D porque eles concentram os investimentos mais diretos em ciência, excluindo as chamadas Atividades Científicas e Técnicas Correlatas (ACTC), que incluem manutenção de bibliotecas, arquivos, museus, mineralogia, prospecção de petróleo, entre outras. Por conta disso, todos os indicadores usados nesta seção referem-se exclusivamente a gastos em P&D, o que, no mais, garante a confiabilidade das comparações internacionais.

[38] Para mais detalhes, ver a seção *Indicadores* do MCTI. Disponível em: <http://www.mcti.gov.br/>. Acesso em: 12 mar. 2013.

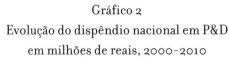

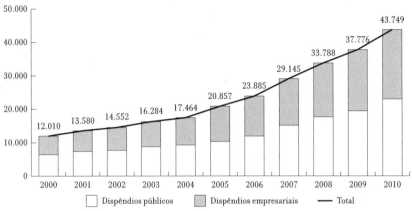

Fonte: *Indicadores* MCTI. Disponível em: <http://www.mcti.gov.br/>. Acesso em: 12 mar. 2013. Elaboração própria.

Esse padrão de investimento, no qual o governo gasta proporcionalmente mais do que as empresas (privadas e estatais) em P&D, diferencia o Brasil da maior parte dos países desenvolvidos e em desenvolvimento. Assim, em 2007, enquanto o governo brasileiro assumia 52,1% dos gastos nacionais em P&D, o governo dos Estados Unidos era responsável por apenas 28,2%, um percentual próximo ao de países como a China (24,6%), a Coreia do Sul (24,8%) e a Alemanha (27,5%). Entre os países selecionados, apenas na Rússia o governo teve participação maior nos investimentos em P&D do que o verificado no caso brasileiro.

Considerando que a categoria "setor empresarial" inclui tanto empresas privadas como estatais, é possível afirmar que, no Brasil, o Estado é o grande investidor em ciência e tecnologia, concentrando um enorme poder de incentivo e indução de ações nessa área. Por Estado deve-se entender, sobretudo, o governo federal que, além de responder por mais de 70% dos investimentos públicos, ainda vem compensando a queda sistemática dos investimentos estaduais, ocorrida ao longo da década.[39] No entanto, mais importante do que constatar a centralidade do papel do Estado na área de ciência e tecnologia é observar que esse padrão permaneceu praticamente inalterado ao longo da década de 2000, mesmo após o enorme esforço realizado para, como vimos, incentivar a inovação nas empresas privadas nacionais como forma de aumentar sua competitividade.

Tabela 2
Distribuição relativa dos gastos empresariais e estatais
em P&D para países selecionados, 2007 (%)

País	Gastos empresariais	Gastos estatais	Outros
EUA	65,3	28,2	6,5
México	45,1	50,2	4,7
Brasil	45,6	52,1	2,3
Japão	77,7	15,6	6,7
Coreia do Sul	73,7	24,8	1,5
China	70,4	24,6	5,0
Rússia	29,4	62,6	8,0
Alemanha	68,1	27,5	4,4
França	52,3	38,1	9,6
Reino Unido	46,0	30,9	23,1

Fonte: *Indicadores* MCTI. Disponível em: <http://www.mcti.gov.br/>. Acesso em: 12 mar. 2013. Elaboração própria.

---

39 Em 2000, os gastos estaduais representavam 20% dos investimentos em P&D. Em 2006, esse percentual foi de 14,35% e, em 2010, de 16%. Para mais detalhes, ver *Indicadores* MCTI na categoria *Recursos aplicados*. Disponível em: <http://www.mcti.gov.br>. Acesso em: 12 mar. 2013.

Outro aspecto do padrão nacional de investimento em P&D que parece ter sido preservado ao longo da década foi o percentual do PIB mobilizado para o financiamento dessas atividades, que sofreu pouca variação a partir de 2001, conforme se observa no Gráfico 3.

Gráfico 3
Dispêndio nacional em P&D em relação ao PIB, 2000-2010 (%)

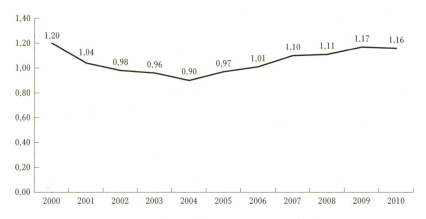

Fonte: *Indicadores* MCTI. Disponível em: <http://www.mcti.gov.br/>. Acesso em: 12 mar. 2013. Elaboração própria.

O percentual gasto no Brasil com atividades de P&D oscilou discretamente da última década, girando em torno de 1% do PIB. O significado dessa invariação foi recentemente observado pela Unesco, em relatório sobre a situação da ciência no mundo. No capítulo referente ao Brasil, o relatório afirma:

[A partir de 2001] tanto o governo federal quando o setor empresarial começaram a aumentar os gastos em P&D. Isso não reflete, no entanto, uma mudança de prioridades da parte do governo federal, como expressa a taxa entre o percentual gasto em P&D e a receita fiscal entre 2001 e 2008 (2,1%). Entre 2002 e 2008, a intensidade do percentual do PIB gasto em P&D cresceu apenas 10%, de 0,98% para 1,9% do PIB. No mesmo período, o PIB cresceu 27%, de R$ 2,4 trilhões para R$ 3 trilhões (Unesco, 2010, p. 103).

No mesmo sentido, Fernanda de Negri enfatiza que, embora o investimento das empresas brasileiras em relação ao PIB tenha aumentado de 0,49% para 0,54% do PIB entre 2005 e 2008, esse crescimento ficou muito abaixo do observado em outros países, inclusive a Espanha, que mantém um padrão de investimento similar ao brasileiro, e os Estados Unidos, que tradicionalmente mantêm taxas muito altas de investimento (cf. F. Negri, 2012, p. 83). O mesmo vale para os gastos gerais em P&D em relação ao PIB. Segundo a autora:

(...) se mantivermos essa taxa de crescimento do P&D/PIB (...) levaremos mais de vinte anos para alcançar o nível de esforço tecnológico atual da economia europeia, por exemplo. Isso nos leva a concluir que a velocidade com a qual temos ampliado nossos investimentos em P&D está muito aquém do mínimo necessário para superarmos nosso atraso tecnológico (F. Negri, 2012, p. 84).

Lidos em conjunto, os dados sobre o padrão brasileiro de investimento em P&D ao longo dos anos 2000 sugerem duas conclusões. Primeira, o Estado brasileiro, sobretudo no nível federal, preservou o seu papel de protagonista no incentivo à ciência e à tecnologia no país, concentrando um enorme poder de indução de políticas e ações na área. Não obstante, realiza um investimento inferior ao necessário para atingir os objetivos estabelecidos pela Política de C&T&I, de alterar o padrão de desenvolvimento nacional através da capacitação tecnológica. Segunda, as empresas nacionais, não obstante o esforço empreendido pelo Estado para incentivar a inovação como forma de potencializar a competitividade econômica, ainda respondem timidamente, o que se reflete na preservação do baixo investimento em P&D. Esse relativo desinteresse das empresas nacionais pela mobilização econômica da ciência e da tecnologia se confirma, também, quando se considera os dados mais específicos sobre a inovação nas empresas nacionais, como os indicadores da Pesquisa de Inovação Tecnológica (Pintec).

3.2 A INOVAÇÃO NAS EMPRESAS BRASILEIRAS

A Pesquisa de Inovação Tecnológica (Pintec), realizada a cada três anos pelo Instituto Brasileiro de Geografia e Estatística (IBGE), Financiadora de Estudos e Projetos (Finep) e pelo MCTI, é uma tentativa do governo brasileiro de mapear o esforço e o desempenho das empresas nacionais no que concerne às atividades de inovação, através da produção de indicadores que, por seguirem a padronização proposta no final da década de 1990 pelo *Manual de Oslo*, dispõem de comparabilidade internacional. A primeira edição da Pintec foi realizada no ano 2000 e refere-se ao triênio 1998-2000. É, portanto, parte do esforço realizado pelo MCTI no período para conhecer e incentivar a inovação entre as empresas nacionais e a comercialização da ciência produzida no país, somando-se às iniciativas que analisamos anteriormente, como a Lei da Inovação e a nova política científica do país, e ao esforço mundial de produção de indicadores sobre o uso econômico da ciência e da tecnologia.

Além dos dados da Pintec 2000, estão disponíveis os dados da Pintec 2003 (referente ao triênio 2001-2003), Pintec 2005 (2003-2005) e Pintec 2008 (2006-2008).[40] A tentativa da Pintec

---

40 Os dados da Pintec são públicos e estão no portal do IBGE. Diponível em: <http://www.pintec.ibge.gov.br/>. Acesso em: 12 mar. 2013.

é mapear todas as empresas nacionais que têm Cadastro Nacional de Pessoa Jurídica (CNPJ) e constam no Cadastro Central de Empresas (Cempre) como sendo "industriais". Na primeira edição da pesquisa, a amostra contava com 72.005 empresas industriais. Na edição mais recente, realizada em 2008, o total de empresas chegou a 106.862.

O objetivo desta seção é descrever o esforço de inovação das empresas brasileiras na última década mobilizando, para tanto, os dados da Pintec entre 1998 e 2008. Considerando, em primeiro lugar, as empresas que implementaram inovação no período, vemos que esse valor tem aumentado em termos relativos e absolutos, conforme a Tabela 3.

Tabela 3
Empresas que implementaram inovação
em relação ao total, 1998-2008

Período	Total de empresas	Implementaram inovações	Percentual em relação ao total
1998-2000	72.005	22.698	31,52%
2001-2003	84.262	28.036	33,27%
2003-2005	95.301	32.796	34,41%
2006-2008	106.862	41.262	38,61%

Fonte: IBGE (2002, 2004, 2007, 2010). Elaboração própria.

Por trás da categoria "inovação" esconde-se uma enorme diversidade de atividades que vão desde a compra de máquinas e equipamentos e treinamento de pessoal até o desenvolvimento interno de atividades de P&D. Detalhando um pouco melhor essas informações, é possível observar que embora a taxa de inovação das empresas venha aumentando, o total das empresas que mantiveram atividades de P&D diminui substancialmente: se entre

1998 e 2000, 7.412 empresas afirmaram manter atividades internas de P&D, entre 2006 e 2008 apenas 4.754 afirmaram terem realizado dispêndios em P&D. Proporcionalmente, isso significa uma queda de 10% para 4% em relação ao total de empresas da amostra. A tendência de redução do investimento privado em inovação é reconhecida, também, pelo sociólogo Glauco Arbix. Segundo ele:

(...) entre 2000 e 2003 houve redução dos investimentos em P&D das empresas brasileiras de 0,75% para 0,6% do faturamento. Na Alemanha, este percentual é de 2,7% e na França é de 2,5%. Em 2000, cerca de 7.000 empresas brasileiras realizaram gastos com P&D. Em 2003, esse número caiu para 5.000 (Arbix, 2006, p. 14).

Entre as empresas que declararam ter desenvolvido atividades inovativas entre 2006 e 2008, 77,69% consideraram que a compra de máquinas e equipamentos teve uma importância média ou alta, ao passo que apenas 11,9% atribuíram igual importância às atividades internas de P&D. Esse padrão se reflete, ainda, na pouca importância dada, pelas empresas nacionais, à parceria com universidades ou outros institutos de pesquisa. Ainda em relação ao triênio 2006-2008, apenas 1.341 empresas — em um universo de 106.862 — consideraram que a cooperação com universidades e institutos de pesquisa foi importante, o que representa apenas 1,25% do total de empresas e 3,2% do total de empresas que inovaram.

Esse perfil de baixa inovatividade das empresas nacionais pode ser confirmado pela falta de radicalidade das inovações implementadas: entre 2006 e 2008, das empresas que inovaram em produto, 86% afirmam ter implementado produtos novos para a empresa, mas existentes no mercado nacional. Entre as que inovaram em processo, 96% implementaram processos novos para a empresa, mas existentes no mercado nacional (cf. IBGE, 2010).

3.3 Inovação e propriedade intelectual: aspectos da dinâmica de patenteamento no Brasil

Na interpretação de Laymert Garcia dos Santos (1998), a incorporação da propriedade intelectual na agenda política brasileira nos anos 1990 foi mediada pelo *discurso da modernização nacional*, que colocava a necessidade de diminuir a distância que separa o Brasil dos países "desenvolvidos" como imperativo sobre o qual não existe espaço de discussão na esfera pública nacional.

A revisão da lei de patentes brasileira começou no governo de Fernando Collor de Mello, resultado da pressão internacional, especialmente por parte dos Estados Unidos,[41] que ameaçavam retaliar o Brasil caso uma nova legislação não fosse aprovada. Essa pressão foi fortalecida pela conclusão da famosa Rodada do Uruguai do GATT (cf. Bifani, 1989, 1992), que aprovou a adesão a um acordo internacional de propriedade intelectual como pré-condição para a adesão à recém-criada Organização Mundial de Comércio. Essa pressão internacional, à qual o Brasil resistia no plano diplomático (cf. Tachinardi, 1993; Almeida, 1990, 1991), encontrou-se internamente com um impulso "modernizador" que levou o governo FHC a estabelecer a aprovação da nova Lei de Patentes (1996) e da nova Lei de Direito Autoral (1998) como prioridades do seu governo. Assim, a nova legislação de proprie-

---

41 A pressão era sobretudo porque a lei brasileira de propriedade industrial de 1971 não permitia o patenteamento de medicamentos, fármacos e químicos. Não por acaso, um dos atores principais na reforma da lei brasileira foi a Interfarma, uma associação de laboratórios europeus e norte-americanos (cf. Santos, 1998, p. 51).

dade intelectual foi aprovada em maio de 1996 (cf. Brasil, 1996), e, a despeito da forte resistência brasileira ao acordo firmado no Uruguai, o marco jurídico aprovado não só se adapta inteiramente aos padrões mínimos do Trips, como é mais rigoroso do que o acordo em diversos pontos (cf. Arbix, 2005, p. 40).

O discurso que legitimou internamente o fortalecimento da legislação brasileira de propriedade intelectual insistia no efeito positivo da nova lei sobre a modernização da indústria brasileira: ao invés de continuar copiando tecnologias estrangeiras e desrespeitando os direitos de propriedade intelectual, a indústria nacional deveria ser incentivada, por meio de uma lei mais "moderna", a investir em produção de tecnologia (cf. Santos, 1998). O efeito, no entanto, parece ter sido o oposto ao esperado pelos modernizadores nacionais (cf. Almeida, 1990, 1991). Segundo dados do Instituto Nacional de Propriedade Industrial (INPI), disponibilizados pelo MCTI, a década de 1990 testemunhou um aumento do depósito de patentes por estrangeiros em termos absolutos e relativos. Assim, em 1990, os depósitos de não residentes somaram 6.125 patentes, o que correspondia a 48% do total de depósitos do ano no INPI.[42] Já em 1998, os depositários estrangeiros foram responsáveis por 66% dos depósitos do INPI, somando 10.233 patentes de um total de 14.970. Os anos 2000 não assistiram à alteração dessa tendência, como é possível concluir pelos dados apresentados no Gráfico 4. Em termos absolutos, os pedidos de patentes de não residentes no Brasil subiram de 10.233 em 1998 para 24.001 em 2011. Isso significa que se em 1998 os estrangeiros respondiam por 66% das patentes depositadas no país, em 2011 esse percentual chegou a 76%. Uma dife-

---

42 Para uma análise do perfil das patentes domésticas brasileiras, ver Albuquerque, 2000 e 2003.

rença substantiva se considerarmos que, no começo da década de 1990, os brasileiros respondiam, ainda, pela maioria das patentes depositadas no país.[43]

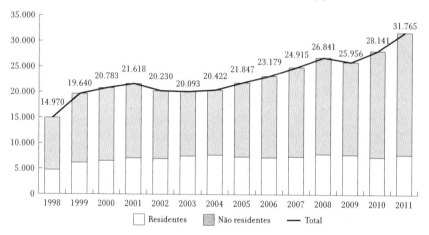

Gráfico 4
Evolução do depósito de patentes no INPI
segundo tipos e origem do depositante, 1998-2011

Fonte: *Indicadores* MCTI. Disponível em: <http://www.mcti.gov.br/>. Acesso em: 12 mar. 2013. Elaboração própria.

Esses dados indicam que o processo de fortalecimento da legislação de propriedade intelectual no Brasil foi acompanhado por um aumento do número de patentes sob controle de cidadãos e instituições estrangeiras. Essa constatação é coerente com a conclusão da *Red de Indicadores de Ciencia y Tecnología* que, considerando a dinâmica de patenteamento dos países latino-ame-

---

43 Infelizmente, os dados disponibilizados pelo INPI não permitem uma comparabilidade perfeita porque o Instituto não possui uma série estável de dados entre 1990 e 2011.

ricanos, aponta para um aumento da "taxa de dependência tecnológica" desses países a partir de 1990 (cf. Sunshine, 2005, p. 37). Essa percepção é confirmada, ainda, por outros indicadores, como os dados da Pintec sobre a taxa de patenteamento das empresas inovadoras do país. Considerando o triênio 1998-2000, só 8% das empresas que implementaram inovações depositaram algum pedido de patente, percentual que caiu ao longo da década de 2000, chegando a 7% no triênio 2006-2008. Esses dados, somados a outros já apresentados, permitem concluir que as empresas nacionais trabalham ainda com um baixo nível tecnológico ou, como denomina Fernanda de Negri, com um baixo nível de inovatividade (cf. F. Negri, 2012).

É nesse contexto de baixa participação das empresas nacionais na produção e incorporação de ciência e tecnologia que ganha destaque o chamado sistema público de pesquisa formado por universidades e outras instituições públicas de pesquisa. Não é de estranhar, portanto, que a presença de instituições públicas de ensino superior e pesquisa seja tão forte na lista dos 50 maiores titulares nacionais de pedidos de patentes no INPI: sete dentre os dez maiores patenteadores brasileiros entre 2004 e 2008 foram universidades ou fundações de amparo à pesquisa (cf. INPI, 2011, p. 8).

Do ponto de vista que nos interessa aqui — a compreensão das mudanças que afetam o regime disciplinar/estatal de produção e reprodução do conhecimento no Brasil — é possível admitir que não existe uma demanda consistente, por parte das empresas nacionais, para que a ciência brasileira se envolva em processos de comercialização de conhecimento. Como explicar, então, a emergência da nova política de ciência e tecnologia que tem, como foco central, o incentivo à inovação tecnológica? Em outras palavras, a quem interessa a reforma institucional da ciência atualmente em curso no país?

Parte da resposta pode estar na Tabela 4, que mostra o total de pesquisadores atuando em tempo integral nos diferentes setores institucionais (ensino superior, governo e empresas) ao longo da década:

Tabela 4
Evolução do número de pesquisadores em tempo integral
por setor, 2000-2010

	Governo	Ensino superior	Empresas	Privado sem fins lucrativos	Total
2000	4.740	77.465	44.183	414	125.968
2001	4.652	83.779	43.420	583	131.392
2002	4.652	90.554	42.674	749	137.293
2003	5.095	103.074	41.947	872	149.431
2004	5.625	114.154	45.762	991	164.672
2005	5.769	123.195	49.998	935	177.926
2006	5.910	132.183	47.348	876	184.240
2007	6.200	141.994	45.242	923	192.081
2008	6.490	151.799	43.585	968	200.364
2009	7.080	169.144	42.298	991	216.672
2010	7.667	188.003	41.317	1.013	234.797

Fonte: *Indicadores* MCTI. Disponível em: <http://www.mcti.gov.br/>. Acesso em: 12 mar. 2013. Elaboração própria.

Entre 2000 e 2010, período em que foi formulada, aprovada e implementada a Nova Política Nacional de Ciência, Tecnologia e Inovação, o número de pesquisadores trabalhando em tempo integral em empresas, ao contrário do esperado, decaiu: eram 44.183 pesquisadores em 2000 e 41.317 em 2010. O oposto, no entanto, ocorreu com o ensino superior, onde o número de pesquisadores profissionalizados — trabalhando em tempo integral

— aumentou consideravelmente no mesmo período, chegando a 188 mil profissionais em 2010.[44] Parece evidente, dessa perspectiva, que o regime estatal/disciplinar — representado, em larga medida, pelas universidades de pesquisa do país — foi o grande favorecido pelo processo de reorientação da política científica nacional no sentido da valorização da inovação. Essa constatação fortalece a hipótese central deste trabalho que passa a ser desenvolvida a partir de agora, qual seja, a de que, no Brasil, o discurso da inovação e as alterações políticas a ele correspondentes podem ser mais bem compreendidos se vistos como parte da estratégia de cientistas engajados na institucionalização do regime disciplinar/estatal brasileiro para legitimar o investimento público em ciência no contexto pós-ditadura.

4 Conclusão

A literatura internacional, ao tentar explicar o processo de substituição das políticas de promoção da ciência e tecnologia por políticas de incentivo à inovação tecnológica e competitividade empresarial, divide-se em dois polos principais.[45] Em um deles, a tradição marxista atribui a mudança à emergência de um regime de acumulação baseado na predominância do capital finan-

---

44 A centralidade do regime disciplinar/estatal para o processo de desenvolvimento tecnológico não é uma exclusividade do Brasil. Em diversos países da América Latina, são as universidades e institutos públicos que concentram o potencial de pesquisa e inovação nacional (cf. Arocena & Sutz, 2001, 2004; Etzkowitz & Brisolla, 1999).

45 Estou excluindo, deliberadamente, os trabalhos que não pretendem explicar o processo de mudança, limitando-se a descrevê-lo e a postular a sua inexorabilidade: as teorias ditas performativas, que defendem a importância de aderir às mudanças em curso, sem recorrer a fatores explicativos.

ceiro, o que constrange as empresas e o Estado a tentar *acelerar o retorno econômico* do investimento em ciência, adequando-se às imposições do capital, sobretudo financeiro (cf. Chesnais, 1996; Chesnais & Sauviat, 2005; Harvey, 2003). No outro polo, como visto, a sociologia da ciência destaca o papel ativo das teorias performativas — sobretudo a *economia da inovação*, a *nova produção do conhecimento* e a *tripla hélice* —, através de agenciamentos político-materiais, na mudança do marco jurídico-institucional da ciência (cf. Callon, 1998b, 1998c, 2006; Callon & Muniesa, 2008; Milot, 2003; Sharif, 2006; Shinn, 2002).

No caso brasileiro, a tentativa de explicar a emergência do discurso da inovação — que orientou a recente reformulação das nossas políticas de ciência e tecnologia — impõe a construção de novas hipóteses. Por um lado, o padrão de desenvolvimento do nosso capitalismo, mesmo após a inflexão do governo Lula, prescinde da ciência como elemento dinâmico, o que garante a essa esfera uma forte autonomia relativa, inviabilizando explicações que atribuam às necessidades econômicas as transformações na sua organização interna.[46] Por outro lado, embora seja importante reconhecer e entender o papel dos discursos performativos no fortalecimento da nova política de inovação brasileira, a pesquisa em torno dos seus mecanismos de legitimação sugere que o papel das novas teorias da ciência foi menos importante aqui do que em outros países.

É possível dizer, então, que o discurso da inovação no Brasil parte antes de uma parcela da comunidade científica nacional do que do setor empresarial do país ou da sua burocracia estatal. Essa

---

46 Em si mesma, essa constatação não implica a negação do potencial explicativo das hipóteses materialistas. Ao contrário, reconhecer que a autonomia das diferentes esferas sociais depende das relações específicas que elas estabelecem, em diferentes contextos históricos, com o padrão de desenvolvimento econômico não deixa de ser um procedimento materialista.

característica da política brasileira de inovação deve-se tanto às especificidades do desenvolvimento industrial brasileiro quanto à construção do sistema nacional de ciência e tecnologia. Essa hipótese, mais bem desenvolvida no próximo capítulo, assume um sentido oposto ao de grande parte das análises que apoiam ou criticam as mudanças que atingem a ciência contemporânea. Isso porque, ao mesmo tempo em que desnaturaliza as transformações em curso, ao interpretá-las como o resultado da ação política de atores sociais engajados na institucionalização/autonomização da ciência, essa perspectiva é capaz de reconhecer e explicar o paradoxo inerente ao processo de implementação de uma política de inovação no Brasil, qual seja, apesar de defender a submissão da ciência às necessidades econômicas, o discurso da inovação terminou por fortalecer a institucionalização do regime disciplinar/estatal, favorecendo a sua autonomia.

CAPÍTULO 3

Padrões de institucionalização e estratégias de legitimação da ciência brasileira

A evolução da ciência no Brasil constitui um exemplo — entre muitos outros — dos esforços empregados por um pequeno número de cientistas, muitos deles com estudos e aperfeiçoamento no exterior e dotados de qualidades universais necessárias ao pesquisador. O desenvolvimento científico e tecnológico dos países do Terceiro Mundo — tal como outras reformas, mais urgentes, de natureza econômica e social — está, em geral, em conflito com os interesses e privilégios das tradicionais elites dominantes. Em consequência, tornou-se um *slogan* igualmente tradicional o de que a ciência não é compreendida pelas autoridades públicas e pelas empresas privadas desses países.

José Leite Lopes (1978, p. 20)

O Laboratório Nacional de Luz Síncrotron (LNLS)[1] configura-se como um espaço privilegiado para acompanhar as mudanças que incidem sobre a ciência brasileira, tanto na sua estratégia de consolidação institucional quanto na sua organização como atividade prática de pesquisa e formação de novos pesquisadores. Isso porque, além de ser um laboratório experimental aberto a pesquisadores de todo o Brasil, seu projeto de construção atravessou mais de meio século, expressando de forma singular as

---

1   Desde 2009, como foi dito, o LNLS foi desmembrado para formar o Centro Nacional de Pesquisa em Energia e Materiais (CNPEM).

mudanças nos padrões de institucionalização e legitimação da ciência brasileira. Enquanto o grande projeto estratégico para a modernização da ciência nacional, o LNLS exemplifica os esforços feitos pelos cientistas brasileiros para viabilizar, institucionalmente, a aventura científica no país. Partindo de uma apresentação geral dos padrões de desenvolvimento da ciência brasileira até os anos 1980, este capítulo procura mostrar como o projeto do LNLS atualiza e repõe padrões tradicionais de institucionalização da ciência nacional, no desafio de legitimar o investimento público em ciência a partir da abertura democrática dos anos 1980. Dessa perspectiva, o discurso da aplicação comercial da ciência — o discurso da inovação — emerge como um momento do esforço de parte da "comunidade" científica nacional para legitimar a ciência brasileira, carente de inserção social. Revela-se, portanto, um novo sentido para as mudanças em curso no país e um novo significado para as suas reais consequências.[2]

---

2 A pesquisa que fundamenta as análises que se seguem baseou-se em textos, documentos, visitas ao laboratório e, sobretudo, entrevistas realizadas entre 2007 e 2008. A lista completa dos entrevistados, por ordem de realização, é a seguinte: José Antonio Brum (diretor-geral do LNLS); Osmar Bagnato (engenheiro do LNLS); Antonio Ramirez (gerente de contratos industriais do LNLS); Daniela Zanchet (pesquisadora fixa do LNLS); Pedro Wongtschowski (membro do Conselho Diretor da Associação Brasileira de Tecnologia de Luz Síncrotron (ABTLuS); diretor do Grupo Ultra e ex-presidente da Oxiteno); Amir O. Caldeira (membro do Conselho de Administração da ABTLuS; professor titular do Instituto de Física Gleb Wataghin/Unicamp); Cylon Gonçalvez da Silva (ex-diretor do LNLS; membro do Conselho de Administração da ABTLuS; coordenador do Plano Nacional de Nanotecnologia; professor titular do Instituto de Física Gleb Wataghin/Unicamp); Rogério Cerqueira Leite (presidente do Conselho de Administração da ABTLuS; membro do Conselho Editorial do jornal *Folha de S. Paulo*; membro fundador da Academia Paulista de Ciências; membro da Organização das Nações Unidas; professor aposentado do Instituto de Física Gleb Wataghin/Unicamp); Wagner Caradori (coordenador adjunto da Fapesp; professor da Faculdade de Engenharia

1 PADRÕES DE DESENVOLVIMENTO
DA CIÊNCIA BRASILEIRA ATÉ A DÉCADA DE 1980

Em clássico estudo sobre a constituição da ciência no Brasil, Simon Schwartzman, influenciado pela tradição mertoniana, parte do pressuposto de que a história social da ciência pode ser vista como o esforço de constituição de comunidades científicas que funcionem segundo os padrões dominantes da época. A reconstrução dessa história passa, segundo o autor, pela análise de duas dimensões essenciais e interligadas: a forma como a comunidade científica organiza-se internamente e a forma como ela se relaciona com o ambiente social (cf. Schwartzman, 1979, p. 27).

Já o sociólogo Marcelo Burgos, seguindo os rumos da Nova Sociologia da Ciência, ao pesquisar a construção do LNLS na década de 1990 abandona a visão da ciência enquanto um "subsistema social, diferenciado a ponto de passar a ser regulado por um estatuto normativo próprio" (Burgos, 1999, p. 6), esvaziando de sentido a noção mertoniana, essencial ao trabalho de Schwartzman, de "comunidade científica". Em contraposição à leitura "funcionalista", Burgos sugere que o desenvolvimento da ciência deve ser pensado, basicamente, como a história dos diferentes papéis exercidos pelo cientista na sociedade, os quais se definem pelas relações concretas que a ciência estabelece com as esferas sociais: o Estado, o setor econômico e os demais setores sociais. Disso decorre a importância dada pelo autor à "natureza das relações Estado-sociedade e as implicações que têm sobre a orga-

---

Química/Unicamp); Cristina Theodore Assimakopoulos (membro do Núcleo de Transferência de Tecnologia da Fapesp); Roberto Lotufo (diretor da Inova/Agência de Inovação da Unicamp); Oswaldo Massambani (diretor da Agência USP de Inovação; professor do Instituto de Astronomia, Geofísica e Ciências Atmosféricas/USP); Valdemar Stelita Ferreira (diretor da NovoFilme, empresa com projeto de cooperação com o LNLS).

nização da vida intelectual" e "o tipo de nexo existente entre a C&T e o setor produtivo local" (Burgos, 1999, p. 17).

Os trabalhos de Burgos e Schwartzman exemplificam as mudanças de ênfase da sociologia da ciência realizada no Brasil, na forma como ela repercutiu os movimentos da literatura internacional. São, portanto, do ponto de vista teórico, trabalhos que se contrapõem. Por outro lado e paradoxalmente, podem ser considerados trabalhos consensuais do ponto de vista do diagnóstico que apresentam para a ciência nacional.

Assim, para Schwartzman, a ciência, mesmo nos países desenvolvidos, vive o paradoxo de depender do reconhecimento do seu papel social ao mesmo tempo em que busca construir algum grau de autonomia que garanta seu funcionamento enquanto subsistema social dotado de regras próprias. Mas, para o autor, é preciso enfatizar que, em países periféricos como o Brasil, esse paradoxo assume um caráter dramático porque a predominância da estratégia de importação de tecnologia faz com que a atividade científica tenha uma dificuldade estrutural para legitimar-se socialmente. Essa situação torna-se ainda mais grave porque a "agenda de pesquisa brasileira" é pautada internacionalmente, uma vez que é internacionalmente que se formam os membros da elite científica nacional, o que dificulta ainda mais a aproximação entre a ciência brasileira e a realidade nacional (cf. Schwartzman, 1979, p. 16).

A análise de Burgos quanto à situação da ciência brasileira não difere muito das sugestões de Schwartzman. Na mesma linha argumentativa, o autor afirma que:

> (...) em contextos de Periferia, a relação entre a ciência e os interesses tende a ser mais frágil, já que se é mais consumidor do que produtor de conhecimento, estando, por assim dizer, nas pontas das redes controladas pelos países do Centro do capitalismo. No caso específico do Brasil (...) pode-se afirmar que isso

ocorre em razão da desarticulação entre o processo de institucionalização da ciência aqui implementado e a expansão do capitalismo industrial (Burgos, 1999, p. 9).

O diagnóstico de Burgos incorpora outra dimensão à constatação do descompasso entre o desenvolvimento científico e a dinâmica do capitalismo brasileiro: a existência de uma relação entre Estado e sociedade na qual aquele aparece como espaço privilegiado de ação, o que acaba por estatizar os interesses, tensões e projetos ligados à ciência brasileira:

> Distante do mundo dos interesses, os cientistas e pesquisadores atuantes no Brasil têm encontrado no Estado o seu lugar privilegiado. (...) É a partir do Estado, portanto, que os cientistas têm procurado definir o seu domínio de intervenção, assumindo-se como portadores de uma ideologia da ciência que, a princípio, confunde-se com os ideais civilizatórios de um Oswaldo Cruz, mas que, posteriormente, ganha novos contornos, subsumindo-se ao tema da modernização econômica do país (Burgos, 1999, p. 13).

Assim, é possível dizer que os trabalhos de Burgos e Schwartzman, a despeito das diferenças teóricas que os afastam, concordam em dois pontos essenciais: primeiro, consideram a história do desenvolvimento científico como a história da institucionalização da atividade científica, pensada como o esforço de construção de certas condições que garantam a realização e a reprodução da ciência. Segundo, reconhecem que, no Brasil, essa história é marcada fundamentalmente pelo descompasso entre o processo de institucionalização da ciência e um desenvolvimento capitalista[3] que não se assenta, estruturalmente, na incorporação da

---

3 Outros estudos sobre a ciência brasileira apontam na mesma direção, parti-

ciência e da tecnologia ao processo de produção.⁴ A esse descompasso soma-se outra característica social que confere peculiaridade à história de institucionalização da ciência brasileira: uma forma de relação entre Estado e sociedade na qual o primeiro acaba por sobrepor-se à segunda, adquirindo, para usar as palavras de Sérgio Buarque de Holanda, "uma força verdadeiramente assombrosa em todos os departamentos da vida social" (1995, p. 176), tornando-se o principal, se não o único, interlocutor dos esforços dos cientistas nacionais para a criação de um "espaço para a ciência".

O diagnóstico de que a ciência brasileira e a economia nacional permanecem apartadas parece confirmar-se para os anos 2000, conforme demonstram os dados do capítulo anterior. É partindo dele que passo a expor, em linhas gerais, os principais padrões de institucionalização e legitimação da ciência brasileira até a década de 1980, quando se inicia o processo de negociação do projeto do LNLS. O intuito é criar condições para analisar, a partir dessa reconstrução história, em que medida o projeto Síncrotron rompe ou atualiza os padrões tradicionais de negociação e justificação da ciência no Brasil.

---

cularmente: Erber, Guimarães & Araújo Júnior, 1985; Morel, 1979; Dagnino, 2003, 2007; Dagnino & Dias, 2007; Dagnino & Velho, 1998; Oliveira, 2003a, 2003b.

4 Ao longo desta reconstrução histórica, privilegia-se expressões como "capacitação tecnológica", "desenvolvimento tecnológico", "incorporação da ciência à produção" em lugar do termo "inovação" para evitar um certo anacronismo, dado que a palavra "inovação", como mostrado anteriormente, tornou-se corrente na discussão sobre ciência e tecnologia a partir dos anos 1990, quando foi incorporada, simultaneamente, pelas análises sobre a relação entre ciência e mercado, e pelos documentos oficiais ligados às políticas nacionais de C&T.

1.1 A emergência da ciência brasileira no final do século XIX

Comparado a outros países, o Brasil assiste ao início da consolidação das práticas de pesquisa tardiamente, na passagem do século XIX para o XX. Isso porque, durante o Império, o foco da ação do Estado foram as profissões liberais, as quais se ligavam à expansão da burocracia estatal e da infraestrutura urbana do país.[5] A atividade científica, nesse período, podia ser caracterizada, segundo Schwartzman:

> (...) por sua extrema precariedade, oscilando entre a instabilidade das iniciativas realizadas pelo favor imperial e as limitações das escolas profissionais, burocratizadas, sem autonomia e totalmente utilitaristas. Esta precariedade pode ser melhor entendida se observarmos, em uma visão comparativa, que não existia no Brasil setores sociais significativos que atribuíssem à atividades científica um valor e uma importância que justificassem o seu interesse e seu investimento (1979, p. 80).

A exceção, sempre lembrada, é a Escola de Minas de Ouro Preto, cujo projeto inicial era o de uma instituição científica voltada para a pesquisa e a formação de pesquisadores (cf. Carvalho, 1978, p. 29). Tal projeto logo esbarrou em dificuldades estruturais, particularmente na inexistência de um setor econômico imediatamente interessado na pesquisa e nos profissionais formados pela Escola. A falta de um lugar social definido obrigou os egres-

---

[5] Não por acaso a estrutura educacional implantada nesse período concentra-se nas carreiras de *Direito* (Faculdades de São Paulo e de Olinda, ambas fundadas em 1828) e *Engenharia* (Escola Politécnica do Rio de Janeiro, fundada em 1874), a primeira voltada para a formação de profissionais capazes de exercer funções burocráticas no Estado e a segunda, de sustentar a expansão urbana do país (Burgos, 1999, p. 19).

sos da Escola de Minas a "realizar esforços no sentido de convencer a reduzida elite do país da importância estratégica da geologia e mineralogia para o desenvolvimento nacional" (Burgos, 1999, p. 20).

É interessante que Burgos considera o projeto da Escola de Minas a antecipação de um padrão de institucionalização da ciência que se tornaria relevante para a ciência brasileira a partir da década de 1930, com a fundação da Universidade de São Paulo. Segundo ele:

> O caso da Escola de Minas é importante porque antecipa um padrão de institucionalização da ciência que, mais tarde, seria, de certo modo, consagrado com a criação da USP. Padrão este que tem por característica a aposta na criação de uma elite científica voltada para a modernização do país; uma elite que nasce por ato de vontade política e não como resposta a demandas concretas da sociedade; que já nasce, portanto, com a missão de buscar uma forma de inscrição na sociedade, capaz de assegurar a sua reprodução (Burgos, 1999, p. 21).

Mas a Escola de Minas de Ouro Preto foi, como afirmado, exceção. A regra durante o Império foi o desinteresse social pela atividade científica, ficando os empreendimentos dessa natureza limitados à solução de problemas concretos ou à vontade e à interferência do Imperador, o que fez com que a ciência ou não fosse incentivada, ou, quando incentivada, não dispusesse de padrões mínimos de autonomia capazes de garantir sua estabilidade e reprodução.

A partir da Proclamação da República, com a consolidação do país como exportador de produtos agrícolas e a consequente transformação de São Paulo em centro econômico, essa situação altera-se um pouco. Em primeiro lugar, emergem setores sociais para os quais a pesquisa científica podia ser útil, particularmente a burguesia agroexportadora que tornou os problemas ligados à agricultura objeto de pesquisa, originando os Institutos Agronômicos, como o de Campinas. Paralelamente, a descentralização política promovida pela elite republicana proporcionou algum grau de autonomia que conferiu à atividade certo nível de profissionalização. É possível dizer, portanto, que houve o início de um processo de institucionalização da ciência na passagem do século XIX para o século XX, embora essa ciência fosse marcada por características que acabaram por limitar o projeto de uma "ciência propriamente brasileira" (cf. Schwartzman, 1979).

A primeira dessas características é que a ciência do período desenvolveu-se fora da instituição universitária que, marcada pela tradição bacharelesca, não guardava lugar para a atividade de pesquisa rotinizada, muito menos para o ensino sistemático da prática científica.[6] A ausência de espaços de formação de cientistas tornava a ciência completamente dependente da "importação" de pesquisadores e da formação de profissionais de pesquisa fora do país, o que implicava que os temas considerados relevantes pela ciência brasileira do período fossem marcadamente temas europeus, transplantados para a realidade nacional quase sem mediação. Por tudo isso, Schwartzman considera que "as adaptações e transformações que vieram com a República não permitiram um equacionamento satisfatório do problema da implantação da ciência moderna no Brasil, apesar de alguns sucessos e de várias sementes notáveis" (1979, p. 137).

Dentre os sucessos a que se refere Schwartzman, o mais importante é, sem dúvida, o da pesquisa bacteriológica e da medicina sanitária, cuja origem remonta ao Instituto Vacinogênico de São Paulo — fundando em 1892 e dirigido por Arnaldo Vieira de

---

6 As instituições científicas paradigmáticas desse período — tais como o Instituto Manguinhos (transformado posteriormente na Fundação Oswaldo Cruz), o Instituto Agronômico e o Observatório Nacional — eram todas não universitárias.

Carvalho —, ao Instituto Bacteriológico — fundado em 1893 e dirigido por Adolpho Lutz — e ao Instituto Butantã — emancipado em 1910 e dirigido por Vital Brazil. Inicialmente concentrada em São Paulo, a pesquisa bacteriológica logo chegou ao Rio de Janeiro, onde foi criada a instituição exemplar desse período, o Instituto Manguinhos, posteriormente denominado Instituto Oswaldo Cruz. Voltado inicialmente para a solução de problemas de saúde pública — notadamente a epidemia de febre amarela e a fabricação de soro antipeste —, o Instituto acabou tornando-se a instituição de pesquisa mais importante do país até a criação da USP na década de 1930.

O sucesso da rotinização de práticas de pesquisa nessas instituições é um exemplo paradigmático do que viria a ser um dos padrões predominantes de institucionalização da ciência no Brasil: a negociação direta com o Estado, feita por homens de prestígio e boas relações pessoais, chamados, por vezes, de *heróis institucionalizadores da ciência*.[7] Segundo Burgos:

[o caso do Instituto Oswaldo Cruz] representa o tipo mais puro da lógica de expansão institucional da ciência vigente ao longo da República Velha, uma lógica que pode ser sintetizada nos seguintes termos: instituições são criadas para atender demandas específicas e imediatas, ficando a sua reprodução, no entanto, condicionada à habilidade de homens que, com trânsito na política e boas relações pessoais, negociam a sobrevivência de

---

[7] Além do próprio Oswaldo Cruz, é possível mencionar casos como os de Adolpho Lutz, Vital Brazil, Emílio Ribas e Arnaldo Vieira, este último famoso por ter participado da fundação da Faculdade de Medicina de São Paulo, posteriormente incorporada à USP. Também Schwartzman destaca a existência do que ele chama de "lideranças pessoais carismáticas" e não só no caso das instituições de pesquisa bacteriológica. Exemplos como o do Museu Paraense (dirigido por Emílio Goeldi), ou do Museu Paulista (onde trabalhava Hermann von Ihering), entre outros, atestam a força do padrão pessoal de institucionalização da ciência.

suas instituições, em geral, a partir do apoio da administração pública (Burgos, 1999, p. 23).

É possível afirmar, portanto, que até as primeiras décadas do século XX a precária institucionalização da ciência no Brasil foi marcada por dois padrões: o padrão da Escola de Minas de Ouro Preto, no qual um ato de vontade política cria uma elite científica que, diante do completo desinteresse social, passa a atuar de forma ativa na associação da ciência ao desenvolvimento,[8] e o padrão dos institutos de pesquisa bacteriológica e medicina sanitária que, criados inicialmente para resolver problemas pontuais, passam a depender da ação pessoal de seus diretores para subsistir com um mínimo de autonomia[9] que confira à atividade científica uma rotinização para além das expectativas utilitárias mais imediatistas.

Esses dois padrões guardam entre si semelhanças e diferenças da maior importância. Eles assemelham-se pelo fato de que, em ambos, os cientistas passam a atuar ativamente junto ao Estado ou à sociedade para garantir condições mínimas de institucionalização das atividades de pesquisa e de reprodução profissional. Mas diferem entre si porque, no primeiro caso, a saturação das possibilidades de inserção profissional na própria instituição de

---

8 Burgos, seguindo indicação de José Murilo de Carvalho sobre o papel das elites letradas na constituição das instituições nacionais, menciona uma série de ações realizadas pelos egressos da Escola de Minas, tais como a criação do Serviço Geológico e Mineralógico do Brasil (1910), a criação do Departamento Nacional de Pesquisa Mineral (1933), a criação da Companhia Siderúrgica Mineira (1917), posteriormente denominada Companhia Siderúrgica Belgo-Mineira (1921) e mesmo da Companhia Vale do Rio Doce (1942) (cf. Burgos, 1999, p. 20).

9 Marcelo Burgos mostra como essa busca por autonomia fez com que se criasse, em certos setores da atividade científica, uma ideia de que deve haver uma distinção clara entre ciência e tecnologia. Ele denomina esse movimento de "*ideologia da ciência*, sob a qual nossos heróis institucionalizadores procuram proteger-se da lógica imediatista que parece caracterizar a atividade tecnológica" (1999, p. 24).

origem — a Escola de Minas de Ouro Preto — leva esses *profissionais sem lugar* a criarem novos espaços sociais que garantam a sua atuação e reprodução. Esses espaços passam, quase sempre, pela mobilização da ciência em outras esferas que não as instituições científicas. Esse profissionais são, portanto, os partidários do *uso social da ciência*, seja a ciência para o desenvolvimento econômico, seja a ciência para a racionalização da ação do Estado e suas políticas públicas. Já no segundo caso, trata-se, ao contrário, *de uma estratégia para preservar as próprias instituições científicas das demandas sociais* que se exercem com tal imediatismo que acabam por colocar em xeque a *autonomia* minimamente necessária ao desempenho das práticas científicas do regime disciplinar/estatal, em especial, o regime de avaliação por pares e a escolha "independente" dos temas de pesquisa. Assim, se um padrão de institucionalização busca criar demandas sociais para a ciência e seus profissionais, o outro busca separar-se delas, garantindo a possibilidade de preservação das instituições científicas.

1.2 As mudanças a partir da década de 1930

A partir da década de 1930, dois processos incidem sobre os padrões de institucionalização da ciência no Brasil: o desenvolvimento industrial que se intensifica na segunda fase do governo Vargas e a criação das primeiras universidades de pesquisa, ou seja, das primeiras instituições que, unindo ensino e pesquisa, passam a formar pesquisadores dentro do país.

Tomados abstratamente, esses dois processos podem dar a impressão de que a ciência brasileira passou por uma profunda transformação na década de 1930: a formação de pesquisadores em "larga escala" e a criação de um setor industrial que demandasse esses profissionais em seus processos internos de geração de tecnologia garantiria o "círculo virtuoso" do desenvolvimento econômico, semelhante ao que teria ocorrido nos países centrais algumas décadas antes.[10] Mas não é difícil perceber que não foi isso que aconteceu no Brasil.[11] Primeiro, porque esse desenvolvimento industrial, por basear-se fortemente em importação de tecnologia, não gerou processos internos de capacitação tecnológica e, consequentemente, não criou demandas substanciais por conhecimento científico e por profissionais ligados à atividade científica. Segundo, porque as nossas universidades de pesquisa estavam mais voltadas para a formação de uma nova elite dirigente, baseada em profissionais capazes de modernizar a burocracia estatal, do que para o processo de formação de novos cientistas.

Um exemplo claro desse último movimento foi a criação da Universidade do Rio de Janeiro, posteriormente denominada Universidade do Brasil, sob influência da chamada Reforma Francisco Campos, uma série de decretos que, em 1931, compuseram a primeira legislação governamental sobre a organização

---

10 O surgimento da universidade moderna, que unia ensino e pesquisa sob financiamento sistemático do Estado, foi fundamental no processo de capacitação tecnológica de grandes empresas em certos países. Nesse sentido, vários autores destacam a relação entre o pioneirismo alemão na rotinização da pesquisa nas universidades e a transformação da Alemanha em uma potência capitalista no fim do século XIX, consequência da força da indústria química alemã (cf. Freeman, 1974; Noble, 1977; Baiardi, 1996; Szmerecsányi, 2001; Gingras, 2003; Mowery & Rosenberg, 2005; entre outros). Os mesmos autores destacam, também, a importância da importação do modelo de universidade alemã pelos Estados Unidos para o estabelecimento dos laboratórios empresariais de P&D, um dos fatores que explicam o fortalecimento das grandes corporações norte-americanas já no fim do século XIX.

11 Dirá Schwartzman: "Ao final da década de 30, as soluções tentadas para a institucionalização da atividade científica no Brasil parecem haver falhado. O impulso dado pelo relativo sucesso das ciências aplicadas, o surgimento da educação como um tema de interesse de grandes setores da população das cidades, a amplitude das discussões sobre a questão universitária, tudo isto parecia prenunciar uma nova era. No entanto, parece predominar o impasse. (...) Desnecessário dizer que a incipiente industrialização brasileira da década de 30 não exercia maior demanda de pesquisa tecnológica, muito menos científica" (1979, p. 188).

universitária no país. Segundo Schwartzman, "a simpatia que Francisco Campos manifestava pela ciência é ilusória. Para ele, a pesquisa científica vinha junto com a arte, como ornamento indispensável, mas sem dúvida postergável" (1979, p. 174). Isso se deve ao fato de que o objetivo último da criação dessa universidade era a formação de professores e novos quadros para a burocracia do Estado.[12]

Mas o caso paradigmático da centralidade do projeto de modernização cultural do país para a definição do caráter da organização universitária, a criação da Universidade de São Paulo em 1934,[13] tem um sentido bem mais ambíguo. Apesar de claramente voltada para a formação de uma nova elite capaz de restabelecer a hegemonia paulista, ameaçada pela derrota na Revolução de 1932, a criação da USP tem consequências que vão muito além da formação de novos quadros culturais e dirigentes. Já durante os anos 1930, a universidade tornou-se o centro científico mais importante do país, desde o Instituto Manguinhos.

A intenção de fazer da USP um centro modernizador da cultura nacional através da formação de uma nova elite cultural e política fez com que a organização institucional da universidade seguisse o modelo universitário francês, centrado na Faculdade de Filosofia, Ciências e Letras, ao invés do modelo anglo-saxão, baseado nas ciências naturais (cf. Schwartzman, 1979; Burgos, 1999; Portella, 1994).

---

[12] Segundo Antonio Candido: "os ideais dos educadores, desabrochados depois de 1930, pressupunham de um lado a difusão da instrução elementar que, conjugada com o voto secreto, deveria formar cidadãos capazes de escolher bem os seus dirigentes; de outro lado, pressupunham a redefinição e *o aumento das carreiras de nível superior, visando a renovar a formação das elites dirigentes e seus quadros técnicos*" (2000, p. 183; grifo meu).

[13] Existe um relativo consenso de que a criação da USP esteve relacionada ao movimento cultural dos anos 1920, notadamente o Modernismo, daí a centralidade da questão cultural para a nova universidade (cf. Candido, 2000; Portella, 1994).

Mas a USP acabou se tornando um importante centro científico também em áreas como a física, a química e a genética (cf. Schwartzman, 1979, p. 280). Isso porque a missão institucional da Faculdade de Filosofia, Ciências e Letras da USP não era só formar novos dirigentes, mas fazê-lo por meio de uma educação marcadamente científica. Isso obrigou a Faculdade a contrapor-se às instituições de ensino superior e pesquisa existentes no país,[14] criando um novo padrão de realização da atividade científica, baseado na dedicação exclusiva e em tempo integral, na união entre ensino e pesquisa, em suma, na profissionalização da atividade científica e na criação de condições de reprodução da carreira por meio da formação de novos cientistas (Schwartzman & Balbachevsky, 1997). Esses cientistas, lembrará Burgos, terão a missão de "afirmar a importância da ciência para a sociedade, procurando, assim, inventar nela o seu lugar" (1999, p. 30).

1.3 A CIÊNCIA BRASILEIRA NO PÓS-GUERRA

A Segunda Guerra Mundial, como visto no capítulo anterior, teve efeitos decisivos sobre a organização da ciência no mundo todo. A percepção de que o domínio de determinadas tecnologias era condição cada vez mais essencial da segurança nacional fez com que os Estados nacionais se organizassem internamente para investir sistematicamente em ciência e tecnologia. O modelo de política científica adotado a partir do fim da guerra por grande parte dos países centrais era, como visto, de caráter "não intervencionista", baseado em uma concepção linear e diferenciacio-

---

14 Essa contraposição começou pelas próprias escolas profissionais agregadas à USP, como a Politécnica e a Faculdade de Direito, que marcadas pela forte tradição "bacharelesca", avessa à crítica e à experimentação, resistiram às mudanças trazidas pela criação da USP e não aceitaram sequer a contratação de professores estrangeiros.

nista do processo de geração de tecnologia, segundo o qual a ciência, considerada uma atividade essencialmente extraeconômica, deveria ser apoiada dentro de um quadro que respeitasse suas regras internas de funcionamento. A preservação da autonomia da ciência não implicava, porém, que a atividade fosse descolada de fortes interesses políticos, sobretudo ligados à capacitação militar dos Estados.

Essas mudanças repercutiram no Brasil, que passou a implantar políticas públicas para o planejamento e o financiamento da ciência com ênfase na capacitação em energia nuclear, movimento que se expressa claramente na criação do Conselho Nacional de Pesquisas (CNPq)[15] em 1951 e da Coordenadoria de Aperfeiçoamento de Pessoal de Ensino Superior (Capes), no mesmo ano.

O CNPq — primeiro órgão de caráter nacional voltado para o planejamento da ação do Estado em ciência — representou um marco importante na mudança da atitude governamental em relação à ciência no Brasil. Segundo Ferreira, os atores responsáveis pela criação do CNPq tinham "clara consciência do papel que se reserva à pesquisa científica e tecnológica na construção do progresso nacional" (Ferreira, 1979, p. xiii). O progresso nacional passava, naquele momento, pelo controle da energia nuclear e, não por acaso, Burgos associa o surgimento do CNPq à criação do Centro Brasileiro de Pesquisas Físicas (CBPF), voltado para a pesquisa em física nuclear e de partículas. Apesar de ser um projeto de alguns cientistas, o CBPF tinha grande interface com o governo, sobretudo federal.

Criado em 1949, o CBPF foi, portanto, uma iniciativa de pesquisadores brasileiros, formados no exterior, que buscavam reproduzir no país as condições de pesquisa que encontravam nos

---

15 Em 1971, o Conselho Nacional de Pesquisas (CNPq) passa a se chamar Conselho Nacional de Desenvolvimento Científico e Tecnológico. No entanto, a sigla permaneceu a mesma.

grandes laboratórios do mundo. Dentre os seus fundadores estavam os físicos José Leite Lopes[16] e Cesar Lattes,[17] que conseguiram articular o apoio financeiro de dois importantes empresários brasileiros para criar o CBPF, que viria a ser uma das instituições

16 Nascido no Recife (PE), *José Leite Lopes* fez graduação em física pela Escola Nacional de Filosofia, no Rio de Janeiro, entre 1940 e 1942. Em 1943 ganhou uma bolsa para atuar como pesquisador na Faculdade de Filosofia, Ciências e Letras da USP. Em 1944 foi para os Estados Unidos, onde fez doutorado e pós-doutorado com um dos mais importantes físicos da época, Wolfgang Pauli, ganhador do Prêmio Nobel de Física anos depois. Em 1946 foi nomeado professor de Física Teórica e Física Superior da Faculdade Nacional de Filosofia, e em 1949 fundou, em parceria com Cesar Lattes, o CBPF. Entre os anos 1940 e 1950, Leite Lopes manteve um intenso trânsito entre as instituições a que era ligado, no Brasil, e as principais instituições científicas do mundo, tendo atuado com grandes físicos: além do próprio Pauli, Feynman e Oppenheimer. Em 1955 tornou-se Secretário Científico da Conferência Internacional de Aplicações Pacíficas da Energia Nuclear. Nesse mesmo ano tornou-se Diretor da Seção de Física do CNPq e, em 1961, membro do Conselho Deliberativo do CNPq, onde ficou até 1964. Em 1969, Leite Lopes foi cassado pela ditadura militar, deixando de ser professor da Faculdade Nacional de Filosofia. Durante o exílio, permaneceu na Universidade de Strasbourg. Em 1979 voltou ao Brasil e ingressou definitivamente no CBPF, onde permaneceu até a sua morte, em 2006.

17 *Cesare Mansueto Giullio Lattes*, mais conhecido como *Cesar Lattes*, foi um dos mais importantes físicos brasileiros, destacando-se nas pesquisas em raios cósmicos e participando diretamente da descoberta do *méson pi*, partícula responsável por manter coeso o núcleo dos átomos. Lattes graduou-se em física na Faculdade de Filosofia, Ciências e Letras da USP em 1943, com apenas 19 anos. Assim como Leite Lopes, de quem era muito próximo, Lattes fez sua pós-graduação no exterior, mais exatamente em Bristol, na Inglaterra. Em 1948 recebeu, da USP, o título de *Doutor Honoris Causa* e em 1949 voltou ao Brasil e fundou o CBPF, tornando-se seu diretor. Também em 1949 tornou-se professor e pesquisador da Universidade Federal do Rio de Janeiro. Depois de uma breve estada nos Estados Unidos (entre 1955 e 1957), Lattes retorna ao Brasil e torna-se professor do Departamento de Física da USP, onde permaneceu até 1967, quando aceitou o cargo de professor titular do Instituto de Física Gleb Wataghin, na Unicamp, onde tornou-se chefe do Departamento de Raios Cósmicos, Altas Energias e Leptons. Cesar Lattes permaneceu na Unicamp até a sua aposentadoria em 1986. Morreu na cidade de Campinas (SP), em 2005.

de pesquisa mais importantes do país. O projeto iniciou-se com financiamento privado, o que faz dele um caso singularíssimo na história da ciência brasileira (cf. Burgos, 1999, p. 33). No entanto, o CBPF só se tornou plenamente viável quando seus idealizadores conseguiram apoio federal, catalisando a preocupação do Estado com o problema da energia nuclear e o apoio de membros da burocracia estatal, como o Almirante Álvaro Alberto de Santiago Dantas e Renato Archer, ambos simpáticos à "questão da ciência no país". Assim, à semelhança do que acontecia no resto do mundo, parte da ciência brasileira associava-se ao projeto nacionalista e enfatizava a questão nuclear. Desnecessário dizer que essa relação tornar-se-á ainda mais íntima durante a ditadura militar.[18]

Mas se a visão que sustentou a criação do CNPq e do CBPF foi a de uma ciência engajada com o projeto nacionalista, a criação da Sociedade Brasileira para o Progresso da Ciência (SBPC) em 1948 expressa uma lógica significativamente diversa, correspondendo à consolidação de um movimento de cientistas na busca pela afirmação da sua identidade profissional e pelo reconhecimento da importância da ciência "pura", ou seja, válida por ela mesma, independentemente da sua aplicação imediata e, portanto, preservada em sua autonomia relativa (cf. Fernandes, 1990).

A diferença entre os projetos do CBPF e da SBPC é, no entanto, marcada por profundas ambiguidades. Em primeiro lugar, por mais "engajado" que fosse o projeto do CBPF, ele incorporava, ao mesmo tempo, uma intenção de estabelecer um distanciamento

---

18 Dirá Burgos: "de forma direta ou indireta, portanto, CBPF e CNPq são instituições criadas sob o signo do fortalecimento da relação entre a questão militar e o desenvolvimento científico" (1999, p. 32). Em 1946, em carta a Leite Lopes, na qual defende a possibilidade de realizarem projetos em física nuclear no país, Cesar Lattes escreve: "não devemos nos esquecer que a física nuclear é o assunto do dia" (Lopes, 2004, p. 153).

em relação ao Estado, expressa na busca por alternativas privadas de financiamento, ainda que elas tenham sido insuficientes e o Centro tenha sido posteriormente estatizado. Em segundo lugar, o CBPF representa, antes de tudo, um projeto de cientistas brasileiros formados no exterior e que desejavam criar, no Brasil, um grande centro de pesquisa que reproduzisse as condições internacionais de pesquisa.[19] Assim, se é verdade que o projeto, para concretizar-se, precisou aproximar-se da agenda de segurança nacional, não é correto considerá-lo simplesmente como iniciativa ligada aos interesses estatais em pesquisa nuclear.

Paralelamente, a SBPC também assumiu, desde a sua origem, a defesa da importância da ciência para o desenvolvimento nacional, ainda que, seguindo o modelo de financiamento e as concepções de ciência e geração de tecnologia em voga no período, advogasse o financiamento à ciência básica, realizada segundo o regime científico de produção do conhecimento, ou seja, com plena autonomia do polo produtor de ciência e desvinculação entre financiamento e resultado imediato. Assim, na ata original de fundação da Sociedade, constam os seguintes objetivos:

---

19 Nesse sentido, é muito interessante acompanhar a correspondência entre os cientistas da época, como a carta em que Cesar Lattes expõe a Leite Lopes a sua intenção de voltar ao Brasil e fundar um centro de pesquisa. Escreve Lattes: "Você está mais ou menos informado da minha situação e dos meus projetos. Na minha opinião, ciência em si não é tudo. Estou perfeitamente disposto a ir trabalhar aí [no Brasil] em condições muito menos favoráveis (estou me referindo à parte científica e à possibilidade material de pesquisa, não à parte profissional) porque acho que é muito mais interessante e difícil formar uma boa escola em um ambiente precário do que ganhar o prêmio Nobel trabalhando no melhor laboratório de física do mundo. A satisfação *humana* que a gente sente ao verificar que está sendo útil para que outros também tenham a oportunidade de pesquisar é muito melhor do que a que se obtém de uma pesquisa feita sob ótimas condições de trabalho. Além disso, existe aquela coisa idiota que se chama patriotismo e, não sei por que, embora nunca tivesse pensado na mesma, começou a mexer lá por dentro há uns tempos atrás" (Lattes *apud* Lopes, 2004, p. 155).

a) Apoiar a estimular o trabalho científico; b) Melhor articular a ciência com os problemas de interesse geral, relativos à indústria, à agricultura, à medicina, à economia etc.; c) Facilitar a cooperação entre os cientistas; d) Aumentar a compreensão do público em relação à ciência; e) Zelar pela manutenção de elevados padrões de ética entre os cientistas; f) Mobilizar os cientistas para o trabalho sistemático de seleção e aproveitamento de novas vocações científicas, inclusive por meio de ensino post-graduado (sic), extrauniversitário etc.; g) Defender os interesses dos cientistas, tendo em vista a obtenção do reconhecimento do seu trabalho, do respeito pela sua pessoa, de sua liberdade de pesquisa, de direito aos meios necessários de realização do seu trabalho, bem como de respeito ao patrimônio moral e científico que fica representado por seu acervo de realizações e seus projetos de pesquisa; h) Bater-se pela remoção dos empecilhos e incompreensões que entravam o progresso da ciência; i) Articular-se ou filiar-se a associações ou agremiações que visem objetivos paralelos, como a Unesco, a Federação Mundial de Trabalhadores Científicos, a Organização Mundial da Saúde, entre outras; j) Representar aos poderes públicos ou entidades particulares sobre medidas referentes aos objetivos da sociedade; k) Outros objetivos que não colidem com os presentes no Estatuto (SBPC, 1948, p. 1-2).

Ou seja, se a mobilização da ciência para a solução de problemas sociais aparece entre os objetivos da SBPC já no momento da sua fundação, por outro lado, a maioria dos objetivos presentes na carta fundadora da sociedade diz respeito ao processo de institucionalização da ciência — denominado progresso da ciência —, o que pode ser identificado pela ênfase dada às lutas por condições adequadas de trabalho, por liberdade de pesquisa, pela valorização da ciência e de seus realizadores.

Portanto, a criação do CBPF e a fundação da SBPC, a despeito das suas diferenças, podem ser iniciativas lidas a partir de uma mesma chave: a de cientistas engajados na defesa de um "espaço para a ciência", esteja ela mais ou menos ligada aos interesses imediatos do Estado. Desde o fim dos anos 1940, esse "espaço" parecia ampliar-se dado o crescente interesse militar na ciência, sobretudo na questão nuclear, tornada prioridade com o fim trágico da Segunda Guerra Mundial. A partir do golpe militar de 1964, essa agenda fortaleceu-se: não se tratava mais de garantir apenas a soberania e a defesa nacional por meio da capacitação em tecnologias específicas, mas de promover o desenvolvimento econômico e social do país em um sentido mais amplo, o que implicava uma mobilização intensa e planejada da ciência, como observa Ana Maria Fernandes:

> Desde que os militares derrubaram um regime civil e democrático com forte apelo populista, eles tentaram obter legitimidade tanto pela divulgação dos fracassos do regime anterior quanto, positivamente, em um nível mais sofisticado, promulgando uma ideologia baseada na ciência, na racionalidade, no planejamento, dirigida à classe média e burguesa. Portanto, tecnologia, técnicos e, consequentemente, ciência e cientistas eram elementos importantes para a legitimação do regime militar (Fernandes, 1990, p. 20).

1.4 A CIÊNCIA NA DITADURA

O ciclo de desenvolvimento iniciado pelo golpe militar de 1964 acentuou um modelo de expansão capitalista marcado pela inserção dependente do país na dinâmica internacional e pela repressão aos movimentos políticos como uma das formas de contenção dos salários e incremento da produtividade. Desse modo, o modelo econômico implementado pelos militares não passava por uma estratégia de autonomia efetiva do país, muito menos por qualquer alternativa ao processo de industrialização baseado na superexploração de uma força de trabalho abundante e pouco qualificada (cf. Lessa & Dain, 1998; Oliveira, 2003a, 2003b).

O destaque dado inicialmente à ciência e à tecnologia pelos programas econômicos do governo militar não resultou na efetiva priorização da apropriação da ciência nacional pelas empresas nacionais. Conforme observado por diversos analistas, a capacitação tecnológica se deu prioritariamente pela via do incentivo ao investimento externo direto (isto é, atração de empresas estrangeiras para o país) e pela via da importação de pacotes tecnológicos. Assim, a primeira política econômica do governo militar, denominada Programa de Ação Econômica do Governo (PAEG), estimulou o ingresso de capital estrangeiro e facilitou a importação de máquinas e equipamentos.

Transferir para as empresas estrangeiras a responsabilidade pela capacitação tecnológica do Brasil seria uma forma de "modernizar" a nossa estrutura produtiva, poupando o país de dispêndios substanciais em ciência e tecnologia (cf. Erber, Guimarães & Araújo Júnior, 1985, p. 43). Essa estratégia acabou se tornando prioritária no Brasil, mesmo depois do aumento do investimento nacional em ciência.

A retomada da preocupação com o crescimento econômico durante o governo Costa e Silva alterou, no entanto, o conteúdo dos programas econômicos da ditadura militar. O Programa Estratégico de Desenvolvimento (PED) para o período de 1968 a 1970 colocou a capacitação interna em ciência e tecnologia como prioridade. O PED reconhecia, textualmente, a insuficiência da estratégia de substituição de importações, sem a busca de autonomia tecnológica.

O PED é considerado a primeira política científica do país e marca a entrada da ciência no âmbito das prioridades do governo brasileiro.[20] Os planos subsequentes — o Plano Nacional de Desenvolvimento (PND) e os Planos Básicos de Desenvolvimento Científico e Tecnológico (PBDCT) I, II e III — seguiram, em grande medida, as orientações do PED, expressando claramente a visão que predominou, durante o regime militar, sobre a função da ciência e da tecnologia para o desenvolvimento nacional, notadamente para o crescimento econômico. Segundo o PND 1972-1974:

> A revolução tecnológica, principalmente nas últimas décadas, repercute profundamente sobre o desenvolvimento industrial e o comércio internacional, passando o crescimento econômico a ser cada vez mais determinado pelo progresso tecnológico. (...) *Deve-se dar prioridade à articulação do sistema de ciência e tecnologia com o setor produtivo*, com a programação governamental e com as realidades da sociedade brasileira atual (Salles Filho, 2002, p. 397; grifo meu).[21]

A ênfase dada à articulação entre o "sistema de ciência" e o "setor produtivo" não surtiu o efeito desejado a não ser em seto-

---

20 O PED previa uma série de ações para a ciência, orquestradas em diferentes esferas governamentais. Segundo Erber, Guimarães e Araújo Júnior: "A racionalização da ação governamental deveria ser perseguida através da ação do CNPq; da coordenação de um Plano Básico de Pesquisa Científica e Tecnológica que reunisse programas e projetos prioritários a serem financiados preferencialmente; do fortalecimento das instituições nacionais de pesquisa; e do incentivo à formação de pesquisadores, da orientação do ensino universitário e da política de amparo ao pesquisador. Previa-se ainda o fortalecimento dos mecanismos financeiros de amparo ao desenvolvimento científico e tecnológico" (1985, p. 45).

21 A *Revista Brasileira de Inovação* fez uma série especial sobre o PED (1972-1974) e sobre o I PBDCT (1973-1974); II PBDCT (1976) e III PBDCT (1980-1985). Sob organização de Salles Filho, esses planos foram publicados integralmente entre 2002 e 2003 (cf. Salles Filho, 2002, 2003a, 2003b).

res específicos nos quais o Estado controlava grandes empresas com relativa capacidade de investimento como, por exemplo, a Petróleo Brasileiro S.A. (Petrobras), a Empresa Brasileira de Pesquisa Agropecuária (Embrapa), a Telecomunicações Brasileiras S.A. (Telebras) e a Empresa Brasileira de Aeronáutica S.A. (Embraer). Mesmo com o grande investimento feito para a criação de um parque nacional de ciência e tecnologia, a regra geral, ao longo das décadas de 1960, 1970 e mesmo 1980, foi a baixa capacitação tecnológica das empresas nacionais, cuja modernização e capacitação produtiva, quando houve, esteve assentada em processos de importação de tecnologia.

Os analistas desdobram-se para entender por que o conjunto de ações do governo militar para a ciência e a capacitação tecnológica não surtiu o efeito desejado sobre as empresas nacionais, sobretudo as de capital privado nacional. Para Erber, Guimarães e Araújo Júnior (1985), o fracasso deve-se ao fato de que a política de ciência e tecnologia — expressa nos PBDCT I, II e III — não se articulou à política global do governo, em especial, à política econômica. Segundo os autores:

> O objetivo central dessa política [econômica], ou seja, a manutenção de taxas elevadas de crescimento econômico, prescindia de avanços significativos no grau de capacitação do país para a criação e adaptação de tecnologia, uma vez que o ritmo requerido de incorporação de novas tecnologias podia ser, como foi, garantido através da importação de tecnologia e de bens de capital. *Esta divergência entre as diretrizes da política de ciência e tecnologia formulada nos planos e as implícitas na política econômica efetivamente implementada no período revela a natureza autônoma daquelas diretrizes e seu isolamento no contexto da política de governo* (Erber, Guimarães & Araújo Júnior, 1985, p. 56; grifo meu).

A interpretação dos autores sobre o descompasso entre a política econômica e a política de ciência e tecnologia aproxima-se da leitura de Amilcar Herrera (1975) de que o fracasso da geração de processos endógenos de capacitação tecnológica na América Latina deveu-se à disparidade entre as políticas "explícitas" — expressas nos documentos oficiais, leis e programas — e as políticas "implícitas" — ou verdadeiramente efetivas — de ciência e tecnologia. Essas disparidades corresponderiam, segundo o autor, aos interesses das elites dominantes, alheias aos esforços de capacitação tecnológica das economias latino-americanas. Essa última tendência é lida por Renato Dagnino e Léa Velho (1998) na chave do conceito de "protecionismo frívolo", ou seja, mais do que um mecanismo de preservação e capacitação das indústrias nascentes, o protecionismo na América Latina foi promovido para assegurar os privilégios de uma pequena elite dominante da qual não se exigiu a mínima contrapartida em termos de investimento. O resultado foi que as empresas protegidas não priorizaram a capacitação tecnológica e acabaram por perder competitividade, nacional e internacionalmente. Já para Marcelo Burgos, não foi a falta de vontade política dos militares que impediu o país de construir "um complexo industrial de base tecnológica própria no Brasil", mas "a incapacidade mesma de submissão da lógica de desenvolvimento das forças produtivas àquele interesse" (1999, p. 39).

Mas se o governo militar fracassou em desencadear processos de pesquisa e desenvolvimento nas empresas, ele foi extremamente bem-sucedido na "outra ponta", qual seja, na criação de um parque nacional de ciência e tecnologia. Não é objetivo deste trabalho esmiuçar as ações do período militar em ciência e tecnologia, no entanto, para a sequência do nosso argumento, é essencial destacar dois conjuntos de ações: o investimento sistemático em ciência e tecnologia e a criação de um sistema nacional de pós-graduação a partir da reforma universitária de 1968.

Paradoxalmente, foi durante o regime militar — com cientistas sendo exilados, presos, torturados e mortos — que o financiamento da ciência no Brasil passou a ser tratado como uma autêntica política de Estado (cf. Fernandes, 1990). Assim, além das ações do CNPq e da Capes, foi mantido o Fundo de Desenvolvimento Técnico e Científico (Funtec) e, em 1969, foi criado outro fundo de financiamento, denominado Fundo Nacional de Desenvolvimento Científico e Tecnológico (FNDCT), que passou a ser administrado pela Finep a partir de 1971 (cf. Ferrari, 2002).

Com essa malha de instituições e mecanismos e com o bloqueio da discussão pública sobre a distribuição do orçamento governamental, o regime militar investia em ciência e tecnologia seguindo a sua carteira de prioridades. Assim, em 1973, o governo militar investiu US$ 323 milhões no I PBDCT e em 1977, já no II PBDCT, o investimento foi de US$ 824 milhões,[22] um crescimento substantivo.

Além do aumento do financiamento da atividade científica, os militares empenharam-se na reforma do ensino superior que resultou na profissionalização da carreira científica, com a possibilidade de ascensão por titulação e concursos e o estabelecimento da dedicação exclusiva como regra para o regime de trabalho. Paralelamente, a reforma universitária foi complementada pela construção de um sistema nacional de pós-graduação, pra-

---

22 Segundo Dagnino e Velho, "a criação de uma série de fundos de pesquisa e agências de financiamento foi, na verdade, um mecanismo de controle do Estado sobre as universidades. À medida que, na década de 1970, as universidades perdiam capacidade interna de financiamento de pesquisa, elas tornavam-se mais dependentes de fontes externas de financiamento, notadamente dos fundos governamentais. Essa dependência possibilitava que o Estado, por meio de editais setoriais e chamadas públicas, conduzisse a pesquisa feita nas universidades para as suas áreas de interesse" (1998, p. 236).

ticamente inexistente até então,[23] o que possibilitou uma considerável ampliação e uma relativa democratização do acesso à carreira de pesquisador no país. Essas mudanças, ocorridas a partir de 1968, acabaram por aumentar radicalmente o número de profissionais dedicados à ciência, sobretudo no setor público, fruto da aceleração do processo de formação de novos pesquisadores e da consolidação da carreira nas instituições públicas de pesquisa, tais como as universidades e institutos de pesquisa ligados ao Estado.

Foi no contexto da Reforma Universitária de 1968 e do crescimento da preocupação com a capacitação tecnológica do país que surgiu o projeto de criação de uma nova universidade, fortemente voltada para a relação com o setor industrial. Embora não tenha sido obra direta dos militares,[24] a criação da Universidade Estadual de Campinas (Unicamp) estava completamente afinada com a política nacional de ciência e tecnologia do período, que atribuía "prioridade à articulação do sistema de ciência e tecnologia com o setor produtivo" (segundo afirma o PND 1972/74). Nesse sen-

---

23 Para Schwartzman: "Os novos programas de pós-graduação, estabelecidos independentemente dos cursos universitários profissionais, emergiram como meios onde parecia ser possível realizar trabalhos de pesquisa e formação de alto nível de qualidade, livre das dificuldades econômicas tradicionais e políticas que prejudicavam as universidades como um todo" (1979, p. 296).

24 A Unicamp foi criada pela Lei Estadual nº 7.655, de 28 de dezembro de 1962, mas a sua implementação efetiva foi feita pelo então governador de São Paulo, Adhemar de Barros, por meio do Decreto nº 45.220, de 9 de setembro de 1965, o qual cria a Comissão Organizadora da universidade. A relação de Adhemar de Barros com o regime militar era muito ambígua. Apesar de ter apoiado a campanha de João Goulart à presidência, atuou ativamente a favor da intervenção militar, chegando a liderar a Marcha da Família com Deus pela Liberdade. Em 1966, foi afastado do governo do estado por acusações de corrupção e teve seus direitos políticos cassados. Lançou em 1964 a Aliança Brasileira para o Progresso, que buscava incentivar o desenvolvimento econômico por meio do financiamento à ciência e à tecnologia.

tido, a Unicamp expressou um novo modelo de organização da pesquisa, estruturando-se em torno das chamadas ciências "duras" e da engenharia, as quais deveriam aproximar-se cada vez mais das demandas industriais. Como bem destacam Dagnino e Velho:

(...) a Unicamp difere da tradição bem-sucedida nos países desenvolvidos [porque] na Unicamp, a ênfase em tecnologia estratégica[25] deriva da iniciativa de um governo presciente e envolveu grandes equipes de pesquisa; *nos países desenvolvidos essa ênfase pode ser atribuída mais a estímulos do mercado, à capacidade de absorver resultados, e à pesquisa desenvolvida por pesquisadores de empresas* (1998, p. 239; grifo meu).

É interessante observar que, segundo a descrição dos autores, o padrão institucional de criação da Unicamp assemelha-se em grande medida àquele que orientou a criação da Escola de Minas de Ouro Preto no século XIX e a fundação da USP na década de 1930: um ato de vontade política cria uma instituição que forma, internamente, uma série de *profissionais sem lugar* que devem empenhar-se, às vezes diretamente, na criação de espaços sociais nos quais possam atuar enquanto cientistas. No caso da Unicamp, também em função do sucesso da política de pós-graduação, esses profissionais serão cientistas ligados sobretudo às áreas de física, química e engenharia que devem buscar espaço seja dentro do regime disciplinar/estatal de pesquisa, seja em outros âmbitos

---

25 Os autores mencionam a noção de *tecnologia estratégica* porque, segundo eles: "A característica distintiva da orientação da Unicamp para demandas industriais foi que, ao invés de focar na resolução de problemas e em *trouble-shooting*, a sua política de pesquisa foi desenhada para atingir demandas futuras por novas tecnologias, particularmente aquelas de grandes estatais de setores estratégicos" (Dagnino & Velho, 1998, p. 238).

sociais. Não por acaso, portanto, os cientistas ligados à Unicamp passarão a desempenhar um papel absolutamente central na redefinição de estratégias de legitimação e institucionalização da ciência brasileira a partir dos anos 1980, como será visto mais adiante.

Por ora cabe notar, apenas, que o resultado das ações do regime militar foi paradoxal: criou-se um sistema de produção de ciência e tecnologia bem financiado e em franca expansão, mas o sistema produtivo, em geral, permaneceu alheio a esse movimento, incapaz de liderar processos endógenos de capacitação tecnológica. É essa situação paradoxal que marcará parte dos dilemas da "comunidade" científica na década de 1980, em especial quanto ao projeto de construção de um grande laboratório nacional do porte do LNLS.

2 A NEGOCIAÇÃO DO PROJETO SÍNCROTRON NA NOVA REPÚBLICA: RUPTURA OU CONTINUÍSMO?

2.1 OS ANTECEDENTES DO PROJETO

O projeto de implantação de um Laboratório de Radiação Síncrotron, como foi originalmente chamado o Laboratório Nacional de Luz Síncrotron, começou a ser discutido no início dos anos 1980, mas a ideia de construção de uma "grande máquina" capaz de alavancar pesquisas experimentais no país é bem mais antiga.

Os primeiros grupos brasileiros de pesquisa em ciências naturais e exatas foram criados na Faculdade de Filosofia, Ciências e Letras da USP, ainda nos anos 1930, por influência dos professores estrangeiros que chegaram ao país. Apesar de muitos desses grupos terem alcançado projeção internacional, eles eram quase todos de orientação teórica. A ciência de caráter experimental começou a se institucionalizar no país somente após a Segunda

Guerra Mundial, com o surgimento das primeiras máquinas de pesquisa[26] e, sobretudo, com a criação do CBPF em 1949. Nesse período, as pesquisas em física passavam a ser financiadas com mais sistematicidade pelo Estado e grande parte desse investimento voltava-se para a formação de recursos humanos. Assim, depois da Segunda Guerra Mundial, muitos pesquisadores brasileiros foram enviados para os Estados Unidos e a Europa com o objetivo de especializarem-se nessas áreas de pesquisa, trazendo, no retorno ao Brasil, não só os conhecimentos específicos relacionados à física atômica e nuclear como, também, impressões mais gerais sobre as práticas de organização interna da ciência e as condições de trabalho dos grupos de pesquisa das grandes universidades internacionais.

A impressão causada pelas condições de trabalho e pelo ambiente de pesquisa encontrado pelos pesquisadores brasileiros nas grandes universidades do mundo fica explícita nas suas correspondências. Em uma delas, por exemplo, Cesar Lattes escreve da Inglaterra para José Leite Lopes que começava a trabalhar no Brasil depois de alguns anos nos Estados Unidos:

> Meus parabéns pelas suas atividades nos E.E.U.U. Faço votos para que você continue suas pesquisas aí no Rio, *apesar da falta de ambiente (você logo poderá criá-lo)* (...) Como você pode ver, trabalho não falta. Mal consigo dar conta do recado. *As condições de trabalho aqui são ótimas. Estou aqui a convite da Universidade de Bristol, recebo um ordenado mensal e tenho ampla liberdade de trabalho e iniciativa* (Lopes, 2004, p. 149-150; grifos meus).

---

26 As primeiras "máquinas" usadas para os estudos atômicos no Brasil surgiram na USP, na década de 1950. Segundo Leite Lopes: "Com a instalação do Betatron, em 1951, com a equipe de Souza Santos e com a [instalação] do Gerador Eletrostático, em 1954, pela equipe de Oscar Sala, começou no Brasil a fase propriamente dita da física experimental" (Lopes, 2004, p. 140).

A ideia de que um maior avanço nas pesquisas dependia de "grandes máquinas experimentais" sustentou a aspiração de modernização da ciência brasileira com base no modelo de organização dos projetos de *big science*,[27] predominante, então, nos principais países do mundo. A criação do CBPF foi, em grande medida, resultado desse movimento e, não por acaso, saiu dele a ideia de construir uma "grande máquina para fazer ciência", no início dos anos 1950.

No primeiro projeto desse tipo, o CBPF, em parceria com o CNPq, começou a estudar a possibilidade de construção de um Sincrocíclotron[28] espelhado no exemplar mais moderno do mundo, em operação nos Estados Unidos. A ideia do projeto foi abandonada, porém, depois do suicídio de Vargas e o consequente afastamento do Almirante Álvaro Alberto de Santiago Dantas da presidência do CNPq (cf. Lopes, 2004, p. 160).

O projeto de construção do "grande Sincrocíclotron" exemplifica bem como funcionava, no Brasil, a negociação da institucionalização da ciência, marcadamente dos grandes projetos de infraestrutura de pesquisa. Pelo padrão dominante, cientistas organizados em pequenos grupos e dotados de grande prestígio social negociavam diretamente com a burocracia do Estado o apoio aos grandes empreendimentos científicos. O sucesso dessa ação dependia, por sua vez, da sensibilidade de membros da

---

27 Do ponto de vista técnico, a expressão *big science* é usada para caracterizar os projetos científicos cujo custo de implementação seja maior do que US$ 25 milhões. No entanto, em uma acepção mais geral, a expressão *big science* remete à organização da ciência em grande escala, fortemente dependente de pesados investimentos públicos, de tecnologia de ponta, de grandes equipes e, portanto, de mecanismos e ferramentas de gestão do trabalho e do orçamento científico.

28 Síncrotron, Sincrocíclotron e Cíclotron são três tipos tecnicamente distintos de aceleradores de partículas. No Brasil, a escolha oscilou entre cada um desses modeos, até optar-se finalmente pelo Síncrotron, que predominou no LNLS.

burocracia científica e do seu poder de intervenção quase pessoal junto aos que decidiam as prioridades orçamentárias do Estado.

Assim, conta o físico do CBPF, José Leite Lopes:

> Nessa ocasião [primeiros anos do CBPF], Álvaro Alberto nos levou a visitar o Presidente Getúlio Vargas que apoiava a política científica e a política de energia atômica conduzida pelo CNPq. [O Cesar] Lattes era a figura central nessas reuniões. Por sugestão de Rabi [físico norte-americano que esteve por um tempo no CBPF] resolveu o CNPq formular um projeto de construção de um cíclotron similar ao da Universidade de Chicago, o de mais alta energia na época. (...) Infelizmente, a ciência que se pratica em um país depende das condições de estabilidade política e do desenvolvimento econômico desse país. A ciência requer não somente o apoio do Governo, mas também a compreensão da sociedade e um clima de confiança e tranquilidade (Lopes, 2004, p. 160).

O depoimento de Leite Lopes expressa com muita clareza as dificuldades de institucionalização da ciência no Brasil: ao relativo apoio do Estado, que passa por uma rede de contatos pessoais, contrapõe-se a incompreensão da sociedade, em especial do setor produtivo local, o que torna mais difícil a instituição do que Leite Lopes considera "um clima de confiança e tranquilidade" necessário ao desenvolvimento da ciência.

A ditadura militar resolveu, em termos, esse problema, na medida em que, no contexto autoritário, o Estado desprende-se de tal maneira da sociedade que se torna possível a implementação de políticas que, em outros contextos, não contariam com apoio e legitimidade social. Isso talvez explique por que os militares investiram tanto em ciência enquanto ela permaneceu deslocada de outros interesses sociais mais amplos que não apenas os projetos da burocracia militar.

Na ditadura, a "sensibilidade" do governo para o impacto da ciência básica na promoção do desenvolvimento econômico repercutia, sobretudo, nas agências financiadoras. Foi nesse contexto que a Finep começou — de novo, através do empenho pessoal de seu diretor, José Pelúcio Ferreira — a considerar que os instrumentos técnicos de ciência no país estavam obsoletos e que, portanto, a construção de uma "grande máquina de ciência" no país contribuiria para a capacitação tecnológica brasileira. A ideia que começou a ser considerada com mais atenção, naquele momento, foi a importação de um acelerador de partículas, semelhante ao construído na cidade de Orsay, na França, com um custo de US$ 100 milhões na época. Esse projeto acabou não se concretizando porque a forte repressão militar afastou importantes pesquisadores dos seus cargos e dividiu a "comunidade" científica, o que impossibilitou qualquer consenso em torno de grandes projetos de ciência no país (cf. Velho & Pessoa Júnior, 1998).

Dentre os pesquisadores cassados estava José Leite Lopes, como foi dito, um dos fundadores do CBPF, afastado do cargo de professor de física teórica da Faculdade Nacional de Filosofia em 1969. Leite Lopes havia se engajado, na década de 1950, no projeto do "grande cíclotron" do CBPF e esteve envolvido também na articulação de um novo grande acelerador, o projeto a ser financiado pela Finep.

Parece estranho dizer que a cassação de alguns poucos cientistas pôs em xeque a condução de um grande projeto de ciência no país por mais de uma década, mas para o padrão de institucionalização da ciência brasileira da época, fortemente centrado no engajamento pessoal de alguns poucos "notáveis", não é. E, de fato, foi o próprio Leite Lopes que, depois da lei de anistia, retomou, na reunião anual da SBPC de 1979, a possibilidade da viabilização de um projeto de *big science* no país.

2.2 O projeto do Laboratório Nacional de Radiação Síncrotron

Como consequência da intervenção de Leite Lopes na reunião anual da SBPC de 1979, o novo presidente do CNPq — Lynaldo Albuquerque — pediu aos seus institutos que elaborassem planos diretores internos, os quais incorporassem projetos de manutenção e expansão. Em resposta a isso, o então diretor do CBPF, Roberto Leal Lobo e Silva,[29] passou a discutir internamente estratégias para, aproveitando a oportunidade aberta pelo pedido do presidente do CNPq, dinamizar o CBPF, que passava por uma crise desde as cassações promovidas pelo AI-5. Foi nesse contexto que ressurgiu, com força, a ideia de construção de uma Fonte de Luz Síncrotron dentro do CBPF.

Segundo Burgos (1999), existem algumas divergências sobre a origem exata da ideia de construção de uma Fonte de Luz Síncrotron no país, e um pesquisador do CBPF viria a dizer que:

(...) o Projeto de Radiação Síncrotron brasileiro nasceu por acaso (...) ele não surge como consequência de um planejamento, nem para preencher necessidades ligadas ao desenvolvimento tecnológico, científico ou industrial, como normalmente ocorre nos países desenvolvidos (1999, p. 79).

---

29 Graduado em Engenharia Elétrica pela PUC-Rio em 1961, *Roberto Leal Lobo e Silva Filho* fez mestrado e doutorado dos Estados Unidos, de onde regressou, em 1967, para atuar como professor da Escola de Engenharia da USP/São Carlos, instituição em que prestou concurso de Livre-Docência em 1969. Lobo foi professor da USP até assumir a direção do CBPF em 1979, portanto, ainda durante a ditadura militar. Lobo voltou para a USP em 1986, quando deixou a presidência do LNLS. De volta à universidade, tornou-se diretor do Instituto de Física de São Carlos e reitor da Universidade de 1990 a 1993, quando renunciou ao cargo. Em 1996 assumiu a reitoria de uma universidade privada em Mogi das Cruzes. Em 1999 fundou uma empresa de consultoria em gestão universitária chamada "Lobo & Associados — Consultoria e Participações", ainda em operação.

Mas para Velho e Pessoa Júnior (1998), o processo de escolha do LNLS não foi tão acidental assim. Roberto Lobo chegou a apresentar uma série de critérios que teriam orientado a escolha do projeto. O laboratório deveria: i) ser usado por pesquisadores de todo o país e de diferentes áreas científicas; ii) "durabilidade", ou seja, proporcionar pesquisas de alta qualidade por longos anos; iii) ser uma novidade completa; e, por fim, iv) impulsionar processos de capacitação tecnológica para as firmas nacionais e, ao mesmo tempo, gerar aplicações tecnológicas.

Uma fonte de emissão de Luz Síncrotron parecia preencher todos esses requisitos e acresceu-se às suas vantagens a pronta simpatia do então presidente do CNPq, Lynaldo Albuquerque, que considerava o projeto "um exemplo de como é possível, ao mesmo tempo, fazer pesquisa de alta qualidade com *spin-offs* tecnológicos" (Velho & Pessoa Júnior, 1998, p. 6).

Em 1982, a proposta preliminar do Laboratório Nacional de Radiação Síncrotron[30] foi aprovada no CNPq, que garantiu verbas para a realização de um estudo de viabilidade do laboratório.

O projeto do Laboratório Síncrotron vai repor, quase sem variação, o padrão de negociação institucional de outros grandes empreendimentos científicos brasileiros, que se baseiam na atuação ativa de cientistas de prestígio junto ao Estado para garantir o apoio e o financiamento de projetos e instituições. Esse padrão remete a casos como os de Oswaldo Cruz, Arnaldo Vieira, Emílio Ribas e Vital Brazil, que se empenharam diretamente em processos de negociação burocrática com o objetivo de manter uma estrutura mínima de pesquisa nos seus respectivos institutos, mesmo depois do fim da "urgência" que motivara a sua criação.

---

30 O LNLS foi originalmente denominado Laboratório Nacional de *Radiação Síncrotron*, denominação alterada após a ditadura, para eliminar quaisquer possíveis alusões à ideia de radiação atômica.

Esse parece ser, também, o padrão que melhor descreve a ação dos pesquisadores do CBPF, particularmente Cesar Lattes e José Leite Lopes, junto ao governo Getúlio Vargas para a construção de um grande cíclotron nos anos 1950. Padrão que se repetiria em 1967, com o projeto do acelerador de Orsay, abortado pela cassação de cientistas atuantes em instituições públicas do país.

Assim, seguindo esse mesmo padrão, o então diretor do CBPF, Roberto Lobo, passará a atuar diretamente junto à presidência do CNPq para garantir os primeiros passos necessários à realização do projeto Síncrotron. Esse mesmo padrão manter-se-á com a adesão de Rogério Cerqueira Leite ao projeto, a partir no final da ditadura militar. Não por acaso, Léa Velho e Osvaldo Pessoa Júnior, ao compararem o processo de negociação do LNLS com o processo de negociação de grandes projetos científicos em outros países, destacam que:

(...) as ligações [entre a comunidade científica e o governo], que são essenciais para conseguir construir instalações de *big science* em qualquer país, *têm um caráter mais personalizado no caso do Brasil do que em outros países* (Velho & Pessoa Júnior, 1998, p. 20; grifo meu).

É possível dizer, portanto, que todos os casos citados acima repõem um mesmo padrão, fortemente dependente da ação pessoal de cientistas e da simpatia da burocracia estatal, representada por um dirigente da área de ciência e tecnologia, como o presidente do CNPq ou, posteriormente, o ministro de Ciência e Tecnologia. Essa negociação direta com o Estado será mais eficiente durante a ditadura militar porque, como já foi dito, o Estado tem uma maior autonomia de ação em relação aos diferentes setores da sociedade.

É a partir dessa chave — de um Estado que internaliza conflitos e interesses, resolvendo-os por processos de negociação interpessoais — que se torna possível entender por que o CPNq, na figura do seu presidente, Lynaldo Albuquerque, apoiou a construção do Laboratório Síncrotron ignorando a forte oposição de grande parte da "comunidade" científica da época.

O projeto de construção do LNLS foi apresentado pela primeira vez à comunidade científica em 1982, no Encontro Anual da Sociedade de Física do Estado Sólido e, no mesmo ano, foi realizada uma discussão sobre o projeto na plenária do Encontro Anual da Sociedade Brasileira de Física. Nas duas situações a recepção do projeto foi muito ruim. As críticas eram de natureza variada, mas a oposição preponderante era que um projeto de grande escala, dada a escassez de recursos, iria comprometer os recursos de outros projetos. Ainda nessa mesma direção, dizia-se que um país pobre como o Brasil não deveria investir em projetos de *big science*. Outra crítica bastante comum dizia respeito à competência científica e tecnológica do país para construir um laboratório do porte e da complexidade de um Síncrotron (cf. Burgos, 1996, 1999; Velho & Pessoa Júnior, 1998).[31]

Na tentativa de ampliar o apoio dos cientistas ao projeto foi organizada, ainda em 1982, uma reunião na sede do CNPq com representantes das principais sociedades científicas para apresentar formalmente a proposta de construção do Laboratório Síncrotron. O tom geral da reunião foi novamente de oposição e ceticismo. Em contraposição às inúmeras críticas, o diretor do CBPF e coordenador do projeto, Roberto Leal Lobo, defendeu a ideia do Laboratório e tentou tranquilizar os colegas, argumentando que o orçamento para a construção do Laboratório seria de

---

31 As críticas de outros cientistas ao projeto LNLS foi tema constante nas entrevistas realizadas ao longo da pesquisa. Rogério Cerqueira Leite, em entrevista no dia 14 de fevereiro de 2008, afirmou sobre a resistência ao projeto: "A comunidade científica é defensiva, porque eles acham que o financiamento dos seus projetos vai ser prejudicado".

tipo "especial" e, portanto, não alteraria o volume de dinheiro disponível para os projetos já existentes. Ao término da reunião, apesar do tom predominantemente crítico, Lobo apresentou os supostos consensos sob a forma de recomendações a serem adotadas[32] (cf. Burgos, 1999, p. 84). Na interpretação de Burgos, a aversão da "comunidade" científica ao projeto tem razões mais profundas e complexas do que meros temores quanto à escassez de recursos que possivelmente acarretaria. Os cientistas brasileiros opuseram-se ao projeto porque ele:

(...) não [foi] um desdobramento natural de necessidades impostas pelo andamento das pesquisas, e nem tampouco resultado do cálculo das associações representativas da atividade científica (...) também se deve à desconfiança frente a um projeto que nasce ligado a um Estado que, àquela altura, vivia uma forte crise de legitimidade no agonizante regime militar (1999, p. 86-87).

Não por acaso, a entidade mais crítica ao projeto — a Sociedade Brasileira de Física (SBF) — posicionou-se contra a "forma casuística como [o Laboratório] é negociado com o CNPq", crítica que, pelo que foi visto sobre a lógica de negociação do Laboratório, faz algum sentido.[33] A crítica da SBF pode ser mais bem

---

32 Eram elas: realizar um "estudo de viabilidade" no período de um ano; alocar recursos para promover cursos, *workshops* e visitas de professores estrangeiros para discutir o assunto; estabelecer programas de treinamento em radiação Síncrotron.

33 Segundo Brasilio Sallum e Eduardo Kugelmas: "É típica desta modalidade de Estado intervencionista a capacidade de articular diretamente no interior do Executivo os interesses econômico-regionais e os econômico-funcionais, sejam eles tradicionais ou modernos. (...) Este esmaecimento das fronteiras entre os mundos público e privado, inerente à exacerbação das funções do Estado nacional na Era

compreendida se pensarmos que se trata de uma entidade representativa que, no início dos anos 1980, reivindicava seu papel na interlocução dos cientistas com um Estado avesso à lógica de representação e no qual as metas e programas eram definidos "pelas negociações interburocráticas e/ou interpessoais, protagonizadas por personagens singulares que não representam ninguém além de seus próprios interesses" (Burgos, 1999, p. 89).

Assim, a despeito da oposição dos cientistas e de parte das suas entidades representativas, o projeto caminhou com o apoio do CNPq e, no fim de 1982, Roberto Lobo renunciou à presidência do CBPF para assumir a coordenação do Projeto de Radiação Síncrotron. A partir de 1983, quando ganha uma existência mais concreta, o projeto entra em uma nova fase de legitimação. Nesse ano, além do estudo sobre a viabilidade do projeto, foram realizadas inúmeras reuniões, oficinas, cursos, palestras e visitas para discutir os aspectos técnicos do projeto. Dentre esses, tem especial importância o encontro denominado "Técnicas e Aplicações da Radiação Síncrotron", promovido pelo CBPF e financiado pelo CNPq. O encontro reuniu um grande número de cientistas de diferentes universidades do país em torno da discussão técnica sobre a viabilidade do Síncrotron e marca uma mudança na lógica de legitimação do projeto, que vai se afastando do CBPF para ganhar entusiastas em vários outros departamentos universitários do país.

Em outubro de 1983 é nomeado um Comitê Executivo para cuidar exclusivamente do projeto Síncrotron e, em 24 de fevereiro de 1984, um Comitê Técnico Científico para assessorar tecnicamente a execução do projeto. A formação dos dois comitês parece atender à "necessidade de se ampliar e consolidar alianças capazes de suportar o projeto" (Burgos, 1999, p. 93). Em especial,

---

Vargas, sempre dificultou a articulação institucional autônoma dos grupos de interesse" (1991, p. 148).

a formação do Comitê Técnico Científico expressa a busca por uma maior permeabilidade do projeto nos departamentos do país, como mostra a Tabela 5. Os dois comitês excluem tanto a participação de entidades representativas — como a SBPC e a SBF — quanto de outros setores da sociedade, como associações empresariais e de trabalhadores e outras entidades da sociedade civil. Paralelamente, embora ainda muito centralizado no CBPF, marca a abertura do projeto a instituições importantes, como os Institutos de Física e de Química da USP e da Unicamp, o Instituto de Física da UFRJ e da USP São Carlos e mesmo os departamentos de Física da Federal do Paraná e da Universidade Federal do Ceará. A formação dos dois comitês responde, assim, a uma lógica de legitimação que Marcelo Burgos descreve como marcada pela "articulação direta entre CNPq e a vida departamental das universidades, sem relação com a vida representativa dos cientistas e tampouco com outros segmentos da sociedade" (1999, p. 98).

Tabela 5
Formação do Comitê Executivo e do Comitê Técnico Científico do Projeto de Radiação Síncrotron, ambos nomeados pelo CNPq em 1983 e 1984

Comitê Executivo
formado em 4 de outubro de 1983

Membro	*Instituição*
Roberto Lobo	CBPF
Aldo Craievich	CBPF
Ramiro de P. A. Muniz	CPBF
Argus Moreira	CBPF
Antonio R. D. Rodrigues	Depto. de Física/UFPR
Gerardo G. B. de Souza	IQ/UFRJ

Giorgio Moscati	IF/USP
Jarbas Caiado de Castro	IFQ/USP São Carlos
Ross Alan Douglas	IF/Unicamp

Comitê Técnico Científico
formado em 27 de fevereiro de 1984

Membro	Instituição
Roberto Lobo	CBPF
Aldo Craievich	CBPF
Argus Moreira	CBPF
Eugênio Lerner	IF/UFRJ
Fernando Rizzo	PUC-Rio
F. Flávio Torres de Araújo	Depto. de Física/UFC
José Roberto Leite	IF/USP
Cylon Gonçalves da Silva	IF/Unicamp
Fernando Galembeck	IQ/Unicamp
Yvonne Mascarenhas	IFQ/USP São Carlos

Fonte: Burgos, 1999. Elaboração própria.

A partir de 1984, com o fim do regime militar tornando-se uma realidade cada vez mais evidente, os interessados no projeto do LNLS vão acelerar a sua condução a ponto de, em 30 de outubro de 1984, o Comitê Executivo recomendar finalmente ao presidente do CNPq a criação imediata do Laboratório Nacional de Radiação Síncrotron. A resposta do CNPq foi instantânea e, em 3 de dezembro de 1984, uma Resolução Executiva criou o Laboratório Nacional de Radiação Síncrotron, enquanto um instituto nacional e aberto, visando "ser um centro de pesquisa básica e tecnológica, aberto a cientistas de ampla gama de áreas de conhecimento"; "projetar, construir, manter, aperfeiçoar e ampliar as Fontes de Radiação Síncrotron e seus equipamentos"; "estimular o desenvolvimento técnico-científico nacional, envolvendo laboratórios de pesquisa e indústria nacional"; promover o "intercâmbio de cientistas e técnicos a nível nacional e internacional".

Vários aspectos merecem ser ressaltados no documento de criação do Laboratório Nacional de Radiação Síncrotron. Primeiro, a sua vinculação direta ao CNPq, portanto, a sua separação do CBPF, o que implica uma mudança importante do laboratório, que deixa de ser um mecanismo de dinamização de uma instituição já existente para ganhar caráter de um projeto estratégico e autônomo. Segundo, que a sua organização enquanto uma instituição nacional, aberta e multiusuária já aparece desde a sua criação, tornando-se um dos fatores de legitimação do projeto sobretudo junto à "comunidade" científica.[34] Por fim, que dentre as suas funções básicas aparece, explicitamente, o envolvimento da indústria nacional o que será, mais tarde, um elemento importante na procura de apoio extragovernamental.

É importante reiterar que a busca por apoio fora do governo não se faz tão necessária em um contexto de ditadura porque a negociação e a condução de projetos como o do Síncrotron não extrapolam os limites da burocracia estatal. Em outras palavras, em contextos não democráticos, a legitimação social de projetos de ciência e tecnologia é menos importante do que o convencimento e a articulação por dentro do aparelho de Estado.

No entanto, o Laboratório foi criado, oficialmente, em dezembro de 1984, ou seja, nos últimos meses do regime militar, de

---

34 Um dos aspectos mais inovadores do Laboratório, segundo Cylon Gonçalves da Silva, é o fato de que nenhuma equipe de pesquisa e nenhum departamento em especial controla o Laboratório, todos têm acesso igual mediante um processo de avaliação do mérito do projeto. Isso representa uma mudança substantiva na lógica de apropriação dos grandes instrumentos de pesquisa do país, que geralmente ficam sob controle de determinados grupos e instituições (*Cylon Gonçalves da Silva*, em entrevista de 11 de fevereiro de 2008 realizada em São Paulo, SP).

modo que a sua viabilização efetiva — que envolveu a etapa mais difícil, a construção da própria Fonte de Luz Síncrotron — precisou ser negociada no novo contexto democrático da Nova República, o que alterou, ao menos em parte, a lógica de legitimação e de negociação do LNLS. É justamente sobre esse aspecto que reside uma das hipóteses mais importantes de Marcelo Burgos na sua pesquisa sobre a criação do LNLS. Para ele, a "experiência do Síncrotron testemunha, de certo modo, a transição (...) que começa a ocorrer no final dos anos 80, realizada por uma *intelligentsia* que busca se desprender do Estado e encontrar assento na sociedade" (Burgos, 1999, p. 13). Essa transição manifesta-se, sobretudo, na negociação da implementação do LNLS[35] que, segundo ele, vai abandonando a lógica de interpelação direta com o Estado, predominante durante a ditadura militar, para apropriar-se, à medida que avança o processo de redemocratização, de uma lógica de legitimação social extraestatal que seja capaz de garantir algum nível de autonomia, profissionalização e estabilidade para a prática científica.

---

35 Sobre a aprovação da criação do LNLS pelo CNPq, dirá Burgos: "A essa altura, portanto, já não parece exagero considerar que alguns cientistas, vale dizer, os membros do CE/PRS [Conselho Executivo do Projeto de Radiação Síncrotron] incrustrados no CNPq, davam vida a uma linha de política científica e tecnológica (...); *tudo feito de modo discricionário, desde o seu início, por cientistas que buscavam maximizar a posição ambígua que ocupavam*, qual seja, a de ser a um só tempo sujeito e objeto da política pública que com grande autonomia conduziam. (...) Desse modo, quando, mais tarde, a SBF [Sociedade Brasileira de Física] critica a maneira como é conduzido o PRS [Projeto de Radiação Síncrotron], segundo ela criado 'ao apagar das luzes do governo militar', não vejo como possa ser contestada. De fato, assim o foi. Mas se essa fase, que se estende até fevereiro de 1985 (ou seja, até o final do último governo militar), é fundamental para dar existência ao Projeto, e sem ela dificilmente o LNLS poderia ser criado, posteriormente, *a verdade é que não será através dessa lógica que ele vingará*" (1999, p. 100; grifos meus).

A partir da abertura política dos anos 1980, os cientistas em geral, e os articuladores do projeto Síncrotron em particular, tiveram de mudar a sua estratégia de negociação da institucionalização da ciência, procurando aproximar-se da sociedade. No entanto, essa transição parece ser mais lenta do que sugere Burgos. A manutenção de elementos jurídicos e políticos do regime autoritário na Nova República,[36] o processo de centralização da gestão da política científico-tecnológica a partir da fundação do Ministério de Ciência e Tecnologia em 1985, o desinteresse de outros setores sociais, em especial o setor industrial, em relação à ciência nacional e mesmo a força de determinados traços da cultura política nacional, como o personalismo, são elementos que fizeram com que a negociação direta, e muitas vezes pessoal, com a burocracia estatal permanecesse central para o sucesso desse e de outros projetos científicos. Assim, ainda que as consequências da mudança de regime político — em especial, a abertura do CNPq à participação de entidades científicas representativas[37] — tenham transformado o projeto Síncrotron a ponto de levá-lo a uma "renegociação", a lógica central de interferência sobre ele seguiu sendo a negociação pessoal e direta com a burocracia estatal.

Essa ambiguidade da mudança da lógica de negociação do LNLS a partir da abertura democrática que, ao mesmo tempo,

---

36 Segundo Sallum e Kugelmas: "A ordem jurídico-política sob a qual nasceu o primeiro governo civil, a chamada Nova República, foi substancialmente a mesma legada pelo regime militar no período do governo Figueiredo (1979-1985)" (1991, p. 147).

37 O estatuto do Conselho Nacional de Pesquisas (o CNPq) foi reformado em 1986. A partir da reforma, o presidente perdeu suas prerrogativas para um Conselho Deliberativo composto por quinze membros, parte deles indicada pelo ministro de Ciência e Tecnologia, parte deles indicada pelas associações científicas coordenadas pela SBPC. Dentre os poderes que foram retirados do presidente e transferidos para o Conselho Deliberativo estava o poder de criação de novos institutos e unidades de pesquisa do CNPq como, por exemplo, o LNLS.

altera e atualiza os antigos padrões de institucionalização da ciência no Brasil pode ser claramente observada no envolvimento de Rogério Cerqueira Leite, então professor da Unicamp, com o projeto do LNLS a partir de 1985. O relato do próprio Cerqueira Leite sobre o seu envolvimento com o projeto LNLS é uma indicação nesse sentido:

> A ideia de construção do Laboratório Síncrotron começou no Rio de Janeiro, com o professor Lobo, que montou um grupo (...) que começou a conduzir o projeto. *Mas logo houve uma mudança de governo e, aparentemente, o projeto estava com problemas. Foi nesse contexto que o Cylon* [Gonçalves da Silva], *que era membro do grupo, me procurou e pediu para que eu ajudasse.* Eu convidei os membros do Conselho — o [Roberto] Lobo, o [José] Pelúcio, enfim, todos os que estavam envolvidos no projeto — para fazermos uma primeira reunião. Em seguida, houve uma reunião um pouco mais formal em Campinas e ficou claro que era preciso decidir o lugar [onde o laboratório seria construído]. Eu não fazia parte do Conselho, mas estava discutindo com eles e ficou mais ou menos claro que o melhor lugar seria São Paulo, não a Universidade de São Paulo, mas São Carlos ou Campinas, por razões de natureza técnica, não políticas em um primeiro momento. (...) Tempo depois, quando o Renato Archer [ministro de Ciência e Tecnologia] assumiu, eu fui conversar com ele. Nessa conversa, ficou decidido que ele faria o favor de dar um "presente" para o estado de São Paulo e a gente decidiu, então, que o laboratório seria construído aqui em Campinas.[38] *Porém, o Ministro não queria o*

---

38 Segundo Roberto Leal Lobo e Silva, a escolha de Campinas como sede do projeto se deu por razões de natureza técnica, e não por intervenção do então ministro (*Roberto Leal Lobo e Silva*, ex-diretor do LNLS, em entrevista de 7 de março de 2013 realizada em Mogi das Cruzes, SP).

Roberto Lobo [na direção] *porque não gostava dele. Eu não sei por que, mas o Archer não gostava dele pessoalmente. Eu até levei o Lobo até o MCT para que eles conversassem e desfizessem algum mal-entendido.* (...) *mas eu senti que havia uma certa restrição ao nome do Lobo, talvez porque ele fosse parte do antigo governo e estivesse ligado ao pessoal do CNPq e havia algumas restrições a esse pessoal.* (...). *Então chegou um momento em que o Archer falou para mim: "Tudo bem, mas agora você escolhe um diretor". Porém, nessa mesma época houve uma mudança de reitoria [na Unicamp] e o novo reitor também me pediu para que eu indicasse um pró-reitor. Nessa ocasião, eu propus para o professor Cylon que escolhesse uma das duas coisas [o Síncrotron ou a pró-reitoria]. Ele preferiu, então, o projeto que começava do zero, que era só um pedaço de papel [risos] a uma pró-reitoria consubstanciada, importante. Acho que ele tomou a decisão certa* (Rogério Cerqueira Leite, em entrevista de 14 de fevereiro de 2008 realizada em Campinas, SP).

Do ponto de vista da lógica de negociação do projeto, a partir da abertura democrática e da consequente mudança de governo, fecharam-se os canais institucionais que até então garantiram a negociação e a condução do projeto do LNLS, particularmente o apoio do então presidente do CNPq,[39] obrigando os membros do então Conselho Diretor do LNLS a procurar uma pessoa que tivesse influência no novo governo para intermediar as negociações do projeto. Essa pessoa foi o físico Rogério Cerqueira Leite que "gozava de boas relações políticas com os dirigentes da Nova República", notadamente por sua proximidade com o PMDB paulista (Burgos, 1999, p. 107). Cerqueira Leite passará a nego-

---

39 Como o MCT Tecnologia só foi criado em 1985, até então o presidente do CNPq era o membro mais importante da Política Nacional de Ciência e Tecnologia.

ciar, então, diretamente com o ministro Renato Archer a implantação do Laboratório, como ele mesmo descreve.[40]

Os termos da negociação parecem claros: Renato Archer queria aproximar-se dos pesquisadores de São Paulo[41] e, ao mesmo tempo, dissociar o projeto Síncrotron do antigo governo militar, em especial do "antigo CNPq". Assim, decide-se pela implementação do LNLS na cidade de Campinas, no estado de São Paulo e, ao mesmo tempo, pelo afastamento de Roberto Lobo da diretoria do Laboratório, que passou a ser assumida, em 1986, por Cylon Gonçalves da Silva, então professor do Departamento de Física da Unicamp, politicamente próximo a Rogério Cerqueira Leite.

É interessante notar que Cerqueira Leite exerceu grande influência em todo o processo de renegociação do Laboratório, processo que assumiu dimensões prosaicas como, por exemplo, a mudança do nome do Laboratório, de Laboratório Nacional de *Radiação* Síncrotron para Laboratório Nacional de *Luz* Síncrotron, por conta das conotações negativas associadas ao termo "radiação".

---

40 O caráter estritamente político da participação de Rogério Cerqueira Leite no projeto do LNLS foi enfatizado também pelo relato de Roberto Leal Lobo, que atribuiu a influência do físico de Campinas ao seu poder político junto à *Folha de S. Paulo* e ao então PMDB (*Roberto Leal Lobo e Silva*, ex-diretor do LNLS, em entrevista de 7 de março de 2013 realizada em Mogi das Cruzes, SP).

41 O interesse de Renato Archer em aproximar-se de São Paulo foi explicitamente mencionado por Rogério Cerqueira Leite quando eu perguntei por que o governo federal apoiara o LNLS a partir de 1985. Ele então me respondeu: "Era um pouco um apoio pessoal do Renato Archer. O Renato, digamos, queria, de uma certa forma, conviver bem com o estado de São Paulo. Eu acho que a motivação principal dele foi essa. Manter a convivência com alguns pesquisadores do estado de São Paulo e, naquele momento, eu podia ser importante, eu talvez pudesse ser importante para ele, então tinha uma certa razão política [para o apoio ao LNLS]" (*Rogério Cerqueira Leite*, em entrevista de 14 de fevereiro de 2008 realizada em Campinas, SP).

A interferência de Cerqueira Leite no projeto repõe, portanto, aspectos de um dos padrões de institucionalização descrito neste capítulo: um cientista de grande influência passa a negociar pessoalmente com a burocracia do Estado valendo-se da sua influência pessoal sobre atores importantes na política científico-tecnológica. No caso específico da negociação do LNLS, esse nome deixa de ser o presidente do CNPq — principal órgão de fomento à atividade científica durante a ditadura militar — para tornar-se o ministro de Ciência e Tecnologia, que passara a centralizar a política científica a partir da criação do MCT em 1985.

Ainda quanto à atualização de padrões de institucionalização da ciência brasileira, cabe ressaltar que a centralidade assumida pela Unicamp, não só na condução do LNLS, mas também na criação de aparatos institucionais para facilitar a comercialização da ciência nacional, repõe outro padrão expresso pela primeira vez, como visto, pela criação da Escola de Minas de Ouro Preto e, mais tarde, pela fundação da Universidade de São Paulo. Segundo esse padrão, instituições científicas criadas por um ato de vontade política passam a formar pesquisadores que, pela inexistência de espaços ideais para a sua atuação profissional, empenham-se, como grupo, na criação de um lugar social para o desenvolvimento da atividade científica. Não por acaso, o chamado "grupo da Unicamp",[42] cuja formação e atuação será analisada adiante, trabalhará no sentido de institucionalizar determinados padrões de organização da ciência centrados na relação com o setor industrial.

Dizer, portanto, que os padrões de institucionalização da ciência permaneceram inalterados com a abertura democrática não

---

42 A expressão "grupo da Unicamp" é usada pelos próprios cientistas entrevistados ao longo da pesquisa para designar um conjunto de pesquisadores que atuaram juntos a partir dos anos 1970 para criar condições de institucionalização da ciência nacional.

deixa de ser verdade, mas não é toda a verdade. A partir da redemocratização, e da consequente exposição dos projetos e dos orçamentos governamentais à avaliação pública, torna-se cada vez mais difícil mobilizar grandes gastos públicos apenas por meio do convencimento de pessoas-chave na burocracia estatal.[43] Desse modo, embora a estratégia de negociação pessoal e direta com a burocracia estatal siga sendo uma forma importante de negociação dos projetos científicos, ela, sozinha, não bastará. A busca de apoio e reconhecimento social fora do Estado será cada vez mais importante, sobretudo a partir da década de 1990, quando toma posse o primeiro presidente eleito por voto direto.

A democratização do país implicou mudanças importantes na forma como os cientistas brasileiros passam a negociar e legitimar a ciência nacional. Na Nova República, o processo de institucionalização da ciência passou a depender mais fortemente da conquista de apoio social também fora do Estado. Assim, ainda que os processos de negociação direta com a burocracia estatal tenham permanecido importantes, o apoio de setores sociais outros que não a burocracia estatal passa a legitimar, politicamente, o gasto público com ciência e tecnologia.

Os atores envolvidos com a institucionalização da ciência — que, no Brasil, são também aqueles cientistas que compõem a estrutura administrativa das universidades e institutos públicos de pesquisa — tinham consciência da necessidade de divulgar o papel que a pesquisa poderia desempenhar no crescimento eco-

---

43 Desde a primeira eleição direta para governador, em 1982, a aprovação do eleitorado tornara-se elemento central para a condução dos projetos dos governos. Nas palavras de Sallum e Kugelmas: "O julgamento futuro do eleitorado converteu-se em interesse básico de cada governador estadual. Em outras palavras, não só para os governadores oposicionistas — a maioria dos eleitos naquele ano [1982] —, mas também para os ligados ao PDS, partido de sustentação do governo militar, satisfazer o eleitorado tornou-se condição de sobrevivência política" (1991, p. 153).

nômico do país. Um exemplo interessantíssimo da clareza de alguns cientistas quanto à necessidade de atribuir uma função social à ciência está nos registros de uma reunião ocorrida no Instituto de Estudos Avançados da USP em 1996. Nesse encontro, cientistas de diversas áreas apresentavam suas recomendações ao direcionamento da política científica da Fundação de Amparo à Pesquisa do Estado de São Paulo (Fapesp). Algumas recomendações explicitam, de forma muito elucidativa, qual era o desafio posto para aqueles ligados, direta ou indiretamente, à gestão da ciência no Brasil:[44]

> Se a sociedade não entender, de alguma maneira, que o resultado das pesquisas apoiadas pela Fapesp se transforma em alguma coisa útil para todos, a tendência será acabar com instituições como a Fapesp. Ela gasta o dinheiro do contribuinte e tem o dever de a ele dar satisfações. O retorno social e/ou econômico de um investimento em pesquisa bem-sucedido e suficientemente grande para compensar largamente o grande número de investimento sem retorno, inerente à ciência básica. (...) Devemos esclarecer ao sistema empresarial que a infraestrutura de ciência e tecnologia de São Paulo oferece oportunidades de cooperação para melhorar a competitividade do setor produtivo paulista. E que se os empresários não extraírem vantagens dessa oportunidade correm sérios riscos (IEA, 1996, p. 233).

A terceira recomendação para a Fapesp é procurar restabelecer na opinião pública o conceito de que o desenvolvimento tecnológico é altamente benéfico, desfazendo a tendência crescente de responsabilizá-lo pelo desemprego, pela poluição e por outros males. (...) Trata-se, em última análise, de valorizar o conheci-

---

44 Para uma análise de como a Fapesp construiu uma agenda paulista de inovação, ver Henriques, 2010.

mento científico e tecnológico como condição para o progresso
e solução para problemas reais (IEA, 1996, p. 236).

Também em 2002, quando o Ministério de Ciência e Tecnologia (MCT) lançou as diretrizes da política científico-tecnológica para a próxima década, o problema parecia mais ou menos o mesmo do que o expresso pelos cientistas preocupados com o futuro da Fapesp em 1996: convencer outros setores sociais de que a ciência é uma atividade importante que deveria, portanto, ser incorporada à política de desenvolvimento do país. O *Livro branco de ciência e tecnologia* de 2002 apresenta formulações muito interessantes sobre a importância da "conscientização e mobilização popular" em torno da nova pauta da inovação:

> É preciso transformar a ciência, a tecnologia e a inovação em tema de debate nacional permanente, promovendo seu melhor entendimento e a conscientização e mobilização da população em relação a sua importância, de modo a tornar a sociedade apta a lidar com o processo de mudança contínua e perene instaurado com o desenvolvimento científico e tecnológico mundial (Brasil, 2002a, p. 35).

O mesmo desafio marca a construção do LNLS a partir de 1985. Na tentativa de fortalecer o apoio social ao projeto, o CNPq nomeou, em 1987, um novo Conselho Diretor que buscava contemplar diversos interesses sociais capazes de dar sustentação política ao projeto.[45] Despertar o interesse da indústria nacional,

---

45 A composição do Conselho Diretor era a seguinte: Rogério Cerqueira Leire (presidente), Cylon Gonçalvez da Silva (diretor), ambos da Unicamp. Giordano Romi (presidente das Indústrias Romi); José Diniz de Souza (presidente da empresa Eletrometal); José Leite Lopes (CBPF); Roberto Lobo (USP); por fim, Roberto Salmeron e José Alberto Mayer (*École Polytechnique*, Paris).

garantir a colaboração e o envolvimento da comunidade científica nacional e internacional e minimizar o descontentamento do estado do Rio de Janeiro, particularmente do CBPF que perdera o LNLS para Campinas, era parte importante dessa estratégia. Mas a tentativa de neutralizar o descontentamento do CBPF e do estado do Rio de Janeiro não surtiu o efeito esperado porque Roberto Lobo já não era mais, na época, diretor do Centro[46] e José Leite Lopes, o então diretor, pediu seu desligamento do Conselho do LNLS na primeira reunião.[47] O desligamento de José Leite Lopes marca a retirada do CBPF dos quadros dirigentes do Laboratório consolidando o predomínio do Instituto de Física Gleb Wataghin, da Unicamp, em sua coordenação. Nesse sentido, os dois principais cargos do Laboratório — de diretor e de presidente do Conselho Diretor — pertenciam ao Instituto de Física da Unicamp.

Paralelamente, apesar da presença de representantes da indústria nacional no novo Conselho Diretor, a aproximação com o setor produtivo — tida, desde o início, como uma dimensão central da justificação do Laboratório — não se deu da forma esperada. Segundo Antonio Ramirez, atual gerente de projetos industriais do LNLS:

---

46 Em 1986, quando deixou a direção do LNLS, Roberto Lobo assumiu a vice--reitoria da USP.

47 Sobre o afastamento de Leite Lopes e sobre a eleição do novo presidente, conta Rogério Cerqueira Leite: "O novo Conselho [Diretor] tomou posse em Brasília e era composto, dentre outros, por José Leite Lopes, que era amigo do ministro. Quando o Conselho se reuniu pela primeira vez, ainda em Brasília, eles me escolheram para presidente e o Leite Lopes se retirou e pediu demissão. (...) Acho que ele ficou ofendido. Na realidade, o Síncrotron era deles, do CBPF, e ele era então o presidente do Centro e estava sendo decidido que o LNLS viria para Campinas, já era muita coisa. Enfim, ele decidiu sair" (*Rogério Cerqueira Leite*, em entrevista de 14 de fevereiro de 2008).

A primeira vez que se recebeu um financiamento do governo para dar início à construção do Laboratório foi em 1987. Foi nessa época que se definiu que era importante incentivar que a indústria participasse do processo de construção do Síncrotron, mas existiram enormes dificuldades para isso. Primeiro, porque o projeto não era grande o suficiente para estimular a indústria a investir em uma equipe para atender pedidos muito específicos, tecnicamente falando. Era um projeto de ciência grande para o Brasil, mas, em termos industriais, não era grande o suficiente, não tinha escala, e a produção de peças específicas não geraria retorno para a indústria. Então, uma consequência disso foi que o Síncrotron precisou desenvolver uma boa parte da sua engenharia no próprio laboratório. Toda a parte de engenharia mecânica, física de aceleradores... o Síncrotron teve que contratar técnicos e engenheiros, treinar essas pessoas, desenvolver os instrumentos, o que só foi possível com muito contato internacional. Alguns técnicos do nosso laboratório passaram por vários laboratórios Síncrotron do mundo (*Antonio Ramirez*, gerente de contratos industriais do LNLS, em entrevista de 12 de junho de 2007 realizada em Campinas, SP).

O depoimento de Ramirez destaca uma dimensão essencial da construção do Síncrotron, que remete à própria estratégia de atrair cientistas de importantes instituições internacionais para o conselho do LNLS: a viabilidade técnica de construção de uma fonte de Luz Síncrotron no Brasil passou pelo fato de que os poucos laboratórios Síncrotron espalhados pelo mundo são, em geral, muito "abertos", o que possibilitou intensos processos de cooperação e transferência de tecnologia. Ainda segundo Ramirez:

A comunidade Síncrotron é, no geral, muito aberta porque são poucas máquinas no mundo e todos os laboratórios têm problemas suficientes para ficar escondendo uns dos outros as soluções. Não há uma concorrência entre os Síncrotron. Quer dizer, existe uma concorrência por resultados científicos, mas não por infraestrutura. Disso resulta uma grande colaboração e muitos dos nossos técnicos passaram por outros lugares do mundo, fizeram contatos com técnicos de outros laboratórios e foram aprendendo com eles (*Antonio Ramirez*, gerente de contratos industriais do LNLS, em entrevista de 12 de junho de 2007 realizada em Campinas, SP).

Desse modo, a abertura da comunidade internacional de Laboratórios Síncrotron possibilitou que o Brasil construísse, internamente, a sua própria Fonte de Luz Síncrotron e o fato de a máquina ter sido inteiramente construída no país representa um aspecto importante — e específico — do projeto brasileiro. Quando se decidiu que o Brasil teria uma máquina dessa complexidade, duas alternativas colocaram-se: comprar a máquina de fora, como um pacote tecnológico fechado, ou projetar e construir internamente, o que seria uma oportunidade de capacitação tecnológica do país, como destaca Rogério Cerqueira Leite:

> Havia uma dimensão do LNLS que eu sempre considerei muito importante — não só eu, como todos que estavam no Conselho [Diretor]: construir a máquina no Brasil. Os australianos, por exemplo, estão comprando uma Fonte de Luz agora, mas nós não! Nós estávamos dispostos a projetar e construir a máquina nós mesmos. [Isso representou] um amadurecimento tecnológico do país não só nessa área específica. Construir uma máquina dessa significa ser obrigado a desenvolver novas tecnologias, ou então, pelo menos, obrigado a absorver muito bem novas tecnologias (entrevista de 14 de fevereiro de 2008 realizada em Campinas, SP).

A decisão de construir a Fonte de Luz internamente representava uma oportunidade de conseguir apoio social para o LNLS, dadas as oportunidades abertas para a capacitação tecnológica nacional e para o estabelecimento de convênios e contratos industriais para a construção de partes do Laboratório, tornando-o uma fonte de novos negócios e de processos de transferência de tecnologia.

Mas se o LNLS conseguiu, com certa facilidade, ser reconhecido enquanto instituição científica de excelência, conquistando grande apoio da comunidade científica nacional e internacional,[48] o mesmo não pode ser dito sobre sua legitimação junto ao setor industrial brasileiro. Com poucas exceções,[49] o LNLS não conseguiu compartilhar com as empresas nacionais a responsabilidade de construção da sua Fonte de Luz, sendo constrangido a internalizar a construção dos componentes da máquina.

Em suma, ao longo da fase de construção do Laboratório, que se estende do final da década de 1980 até a sua inauguração em 1997, a consolidação do apoio ao LNLS permaneceu mais forte nos setores ligados à ciência e à tecnologia do que naqueles ligados à indústria, a despeito dos esforços feitos pelos coordenado-

---

48 Rogério Cerqueira Leite reconhece o sucesso do LNLS junto à comunidade científica brasileira nos seguintes termos: "Hoje não tem mais ninguém no setor científico que discuta a importância do Síncrotron. Tem gente que gostaria que tivesse sido diferente, tem gente que por motivos não *científicos*, ou seja, por questões *políticas* também não apoia o Síncrotron, mas de maneira geral, ao menos oficialmente, todo mundo reconhece que o Síncrotron desempenha um papel importante" (entrevista de 14 de fevereiro de 2008 realizada em Campinas, SP).

49 Existe pouca documentação sobre os contratos industriais realizados pelo LNLS durante o seu período de construção. Burgos menciona um suposto acordo com a Eletrometal. Antonio Ramirez, em entrevista, mencionou uma parceria com a Villares Metals para o teste de um *software* de controle da máquina e automação da produção. Cerqueira Leite declarou que: "Algumas indústrias entraram [no projeto] (...) Enfim, houve uma participação, não foi enorme, mas houve" (entrevista de 14 de fevereiro de 2008 realizada em Campinas, SP).

res do projeto. Essa indiferença marcou profundamente o esforço de institucionalização do Laboratório. O grande desafio dos cientistas envolvidos na consolidação do LNLS ao longo das décadas de 1990 e 2000 foi, justamente, o de legitimar socialmente o projeto. Seus líderes mobilizaram estratégias claras para isso. Primeiro, aproximaram-se da pauta de reforma do Estado, incorporando o discurso da eficiência da gestão privada. Em seguida, incorporaram e difundiram o discurso da inovação, incentivando a cooperação com o setor industrial. Este trabalho procura analisar cada uma dessas estratégias como inerentes ao esforço de institucionalização da ciência brasileira no novo contexto democrático.

3 Estratégias de legitimação da ciência no contexto democrático

A viabilização do LNLS nas décadas de 1990 e 2000 é um caso muito interessante do impacto do novo contexto democrático sobre a dinâmica de negociação e legitimação da ciência nacional. A consolidação do regime democrático impactou profundamente a forma pela qual os diretores do Laboratório, já enquanto instituição nacional de ciência e tecnologia, enfrentaram o desafio de institucionalizar o projeto, estabelecendo mecanismos de financiamento associados a padrões mínimos de autonomia e assegurados por estratégias de legitimação social.

A construção dessa relação ambivalente com o Estado — em que o financiamento deve prescindir do controle direto — foi uma tarefa bastante complexa, sobretudo em um contexto em que a lógica de legitimação da ciência passava por mudanças e em que a ausência de setores extraestatais interessados no desenvolvimento da ciência no país implicava a inexistência de qualquer fonte de financiamento da ciência que não estivesse diretamente atrelada ao orçamento público. O esforço realizado pelos dirigentes do LNLS para transformar o Laboratório em uma Organização Social (OS) nos anos 1990 representou uma primeira tentativa nessa direção. O fortalecimento da pauta da inovação, nos anos 2000, foi o passo seguinte.

3.1 Ciência pública com eficiência privada: o LNLS e a Lei das Organizações Sociais

No final da década de 1980, o projeto Síncrotron foi deixando de ser apenas um "pedaço de papel" para ir, aos poucos, ganhando realidade e destaque no cenário nacional. Em 1987 o Laboratório começou a ser efetivamente construído e, à permanente necessidade de legitimação social junto à sociedade, somou-se uma nova dificuldade: encontrar uma fonte de recursos relativamente estável e, ao mesmo tempo, uma estrutura de gerenciamento que garantisse um mínimo de flexibilidade e agilidade para a administração do Laboratório.

A primeira solução nesse sentido, e que se deu novamente por intermédio de Rogério Cerqueira Leite, foi a assinatura de um convênio entre a Fundação para o Desenvolvimento da Unicamp (Funcamp) e o LNLS. Esse convênio previa que a Fundação, enquanto entidade privada sem fins lucrativos, responsabilizar-se-ia pela compra de material e pela contratação de pessoal para a primeira etapa de construção da Fonte de Luz Síncrotron. A assinatura desse convênio permitiu a rápida formação de uma equipe altamente qualificada fora das limitações gerenciais do sistema público, ou seja, permitiu a contratação de funcionários sem a necessidade de abertura de concursos e sem garantias de estabilidade e progressão de carreira. De 1987 a 1993, a Funcamp foi a grande responsável pela folha de pagamento do LNLS de modo que, no final desse período, 85% do pessoal do laboratório era contratado pelo convênio (cf. Burgos, 1999, p. 190).

Em 1993, quando entrou na sua fase final de construção, o LNLS assinou—com dispensa de licitação[50]—outro convênio com a Funcamp, dessa vez com validade até 1997, ano em que terminou a construção do Laboratório. À medida que se aproximava a entrada em operação do LNLS e o fim do contrato com a Funcamp, tornava-se ainda mais evidente a necessidade de mobilizar outra fonte segura de financiamento. Os coordenadores do LNLS—em especial, o seu então diretor Cylon Gonçalves da Silva e o presidente do Conselho Diretor, Rogério Cerqueira Leite — passaram a procurar uma forma de financiamento mais estável e que passasse, necessariamente, por um modelo institucional mais flexível e autônomo, financeira e administrativamente. Esse modelo deveria ser capaz de manter a competitividade do LNLS, em termos de aquisição de equipamentos e ferramentas de pesquisa, e, ao mesmo tempo, contribuir para a legitimação do Laboratório junto ao Estado e à sociedade como um todo. A solução apareceu em 1998, quando o governo federal promulgou a Lei das Organizações Sociais como um das peças mais importantes da assim chamada reforma do Estado.

O final do primeiro governo Fernando Henrique Cardoso foi marcado pela consolidação do projeto de reforma do Estado que visava, em termos gerais, aumentar a eficiência do Executivo nas suas diferentes esferas, seja por meio da possibilidade de externalização de serviços antes exclusivos do Estado, seja pela mudança do regime único de trabalho dos servidores públicos.[51]

---

50 Segundo Burgos, no ano de 1993, o Tribunal de Contas da União fez uma inspeção no LNLS da qual surgiram "relatórios que levantaram uma série de supostas impropriedades, a mais complicada delas foi a contratação de pessoal. (...) A alternativa encontrada pelo laboratório foi de solicitar a recontratação da Funcamp com dispensa de licitação, com base na Lei n° 8.666/93, que permite a contratação sem licitação de entidades sem fins lucrativos, voltadas à C&T" (Burgos, 1999, p. 191).

51 É nesse momento que surgem os primeiros grandes contratos entre o Estado

O núcleo da reforma do Estado sustentou-se, juridicamente, na Emenda Constitucional nº 19, aprovada em 4 de junho de 1997. A "Emenda 19", como passou a ser chamada, alterou muitos artigos da Constituição Federal de 1988, dentre eles o artigo 39, que estabelecia o Regime Jurídico Único para os servidores da administração pública direta e indireta. A revisão desse artigo abriu espaço para que o Estado contratasse as chamadas Organizações Sociais, mediante contratos de gestão, sem que elas tivessem a obrigação de seguir o regime único de contratação do sistema público que, além de preservar todos os direitos sociais previstos no artigo 7º da Constituição Federal,[52] garantia a isonomia salarial e o estabelecimento de um plano de carreira.

A Emenda Constitucional nº 19 é uma das peças legislativas mais controversas da Nova República. Ela foi objeto de uma Ação Direta de Inconstitucionalidade, movida pelo Partido dos Trabalhadores (PT), conjuntamente com o Partido Democrático Trabalhista (PDT), o Partido Comunista do Brasil (PCdoB) e o Partido Socialista do Brasil (PSB) — PT, PDT, PCdoB e PSB formavam, em 1998, o bloco de oposição ao governo de Fernando Henrique Cardoso na Câmara dos Deputados.

Quando a Emenda 19 foi levada para votação, em 23 de abril de 1997, o bloco de oposição foi contrário à mudança do artigo 39 que criava a figura jurídica do "emprego público".[53] Para aprovar

---

e Organizações Não Governamentais para o desenvolvimento de políticas públicas e programas sociais. É a partir dessas mudanças que surge, em 1998, a figura jurídica das Organizações Sociais (Lei nº 9.637/98), entidades de direito privado, sem fins lucrativos, que estabelecem contratos com o Estado para a administração de entidades e serviços em áreas como a ciência e a tecnologia.

52 O artigo 7º é o primeiro artigo do Capítulo II — "Dos direitos sociais" — da Constituição Federal de 1988 e o que estabelece os *direitos dos trabalhadores urbanos e rurais* (cf. Brasil, 1988).

53 A justificativa do pedido de destaque para votação em separado solicitado pelo Bloco de Oposição PT/PDT/PCdoB afirmava: "A rejeição da alteração proposta pe-

a alteração na Constituição, a base governista precisava de três quintos do total de votos, percentual que não foi atingido na votação de 23 de abril de 1998. O fato de a base governista não ter conseguido mobilizar os votos necessários para a aprovação do fim do Regime Jurídico Único representou uma enorme derrota para o processo de reforma do Estado proposta pelo governo FHC.[54] No entanto, apesar dessa primeira derrota, a redação final da Emenda 19, elaborada na Câmara Especial, acabou contemplando mudanças no artigo 39, dentre as quais algumas que feriam o Regime Jurídico Único.[55] Esse fato levou o bloco de oposição a

---

lo Relator é extremamente necessária (...) Em primeiro lugar (...) esse contrato de emprego substitui o regime [jurídico único] estatutário, atualmente previsto no 'caput' do art. 39, mas não garante nenhum direito ao servidor, que não terá estabilidade nem aposentadoria integral. Esse regime poderá abranger quaisquer cargos e empregos, fragilizando completamente a Administração Pública. Além disso, prevê o Relator que o contrato de emprego não permitirá que o servidor por ele regido possa impetrar dissídio ou negociação. Logo, é um contrato que somente traz para o servidor o ônus da relação estatutária, mas nenhum dos seus benefícios, trazendo graves consequências no que se refere à organização administrativa. *Este destaque visa, então, manter a regra atual do regime jurídico único* (...)" (Adin, 1998, *on-line*; grifo meu).

54 A imprensa noticiou amplamente a derrota do governo: "Câmara mantém regime jurídico único e paridade salarial dos ativos e inativos e dificulta demissões no serviço público" (cf. *O Globo*, 1997). "A manutenção do Regime Jurídico Único para o serviço público, a lei n° 8.112/90, é um golpe na reforma do Estado defendida pelo ministro da Administração, Luiz Carlos Bresser Pereira. Com isso o governo não terá a possibilidade de contratar e dispensar funcionários quando considerar necessário e contará apenas com a demissão por insuficiência de desempenho para quebrar a estabilidade do funcionalismo" (cf. *O Estado de S. Paulo*, 1997). "A Câmara dos Deputados impôs ontem uma dura derrota ao governo em um dos principais pontos da reforma administrativa e vetou a proposta de um novo plano de carreiras e salários para a União, Estados e municípios. Apesar de terem sido computados 298 votos a favor e 142 contra o governo, faltaram 10 votos para pôr fim ao regime jurídico único, apontado como um dos principais responsáveis pelo rombo nas contas públicas nesta década" (cf. *Folha de S. Paulo*, 1997).

55 Na Câmara Especial, a aprovação do texto final dependia de maioria simples

protestar veementemente em plenário,[56] terminando por entrar com uma Ação Direta de Inconstitucionalidade no Supremo Tribunal Federal (STF), acompanhada por um pedido de liminar que suspendesse a validade da Emenda 19.

A história da votação da Emenda 19 e da sua contestação jurídica no STF importa porque foi a sua aprovação que permitiu a criação, em 15 de maio de 1998, da Lei das Organizações Sociais, que criou a figura jurídica dos contratos de gestão,[57] sob o qual funcionará a gestão do LNLS a partir de então. Além de garantir ao Laboratório uma enorme flexibilidade na gestão dos recursos concedidos pelo Estado, a administração do LNLS por uma Organização Social aproximou-o de uma pauta socialmente valorizada na década de 1990: a transposição da eficiência administrativa do setor privado para o setor público.

A Lei das Organizações Sociais também foi contestada judi-

(e não mais maioria qualificada, de três quintos do total de votos), de modo que a base governista não teve dificuldade para aprová-la.

56 Em plenário, afirma o deputado Marcelo Deda (PT): "Esse é um momento de extrema gravidade para a manutenção da relação política entre partidos e entre maioria e minoria nesta Casa. (...) A alteração proposta ao art. 39 não foi aprovada. Por quê? Porque não teve os três quintos exigidos pela Carta Constitucional, a vontade da Câmara dos Deputados, portanto, foi suprimir a inovação, para que tivesse vida e se mantivesse no ordenamento constitucional o regramento do Regime Jurídico Único. (...) Quando realiza-se, na Comissão, a redação final, o Deputado Moreira Franco, enquanto relator, ofende a Constituição, viola e subverte o pacto de convivência entre os Parlamentares e os partidos desta Casa. Introduzir no texto da Constituição uma interpretação personalíssima e, *data maxima venia*, golpista, um golpe de mão praticado contra a Oposição, contra a Câmara dos Deputados e as suas maiorias políticas, que são construídas a cada votação, na forma e no quórum que a Constituição determinou" (Adin, 1998, *on-line*).

57 "Contrato de gestão" é o acordo firmado entre o Poder Público e a entidade qualificada como Organização Social, com vistas à formação de parceria entre as partes para fomento e execução de atividades relativas às áreas de ensino, pesquisa científica, desenvolvimento tecnológico, proteção e preservação do meio ambiente, cultura e saúde (cf. Brasil, 1998).

cialmente pelo Partido dos Trabalhadores e pelo Partido Democrático Trabalhista por meio de uma Ação Direta de Inconstitucionalidade apresentada ao STF, ainda em 1998 (cf. Adin, 1998). Essa ação solicitava a suspensão imediata da referida lei, bem como das atividades exercidas pelas Organizações Sociais. Esse processo deixou as Organizações Sociais, em geral, e o LNLS, em particular, sob uma incerteza jurídica por quase dez anos. O PT e o PDT alegavam que a ação das Organizações Sociais era inconstitucional, dentre outros motivos, porque suspendia a obrigatoriedade de licitação pública para a concessão de serviços e porque privatizava serviços essenciais como saúde e educação. Por outro lado, organizações científicas como a Academia Brasileira de Ciências (ABC) e a SBPC saíram formalmente em defesa das Organizações Sociais alegando que, desde a sua criação, as Organizações Sociais da área de ciência e tecnologia vinham demonstrando notável eficiência de gestão, com resultados importantes para o estabelecimento de atividades científicas de excelência.

Independentemente das críticas e das ações judiciais que sofria, o modelo das Organizações Sociais foi amplamente defendido por setores ligados à política científica, inclusive como solução para as necessidades ligadas à "competitividade institucional", tais como a flexibilização e a modernização da gestão das instituições científicas do país (cf. Brasil, 2002a, p. 146). Assim, no *Livro verde de ciência, tecnologia e inovação*, redigido sob a coordenação de Cylon Gonçalves da Silva, então diretor do LNLS, o MCT anuncia um plano de revisão da estrutura administrativa das principais instituições de pesquisa ligadas a ele nos seguintes termos:

A maioria das organizações de C&T&I no Brasil não dispõe de mecanismos institucionais que permitam sua rápida adaptação às demandas a elas impostas. Falta-lhes autonomia e flexibilidade para executar, com a necessária agilidade, atividades tão básicas quanto comprar e vender produtos e serviços, adequar o quadro funcional, captar recursos no mercado, elaborar e implementar contratos, entre outras coisas. Isto significa que essas organizações apresentam, de partida, desvantagens competitivas em relação a outras que gozam de maior autonomia e flexibilidade. (...) Se o setor de C&T&I necessita de um arcabouço legal que garanta agilidade e flexibilidade, ele também tem a responsabilidade de buscar melhorar sua gestão interna, profissionalizando-a. (...) Novas bases contratuais devem regular as relações institucionais no que diz respeito aos seguintes aspectos: (i) avaliação dos resultados mais que dos procedimentos; (ii) revisão da gestão de recursos orçamentários e financeiros; (iii) revisão da gestão de recursos humanos. Nesse contexto, está em curso um processo de revisão do papel e da forma de organização das dezoito instituições ligadas ao MCT. Foi criada uma comissão em 2000 que tem por objetivo avaliar o papel desses institutos. Inicialmente, pretende-se que essas instituições sejam divididas em duas grandes categorias: laboratórios nacionais e institutos nacionais. (...) *O principal instrumento legal hoje existente que permite minimizar substantivamente as limitações das entidades de pesquisa é a figura das Organizações Sociais (OS), instituídas na Reforma do Estado pela Lei nº 9.637 de 15/05/98* (Brasil, 2001, p. 245-6; grifos meus).

O projeto de expansão do modelo das Organizações Sociais como alternativa para a modernização da administração de instituições públicas de pesquisa ganhou força a partir de agosto de 2007, quando a Ação Direta de Inconstitucionalidade movida pelo PT e pelo PDT contra a Lei das Organizações Sociais terminou de ser votada no Supremo Tribunal Federal. A ação foi indeferida por maioria simples de votos depois de vários anos de discussão.[58]

---

[58] Dentre os votos derrotados estava o do ministro Eros Grau, que afirmava: "Quem prestigiasse a busca da intenção ou vontade do legislador (...) diria que

A disputa política e jurídica em torno do projeto de reforma do Estado, particularmente quanto à criação das Organizações Sociais e dos contratos de gestão, remete, mais uma vez, ao tema privilegiado deste capítulo, qual seja, a relação entre Estado e sociedade e os seus impactos sobre os padrões de institucionalização da ciência no Brasil.

O projeto de reforma do Estado tinha como objetivo principal aumentar a eficiência dos serviços públicos com ênfase na diminuição dos gastos estatais, objetivo que estava em profunda coerência com o movimento de liberalização econômica, protagonizado pelo governo Fernando Henrique Cardoso, e cujo epicentro residia na diminuição da presença estatal e na privatização de empresas e serviços. Mas essa mesma reforma abarcava outra dimensão que, embora secundária, parecia contemplar, em alguma medida, uma reivindicação que se tornara quase hegemônica na esquerda brasileira, a partir da radicalização do movimento pela democratização do país na década de 1980, qual seja, a do aumento de participação da sociedade civil na definição e na implementação de políticas públicas pelo Estado.

Assim, o projeto de reforma do Estado apontava para a retirada do governo da economia e de alguns serviços sociais e, ao mesmo tempo, para a possibilidade de enfraquecimento de um padrão de relação entre Estado e sociedade no qual o primeiro sobrepunha-se à segunda na medida em que internalizava, na forma de negociações intraburocráticas, grande parte dos conflitos e reivindicações sociais. Esse movimento de internalização de

---

essa lei, aprovada na crista do chamado neoliberalismo, instrumenta a redução do tamanho do Estado, na redefinição do seu papel. O legislador teria sido inspirado por uma 'vontade de reforma do Estado'. Sucede, para azar dos que pretendem substituir o Estado pela sociedade civil [rectius, pelo mercado], que essa redução e essa redefinição são incompatíveis com a Constituição do Brasil, cujos artigos 1º, 3º e 170º permanecem íntegros, sem que nenhuma emenda nela introduzida os tenha afetado" (Grau, 2006, on-line).

conflitos acabava não só por estatizar a vida política do país como, também, por privilegiar aqueles que, pessoalmente, tivessem os melhores canais de acesso à burocracia estatal. O projeto de reforma do aparelho de Estado poderia ser lido, portanto, em uma chave ambígua, na medida em que a externalização de serviços estatais tanto representou a diminuição do Estado e a privatização de serviços sociais quanto apontou para a possibilidade de democratização da ação estatal abrindo espaços para a ação de atores organizados da sociedade civil.

Não deixa de ser intrigante, portanto, que uma medida que tinha dentre seus objetivos o fortalecimento da democracia e o enfraquecimento do poder discricionário de uma burocracia estatal personalista e excessivamente poderosa tenha aprovado um de seus pilares jurídicos, a Emenda Constitucional n° 19, ao arrepio das normas institucionais do Legislativo brasileiro. A mesma surpresa estende-se à limitação da validade universal da licitação pública — uma figura que visa garantir a isonomia dos que pretendem prestar serviços ao Estado, impedindo qualquer tipo de favorecimento.

Mas a intenção, aqui, não é avaliar o real significado do projeto de reforma do Estado implementado nos anos 1990. Importa somente apontar que a aprovação da Lei das Organizações Sociais, viabilizada pela reforma do Regime Jurídico Único, representou uma solução interessante para o impasse da institucionalização científica, uma vez que garantia o financiamento público da ciência preservando a autonomia administrativa das instituições. Paralelamente, a solução aproximou o LNLS de uma pauta importante da agenda política federal, a eficiência da gestão privada, contribuindo para a sua legitimação.

Enquanto solução para o impasse entre financiamento público e preservação da autonomia, o modelo das Organizações Sociais mostrou-se, no entanto, frágil. Como aponta o próprio *Livro verde* de 2001, que defende a expansão do modelo:

As Organizações Sociais (...) têm ampla autonomia de gestão financeira, patrimonial e de recursos humanos. Por outro lado, a dotação de recursos, que em tese depende do cumprimento de contratos de gestão, é também dependente de exaustivas negociações, uma vez que os governos não são obrigados, se assim o quiserem, a renovar os contratos. Em outras palavras, são formatos jurídicos relativamente instáveis do ponto de vista político, sujeitos que estão às mudanças de orientação de governo para governo, o que pode comprometer a continuidade e sustentabilidade das atividades de pesquisa científica e tecnológica (Brasil, 2001, p. 246; grifo meu).

Restou a função das Organizações Sociais enquanto instrumento de legitimação, para a qual o próprio LNLS contribuiu significativamente. A Associação Brasileira de Tecnologia de Luz Síncrotron (ABTLuS), Organização Social responsável pela gestão do Laboratório, foi criada antes mesmo da promulgação da Lei nº 9.637/98, sendo, provavelmente, a primeira Organização Social do Brasil.[59] Como tal, incorporou o ideal de eficiência do modelo privado de gestão, inerente à agenda de reforma do Estado. Segundo o então diretor do LNLS:

A experiência do Síncrotron, que é a primeira Organização Social do país, foi projetada justamente visando uma forma de gestão mais eficiente da ciência. Então, quando se olha para a administração da ABTLuS, para a Organização Social gerenciando um laboratório federal, é possível observar uma experiência completamente

---

59 A ABTLuS assumiu formalmente o LNLS a partir do Decreto nº 2.405 de 26 de novembro de 1997 que "qualifica como organização social a Associação Brasileira de Tecnologia de Luz Síncrotron — ABTLuS e autoriza a absorção das atividades do extinto Laboratório Nacional de Luz Síncrotron". É interessante notar que, a despeito desse decreto de 1997, a Lei das Organizações Sociais de 15 de maio de 1998 volta a "extinguir" o LNLS no seu artigo 21 (cf. Brasil, 1998).

diferente. Não é possível agir só de forma tradicional, como no sistema público. É preciso tentar fazer algo diferente. (...) *No Síncrotron, a nossa gestão é privada. A forma de gestão é a administração privada.* Mas é a gestão privada de um laboratório público, onde a base orçamentária é do Ministério de Ciência e Tecnologia — ou seja, dinheiro público — depois complementada por agências de financiamento e contratos industriais. Então você tem que ter uma grande "flexibilidade mental", vamos dizer assim (*José Antonio Brum*, em entrevista de 24 de maio de 2007 realizada em Campinas, SP).

O LNLS foi, portanto, a vanguarda do novo modelo administrativo que seria posteriormente exportado para outros serviços públicos. Os diretores do LNLS não só esperavam pela aprovação da lei de 1998 como trabalharam para viabilizá-la, fortalecendo o projeto de reforma do Estado,[60] ao mesmo tempo abrindo a possibilidade para que o LNLS fosse administrado com relativa autonomia, com certo grau de estabilidade financeira, sem que fosse necessária uma fonte de financiamento externa ao Estado — que, no mais, não existia. A contrapartida exigida pelo Estado era, justamente, o aumento da eficiência da gestão dos recursos destinados à manutenção do LNLS, que acabara de entrar em operação.

A afinidade entre o projeto da direção do LNLS e o aparecimento da figura jurídica das Organizações Sociais, em 1998, era tão intensa que a mesma lei que criou as Organizações Sociais — a Lei nº 9.637/98 — determinava, no seu capítulo "Das disposições finais e transitórias", que:

---

60 Não por acaso, o inventário do LNLS ficou a cargo do então Ministério da Administração Federal e Reforma do Estado, embora o laboratório fosse órgão ligado ao CNPq.

Está extinto o Laboratório Nacional de Luz Síncrotron, integrante da estrutura do Conselho Nacional de Desenvolvimento Científico e Tecnológico. (...) É o Poder Executivo autorizado a qualificar como organizações sociais, nos termos desta Lei, as pessoas jurídicas de direito privado indicadas no Anexo I [a ABTLuS], bem assim (sic) a permitir a absorção de atividades desempenhadas pelas entidades extintas por este artigo (Brasil, 1998).

A ideia de que uma entidade social não estatal passaria a gerir um laboratório público como se fosse uma entidade privada, sem as obrigatoriedades do serviço público, é absolutamente nova na história da ciência no país, que é, normalmente, administrada diretamente enquanto parte do aparelho de Estado e segundo as regras estritas do serviço público.

É possível considerar a criação da ABTLuS, primeiro, como uma forma de preservar a autonomia em relação ao Estado em um contexto em que o único financiamento viável é o público. Mas, principalmente, como um instrumento de legitimação diante de setores mais amplos que passavam a valorizar a eficiência de gestão como critério de avaliação para a alocação de recursos. De fato, o Estatuto da ABTLuS afirma: "os regulamentos [da Associação] obedecerão aos conceitos, diretrizes e princípios de gestão voltados para *efetividade, eficácia e eficiência* das ações da Associação (ABTLuS, 2005c, p. 5).

3.2 UMA NOVA LÓGICA DE INSERÇÃO DO CIENTISTA NA SOCIEDADE: A INTERAÇÃO DO LNLS COM O SETOR INDUSTRIAL

A construção da ciência no Brasil, com raras exceções, foi obra quase que exclusiva do Estado brasileiro. Quando o apoio à ciência tornou-se efetivamente alvo de política pública, durante a ditadura militar, o financiamento à ciência compunha, em parte, a estratégia de soberania nacional expressa de forma mais imediata na ideia de que o Brasil viria a ser, no futuro, uma "grande potência". Nesse momento, quando o regime autoritário bloqueava a discussão pública no país, não havia necessidade de justificar socialmente nem o projeto militar de soberania nacional, muito menos o financiamento que, dentro dele, cabia à ciência. Não por acaso foi entre o final dos anos 1960 e começo dos 1980 — ou seja, no auge da ditadura militar — que se deu a construção do Parque Nacional de Ciência e Tecnologia, com a expansão das universidades, a criação de muitos institutos públicos de pesquisa e, sobretudo, a consolidação do Programa Nacional de Pós-Graduação, que ampliou significativamente a possibilidade de formação de pesquisadores dentro do país.

Essa conjuntura política fazia com que, do ponto de vista da institucionalização da ciência, mais importante do que o convencimento de diversos setores sociais da necessidade do financiamento público à ciência fosse a construção de canais diretos de negociação, por dentro do aparelho de Estado, os quais possibilitavam a liberação de verbas para grandes projetos científicos como, por exemplo, a construção de um grande laboratório nacional experimental, com um acelerador de partículas como a Fonte de Luz Síncrotron.

A partir da década de 1980, ainda que essa forma de negociação quase pessoal dos projetos científicos não tenha sido completamente superada, a consolidação da abertura democrática e o aprofundamento da crise fiscal do Estado acabaram por impor a necessidade de que os cientistas ligados à gestão da ciência buscassem apoio social à ciência também fora do Estado, em particular com o setor social capaz da arcar com o financiamento de atividades científicas, ou seja, o setor industrial.

Desse modo, o movimento realizado pelo governo federal, a partir de 2001, no sentido de valorizar a inovação e o aumento de competitividade com base da capacitação tecnológica, não partiu do vazio. Ao contrário, *já existia, no âmbito do Ministério da Ciência e da Tecnologia, um esforço para tornar a inovação tema prioritário da política de desenvolvimento do país e impulsionar a incorporação da ciência pelas unidades econômicas nacionais.* Isso se explica pelo fato de que, ao longo das duas décadas que transcorreram entre o fim da ditadura militar e a chegada do Partido dos Trabalhadores ao governo federal, em 2003, os cientistas brasileiros envolvidos com o processo de institucionalização da ciência, ou seja, com a sua legitimação social e com a sua organização interna, não cessaram de defender, dentro e fora do Estado, o papel que a ciência poderia desempenhar no desenvolvimento econômico do país.

Essa defesa ganhou vigor a partir do fortalecimento do discurso e das políticas que consideram a inovação tecnológica como motor do desenvolvimento econômico, fortalecimento esse que alterou radicalmente a lógica do apoio estatal à ciência, conforme já foi visto no segundo capítulo.

O processo de institucionalização da ciência tem, pelo menos, dois pilares de sustentação: as políticas nacionais para ciência e a tecnologia e a organização interna das instituições científicas. No Brasil esses dois "pilares" estão em plena comunicação, já que "em nosso país (e, em geral, na América Latina) os professores--pesquisadores com desempenho profissional no âmbito do Complexo Público de Ensino Superior e Pesquisa possuem um papel dominante na elaboração da Política Científica e Tecnológica" (Dagnino, 2007, p. 47). Continua Renato Dagnino:

> Esses participantes da comunidade de pesquisa impulsionam, a partir das universidades onde atuam e dos cargos que ocupam no aparelho de Estado, uma campanha que, aparentemente, atenderia ao interesse das empresas. Ela se dá em torno das bandeiras da interação universidade-empresa, dos parques e polos tecnológicos, do apoio aos projetos cooperativos, dos *spin-off* de

base tecnológica, dos mecanismos para facilitar a absorção de pessoal pós-graduado pelas empresas etc., como se elas fossem do interesse das empresas locais (2007, p. 47).

Assim, a proximidade entre o corpo que administra a ciência a partir da estrutura de poder das universidades e institutos públicos de pesquisa e aquele que o faz a partir da burocracia estatal fez com que, por vezes, as instituições públicas de pesquisa *antecipassem internamente* mudanças que só posteriormente seriam universalizadas pelas políticas nacionais de ciência e tecnologia. Esse foi explicitamente o caso da transformação do LNLS em Organização Social em 1996, dois anos antes da aprovação da Lei das Organização Sociais. Foi também o caso, como será demonstrado nesta seção, da criação de uma Agência de Inovação na Unicamp como forma de testar a criação dos Núcleos de Transferência de Tecnologia nas instituições científicas nacionais, imposta pela aprovação da Lei da Inovação em 2004.

Isso significa que a política científica do país acaba refletindo, de forma mais ou menos imediata, o projeto político daqueles cientistas que estão ocupando a direção das instituições públicas de pesquisa e de ensino superior e, ao mesmo tempo, mantêm postos importantes nos órgãos de formulação de política pública para a ciência, inclusive as instituições de fomento.

A peculiaridade da dinâmica de elaboração da política nacional de ciência e tecnologia explica por que o processo de institucionalização do Laboratório Nacional de Luz Síncrotron — desde a sua idealização até a sua entrada em operação — aproxima-se e por vezes confunde-se com o processo de institucionalização da própria ciência brasileira nesse mesmo período.

Assim, na década de 1980, quando terminado o regime militar, o projeto do LNLS torna-se mais exposto à avaliação pública[61] e

---

61 Em um primeiro momento, essa exposição se projetou, apenas, sobre a comu-

os seus idealizadores passam a adotar uma dupla estratégia: de um lado, construir novos canais de negociação junto ao recém-criado Ministério de Ciência e Tecnologia e, de outro, ampliar o apoio social ao projeto, tanto junto à comunidade científica nacional e internacional quanto ao setor industrial — à semelhança do que acontecia, aliás, com a ciência brasileira em geral. O argumento de defesa do projeto do LNLS junto ao Estado e à indústria nacional era de que, como a Fonte de Luz Síncrotron seria construída no Brasil, isso geraria uma série de oportunidades para a capacitação da indústria nacional.[62] Mas, com pouquíssimas exceções, as empresas brasileiras não se envolveram com a construção do LNLS, que se estende do final da década de 1980 ao final da década de 1990.

No entanto, encerrada a fase de construção do Laboratório, a entrada em operação do LNLS, em 1997, abre possibilidades para novas formas de interação entre o Laboratório e o setor industrial. Essas possibilidades de interação não passam mais pelo envolvimento da indústria na fabricação de um grande instrumento

---

nidade científica nacional, em especial sobre as associações científicas que passam a compor, como entidades representativas, as instituições ligadas à política científica e tecnológica do país, como a Fapesp e o CNPq. Nesse registro, entende-se que "sociedade" para os cientistas passa a ser sinônimo de "sociedades científicas". Durante a pesquisa, perguntei informalmente a um físico se ele achava que a sociedade deveria influenciar as decisões sobre a pesquisa em nanociência e nanotecnologia. Ele me respondeu, seriamente, com uma pergunta muito elucidativa: "Qual Sociedade você diz, a Sociedade Brasileira de Física ou a Sociedade Brasileira para o Progresso da Ciência?".

62 Segundo Léa Velho e Osvaldo Pessoa Júnior: "os proponentes [do projeto Síncrotron] salientaram a importância da máquina para o desenvolvimento de capacitação tecnológica nova e, acima de tudo, suas diversas aplicações industriais possíveis em campos considerados de alta prioridade para o governo — ciência dos materiais, microeletrônicos, biotecnologia e ciências médicas —, de forma semelhante à maneira que países desenvolvidos invocaram no passado a segurança nacional para justificar o investimento público em *big science*" (1998, p. 18).

científico de visualização e caracterização de amostras, mas sim pelo envolvimento do Laboratório, como instituição de pesquisa e desenvolvimento, com questões industriais em diversas áreas tecnológicas. De fato, a cooperação do LNLS com o setor industrial é um dos objetivos centrais do Laboratório, segundo define o seu Estatuto no seu capítulo 2, artigo 4°, "Da missão":

Projetar e construir fontes de luz Síncrotron, seu instrumental científico e desenvolver suas aplicações em pesquisa básica e tecnológica, nos setores industrial e agroindustrial, no setor de saúde e em áreas correlatas de tecnologia de ponta; desenvolver, gerar bens, e/ou licenciar, para fabricação por terceiros, produtos e serviços de alta tecnologia; importar e/ou exportar materiais, componentes e equipamentos nas suas áreas de atuação, para o cumprimento de sua missão; (...) cooperar com a iniciativa privada em atividades; de pesquisa e desenvolvimento; e incentivar a incubação e realizar a implantação de novas empresas de alta tecnologia (ABTLuS, 2005c).

Visando cumprir essas missões, o LNLS mantém um Programa de Interação com o Setor Industrial coordenado por uma Gerência de Contratos Industriais. O foco é desenvolver pesquisas com empresas e transferir tecnologia desenvolvida no Laboratório. Assim, apesar de o Estatuto da ABTLuS definir que a missão do LNLS inclui "desenvolver, gerar bens, e/ou licenciar, para fabricação por terceiros, produtos e serviços de alta tecnologia" e, ainda, "incentivar a incubação e realizar a implantação de novas empresas de alta tecnologia", o Laboratório não se destaca nem pelo patenteamento/licenciamento de pesquisas, nem pela atividade de incubação de empresas, mas pelo envolvimento direto de seus pesquisadores fixos em projetos de cooperação tecnológica com a indústria.

Até 2001, o envolvimento do LNLS com o setor industrial dava-se basicamente por meio da prestação de serviços pontuais a empresas interessadas. A partir de 2002, o LNLS passou a estabelecer contratos de pesquisa com empresas, pelos quais pesquisadores do Laboratório envolviam-se em projetos industriais de longo prazo. Para o gerente de projetos industriais do LNLS, a mudança no padrão de cooperação industrial a partir de 2002 foi bastante natural:

> A transformação não foi formal (...) O fato é que o laboratório só começou a ser realmente um Laboratório Síncrotron no ano de 1997. Até então, estávamos construindo a Fonte de Luz. Quando o LNLS se abriu para os usuários externos e, a partir disso, a comunidade científica passou a conhecer o que o Laboratório podia fazer é que começaram a aparecer os primeiros usuários industriais. Esses usuários passaram a nos propor projetos e as coisas mudaram bastante (Antonio Ramirez, gerente de contratos industriais do LNLS, em entrevista de 12 de junho de 2007 realizada em Campinas, SP).

O número de contratos anuais do LNLS aumentou desde então até chegar a uma média de sete contratos mantidos por ano a partir de 2005. A estagnação do número de contratos deve-se à saturação da capacidade de pesquisa do próprio Laboratório, que conta com um número pequeno de pesquisadores fixos:

> Nós temos um fôlego pequeno, nós somos poucas pessoas trabalhando. (...) Hoje com os recursos humanos que temos no Laboratório a gente esgotou a nossa capacidade de interação [com a indústria]. Nós não podemos abrir mais frentes do que nós temos, porque é o que dá (José Antonio Brum, entrevista de 24 de maio de 2007 realizada em Campinas, SP).

A interação do LNLS com o setor industrial, por meio do estabelecimento de contratos entre pesquisadores fixos e empresas, embora tenha crescido, ainda representa uma parte pouco significativa do seu orçamento: em 2002, os contratos industriais correspondiam a 5% do orçamento total do Laboratório, valor que chegou a 11% em 2005, voltando a um patamar de 7% em 2007. Em valores absolutos, isso significou R$ 2.855.000,00. O orçamento total do LNLS nesse mesmo ano (2007) foi de R$ 38.559.000,00, dos quais R$ 22.257.000,00 referentes ao repasse do MCT via contrato de gestão e R$ 13.446.000,00 em repasses de outras agências de fomento e fundos públicos (cf. ABTLuS, 2008).

Entre 2002 e 2007, os contratos industriais mantidos pelo LNLS sofreram pouca variação, somando, ao todo, onze projetos apresentados na Tabela 6:

Tabela 6
Projetos industriais do LNLS, 2002-2007

Empresa	Projeto	Período
Getec Guanabara Química Industrial	Caracterização e desenvolvimento de catalisadores	2002-2006
Hewlett-Packard do Brasil (HP)	Processamento e armazenamento de informação quântica (nanoeletrônica)	2002-2007
D&L Welding Fume Analysis	Caracterização avançada de fumos (fumaça tóxica) de soldagem	2004-2006

Robert Bosch Brasil	Desenvolvimento de processos de brasagem para a produção de injetores de combustível de alta pressão	2004-2007
NovoFilme	Aplicação de grafite em celas de combustível	2004-2006
Oxiteno	Caracterização de catalisadores	2004-2006
Cenpes/Petrobras	Estudos exploratórios para a caracterização de frações de petróleo	2005-2006
Padtec	Desenvolver processo de limpeza para metalização em fibra óptica	2006-2007
Petrobras	Implementação de infraestrutura para caracterização avançada de materiais por técnicas de Luz Síncrotron e microscopia eletrônica	2007
Petrobras	Estudo do processo de soldagem por atrito com pino não consumível de aços de alta resistência para aplicação em dutos de petróleo e gás natural	2007

| DFB Técnicas para Soldagem de Metais | Desenvolvimento do processo de fabricação de telas *premium* para a indústria petrolífera para o controle de areia em poços de petróleo, gás e injetores | 2007 |

Fonte: Relatórios anuais LNLS (ABTLuS, 2003, 2004, 2005a, 2006a, 2007, 2008). Elaboração própria.

Algumas dimensões chamam a atenção nesses convênios industriais. A primeira delas é a longa duração de alguns contratos, como os da Getec e da HP, este último com de mais de 5 anos de duração (2002-2007). Outra é a forte presença de indústrias químicas e petroquímicas: além da Petrobras, a Getec, a Oxiteno e a DFB operam na área. Por fim, outra dimensão importante é o predomínio de indústrias nacionais: das nove empresas que estabeleceram contratos com o LNLS entre 2002 e 2007 apenas duas são filiais de multinacionais que, no mais, acabaram perdendo espaço para as empresas-sede à medida que a pesquisa evoluía.

Maior investigação sobre o formato desses contratos revelou, ainda, outra dimensão fundamental: a importância dos mecanismos de incentivo e financiamento público para a manutenção dos projetos de cooperação. É interessante, nesse sentido, que o projeto de cooperação com a HP surgiu menos de um interesse inicial da empresa do que das facilidades de investimento em pesquisa advindas da Lei de Informática:

> O projeto de tecnologia da informação com a HP é graças à Lei de Informática. Se não houvesse a lei, não acho que teríamos esse projeto porque, de fato, ele não implica custo algum para a HP (*Antonio Ramirez*, gerente de contratos industriais do LNLS, em entrevista de 12 de junho de 2007 realizada em Campinas, SP).

O projeto com a Petrobras também é fruto de uma lei que a obriga a fazer investimentos em C&T:

O projeto Cenpes/Petrobras começou por causa de uma lei que determina que uma porcentagem dos *royalties* do petróleo deve ser investida em ciência e tecnologia. Por conta desse investimento que a Petrobras é obrigada a realizar, surgiram as redes de pesquisa e passamos a fazer parte delas (*Antonio Ramirez*, gerente de contratos industriais do LNLS, em entrevista de 12 de junho de 2007 realizada em Campinas, SP).

Outros contratos industriais do LNLS também contavam com financiamento ou apoio público. Assim, o projeto com a Getec, apesar de ter começado com financimento da empresa, terminou com apoio federal. O contrato com a Oxiteno contava, desde o início, com apoio da Fapesp. O projeto com a DFB era apoiado pela Finep. O contrato com a Padtec contou com incentivo da Lei de Informática. Por fim, a cooperação com a NovoFilme teve apoio do Fundo Verde-Amarelo, da Fapesp, da Finep e do Fundo Setorial de Energia, antes de receber um investimento de capital de risco, também com apoio do governo.

A importância do apoio público para a manutenção dos contratos industriais do LNLS indica que o esforço do Estado para o incentivo à inovação está gerando alguns resultados concretos, ainda que o seu impacto real seja difícil de mensurar. Por outro lado, a centralidade do financiamento público sugere que a aproximação das empresas nacionais com instituições públicas de ciência e tecnologia ainda permanece fortemente dependente do incentivo estatal, exemplificando, mais uma vez, o padrão específico — ainda que não necessariamente subdesenvolvido — de estruturação do capitalismo nacional.

Esse padrão sugere a importância de compreender o fortalecimento do discurso da inovação que resultou em um conjunto de novos programas de incentivo à transferência de tecnologia e capacitação tecnológica das empresas, tais como os mobilizados nas parcerias industriais do LNLS. Assim como a incorporação da pauta da eficiência de gestão na transformação do Laboratório em Organização Social na década de 1990, a tentativa de aproximação do setor industrial através do fortalecimento da pauta da inovação nos anos 2000 pode ser mais bem compreendida se pensada como uma estratégia de parte dos cientistas brasileiros para fortalecer a política científica nacional, legitimando e ampliando o financiamento público à ciência.

O LNLS, mais uma vez, desempenhou um papel central nesse processo, o que pode ser exemplificado pela participação do seu então diretor, Cylon Gonçalves da Silva, na coordenação do projeto Diretrizes Estratégicas para a Ciência, Tecnologia e Inovação, que resultou na redefinição das metas da Política Nacional de Ciência e Tecnologia a partir de 2001. Mas a participação do LNLS é claramente vinculada a um processo mais amplo, no qual os cientistas da Unicamp — que assumiram um lugar de destaque tanto na viabilização do LNLS quanto na definição de uma agenda da inovação — mobilizaram-se para definir um novo marco jurídico-institucional para o funcionamento da ciência nacional. A seção que se segue representa um esforço para compreender sociologicamente o engajamento da Unicamp na institucionalização da ciência brasileira.

3.3 O "GRUPO DA UNICAMP" E A POLÍTICA NACIONAL DE INOVAÇÃO COMO UMA ESTRATÉGIA DE INSTITUCIONALIZAÇÃO DA CIÊNCIA

Ao analisar o padrão que definiu a criação de instituições científicas importantes no cenário nacional, sugeri que o caso da Unicamp assemelha-se ao da criação da Escola de Minas de Ouro Preto no século XIX e ao de fundação da USP na década de 1930:

um ato de vontade política define a existência de uma instituição destinada a formar *profissionais sem lugar* que devem empenhar--se na criação das condições necessárias à sua atuação segundo os padrões profissionais em que foram socializados. Assim, apesar de não ter sido obra direta da ditadura militar,[63] a criação da Unicamp guardou profundas afinidades com a política econômica da época, que dava prioridade à articulação do regime disciplinar/estatal de produção e difusão do conhecimento com o setor produtivo. Não por acaso, a Unicamp foi projetada para ser uma instituição peculiar dentro do sistema nacional de ensino superior e pesquisa, na medida em que, enquanto espaço de pesquisa, ela deveria não só interagir com as necessidades do setor produtivo nacional, como *antecipá-las* (cf. Dagnino & Velho, 1998, p. 230). Um exemplo interesse desse movimento de antecipação de demandas foi o esforço empreendido pela Unicamp para a implantação do primeiro Parque Tecnológico do mundo, a ser formalmente instituído pelo poder público. Como relata Rogério Cerqueira Leite:

> Depois, todo mundo quis copiar o sucesso do Parque Tecnológico de Campinas. Atualmente, estão replicando amplamente essa ideia pelo mundo, mas o primeiro polo tecnológico criado formalmente no mundo foi feito no Brasil. O projeto foi aprovado pela prefeitura de Campinas em 1975, com apoio do governo federal. Pelo projeto foi reservada uma área bastante grande, perto da Unicamp, e foi o primeiro lugar do mundo onde um projeto e um plano detalhado de um Polo Tecnológico foi aprovado e implementado pelo poder público. (...) Esse projeto saiu da interação entre um brasileiro de Stanford e a vontade da

---

63 A Unicamp foi criada oficialmente em 1962, mas sua implementação efetiva iniciou-se em 1965, com a criação, pelo então governador do estado de São Paulo, Adhemar de Barros, da Comissão Organizadora da Universidade.

Unicamp, na verdade, de algumas pessoas da Unicamp que tentaram viabilizar essa ideia (*Rogério Cerqueira Leite*, entrevista de 14 de fevereiro de 2008 realizada em Campinas, SP).

Ao detalhar como surgiu a ideia do Parque Tecnológico, o físico atribui a iniciativa ao que ele denomina, espontaneamente, de "grupo da Unicamp":

> [Pergunta] E de quem foi a ideia do Parque Tecnológico, professor? Foi sua? [Resposta] Minha??? Minha não, foi do grupo que estava comigo. *A ideia não foi minha, foi nossa: foi do grupo da Unicamp.*

É interessante notar que em outra entrevista, realizada em um contexto de investigação diverso, outro professor do Departamento de Física da Unicamp, que hoje atua em uma empresa de alta tecnologia, menciona a formação desse mesmo grupo quando indagado sobre os momentos marcantes da sua trajetória pessoal:[64]

> Na época em que eu me formei, no começo de 1961, não existia pós-graduação formal, então, eu fui para o exterior inicialmente pensando em fazer mestrado e acabei fazendo doutorado. Depois disso, fiquei trabalhando nos Estados Unidos. O prédio que eu trabalhava tinha mais do que o dobro de doutores que o Brasil tinha na época. (...) *Então nós tínhamos um grupo, era um grupo de pesquisadores brasileiros que estava nos Estados Unidos, querendo voltar ao Brasil com a ideia de voltarmos juntos para integrar a massa crítica. O líder desse grupo, o líder informal, até porque*

---

64 Agradeço ao Cebrap e ao Ipea a oportunidade de consultar e utilizar os trechos dessa entrevista, realizada pela *Pesquisa de atitudes empresariais para o desenvolvimento e a inovação* em 14 de julho de 2006.

o grupo era informal, era o Rogério Cerqueira Leite. Enfim, nós estávamos lá e combinamos de voltar juntos para atuar na Unicamp (entrevista realizada pela Pesquisa de atitudes empresariais para o desenvolvimento e a inovação, em 14 de julho de 2006; grifos meus).

As entrevistas sugerem, portanto, que a Unicamp representou, para alguns dos cientistas que realizaram parte da sua formação no exterior entre as décadas de 1960 e 1970, uma oportunidade de implementação de um projeto de modernização da ciência brasileira. Por ser uma instituição nova na época, a Unicamp abriu possibilidades para que pesquisadores com ampla experiência em instituições estrangeiras, norte-americanas em especial, pudessem criar, no Brasil, uma organização institucional de pesquisa semelhante ao que eles vivenciaram em outros países.

A importância da passagem pelo exterior na formação desses cientistas e no seu envolvimento com o processo de institucionalização da ciência é reconhecido, mais uma vez, por Rogério Cerqueira Leite:

[Pergunta] Considerando a sua trajetória pessoal, o que o levou a se preocupar não só com a produção científica, mas com o progresso institucional da ciência?
[Resposta] Eu acho que é uma preocupação natural quando você chega em um país como o Brasil. Eu, por exemplo, passei muitos anos fora do país: passei três anos na França e oito nos Estados Unidos. Quando eu cheguei no Brasil, percebi que havia certas falhas e acabei sendo convocado a me envolver. (...) E as demandas eram grandes, havia pouca competência, então eu comecei a pensar não só no problema da ciência, mas em como gerir a ciência, em como estabelecer uma cultura específica. *Isso acontecia, então, muito naturalmente com todo aquele que, naquela época, vinha do exterior e acabava sendo chocado com a falta de*,

digamos, *produtividade* (entrevista de 14 de fevereiro de 2008 realizada em Campinas, SP; grifos meus).

A centralidade da experiência fora do país para o envolvimento com a construção institucional da ciência é enfatizada também por José Antonio Brum, ex-diretor do LNLS e, como Cerqueira Leite, professor de física da Unicamp.

[Pergunta] Considerando a sua experiência na Unicamp, no exterior e em outras instituições, o que mais ajuda na sua função de diretor do Síncrotron?
[Resposta] Eu acho que é um pouco de tudo (...) mas principalmente a experiência no exterior. Além do meu doutorado na França, fiz dois pós-doutorados, um nos Estados Unidos, outro na Alemanha, além de estadas mais curtas. Eu estive, então, em vários países como a Inglaterra e o Canadá e em diferentes instituições, não apenas universidades, mas também empresas. O próprio Instituto que eu frequentei na Alemanha era associado a empresas como a Siemens e a Proctor & Gamble. Eu também passei um tempo na IBM, que é um laboratório industrial onde se trabalha com pesquisa. Enfim, essas viagens me permitiram ter uma grande diversidade de experiências em instituições diferentes, cada uma com as suas características, mas todas com um mesmo objetivo: produzir conhecimento e, esse conhecimento, tentar transformá-lo em tecnologia, em produto (*José Antonio Brum*, entrevista de 24 de maio de 2007 realizada em Campinas, SP).

A experiência em instituições estrangeiras consideradas "mais avançadas" em termos de pesquisa foi, portanto, um dos fatores determinantes para o engajamento dos cientistas brasileiros, especialmente daqueles ligados ao "grupo da Unicamp", na construção institucional da ciência. Eles pretendiam agir no sentido de modernizar e profissionalizar a ciência feita no país. Para eles, era preciso superar o tempo em que a dedicação à ciência era um ato de heroísmo praticado por missionários boêmios e românticos:

Houve uma época, no Brasil, em que a atividade científica era romântica. A comunidade científica brasileira era uma comunidade de missionários, pesquisadores que achavam que ciência era uma missão. Mas como missionários não precisavam levar muito a sério a atividade. Como os padres que produzem o seu próprio vinho e passam o dia todo bebendo. Havia uma certa boemia, uma ciência boêmia. Há trinta, quarenta anos atrás, no Brasil, era assim. Os "donos da ciência" eram uma espécie de semideuses, como o meu grande amigo [Mário] Schenberg. O Schenberg passava por nós com aqueles longos cabelos esvoaçantes e todo mundo achava que ele era um gênio total. Ou mesmo o próprio [Cesar] Lattes, e todos eles tinham um certo ar, assim meio boêmio, meio romântico. Eles faziam coisas extravagantes para serem notados (...) *Acho que isso mudou um pouco, a ciência está um pouco mais profissional hoje. O cientista tem a obrigação de mostrar o que faz. Eu me lembro que, antes, não se falava, nunca, em publicação no Brasil. Publicação era uma coisa que se fazia quando dá vontade de escrever, podia fazer ou não fazer.* (...) Enfim, essa profissionalização em excesso pode vir a se tornar um prejuízo, mas, por enquanto, ainda está corrigindo um mal maior que era essa boemia geral que havia na ciência brasileira. Hoje, eu acho que precisa ter no Brasil, sem aquele exagero americano do "publicar ou perecer", uma certa cobrança de produtividade. Não só isso, claro. Há outros valores a serem invocados, mas certamente não dá para ficar naquela coisa meio romântica de antes (*Rogério Cerqueira Leite*, entrevista de 14 de fevereiro de 2008 realizada em Campinas, SP; grifos meus).

O sentido de modernização da ciência brasileira, vale observar, é uma dimensão marcante do próprio projeto de construção do LNLS. Léa Velho e Osvaldo Pessoa Júnior destacam, no seu trabalho sobre a negociação do projeto Síncrotron, que a preocupação dos seus idealizadores era:

(...) muito mais com o *status* da física no Brasil, que tinha que passar para um patamar mais alto de organização e tornar-se *moderna*. E isso, na cabeça do grupo conduzindo a ideia, só poderia ser atingido através da construção de uma instalação de *big science* organizada na forma de um verdadeiro laboratório nacional, seguindo a tendência internacional nesse campo (1998, p. 18).

O comprometimento de cientistas da Unicamp com propostas de modernização da ciência brasileira não é um fato isolado. Ao contrário, é perfeitamente possível reconstruir os fios que unem a formação do grupo da Unicamp, liderado informalmente por Rogério Cerqueira Leite no início da década de 1970, ao projeto de formação do Parque Tecnológico de Campinas em 1975, à predominância da Unicamp na direção do LNLS a partir da década de 1980, à viabilização da organização social como uma ferramenta para garantir a flexibilidade e a autonomia da gestão da ciência na década de 1990, ao fortalecimento do discurso da inovação e, finalmente, à implementação da Nova Política Nacional de Inovação no começo dos anos 2000.

Considerando a centralidade do papel desempenhado pelos cientistas ligados à Unicamp na redefinição da política nacional de ciência e tecnologia, é possível sugerir que estamos diante de um grupo político, mais ou menos coeso, que se empenha na construção de novas prioridades para a ciência brasileira que, através da uma nova política de âmbito nacional e de todo o aparato jurídico-institucional por ela engendrado, têm condições de universalizar-se.

Com efeito, o projeto de reformulação da política científica nacional nos anos 2000 foi amplamente liderada por pesquisadores ligados à Unicamp. Na época, eram professores dessa universidade: o secretário executivo do MCT, Carlos Américo Pacheco, Cylon Gonçalves da Silva, coordenador do projeto Diretrizes Estratégicas para a Ciência e Tecnologia, além de três dentre os quatro membros que formavam o Grupo de Concepção e Redação do Livro Verde de C&T&I, que concentrou as recomendações do MCT para a definição da nova política de C&T. Eram eles: Antônio Márcio Buainain (coordenador do grupo), Sérgio Salles Filho (além de membro do grupo, diretor da Finep) e Ruy Quadros de Carvalho (cf. Brasil, 2001, p. iii).

A ação dos pesquisadores ligados à Unicamp não se limitou à redefinição dos objetivos gerais da política científica nacional. Igualmente importante parece ter sido a sua atuação direta no desenho da Lei da Inovação, apresentada formalmente na Conferência Nacional de C&T&I de setembro de 2001.[65] Nesse caso, além do papel central do economista Carlos Américo Pacheco, professor da Unicamp e secretário executivo do MCT, e de Sérgio Salles Filho, também ligado à Unicamp e diretor da Finep, merece atenção a atuação de Carlos Henrique de Brito Cruz.

Brito Cruz, assim como Cerqueira Leite, graduou-se no ITA antes de compor — com outros personagens importantes, como Cylon Gonçalves da Silva e José Antonio Brum — o Departamento de Física da Unicamp. Ele foi reitor dessa universidade entre 2002 e 2005 e é, desde 2005, diretor científico da Fapesp. O papel desempenhado por Brito Cruz é notável, não só pela importância da Lei da Inovação — principal marco jurídico da nova política —,

---

65 É interessante notar que havia uma lei para a inovação que tinha sido proposta pelo deputado Roberto Freire em 2000, mas não foi essa a lei que foi discutida e sim a apresentada pelo MCT na Conferência Nacional de C&T&I de setembro 2001.

mas, sobretudo, pela forma como ele aproveitou o espaço institucional da Unicamp, configurado pela sua tradição na construção de órgãos de transferência de tecnologia, para criar a Agência de Inovação da Unicamp (Inova), transformando-a em modelo a ser universalizado pela nova lei.[66] O processo é narrado pelo atual diretor da Inova:

> Eu queria chamar a atenção para o fato de que a Unicamp sempre enfatizou a relação com a empresa e isso terminou por modelá-la. Isso fez com que, em 1984 por exemplo, antes da aprovação da Lei de Patentes, a Unicamp já tivesse criado uma comissão interna de patenteamento, mostrando o quanto os professores sentiam a necessidade de regulamentar a questão. Até porque a relação universidade-empresa estava, desde o início, muito enraizada na visão de alguns professores. Isso demonstra como a Unicamp sempre foi diferenciada em relação a outras instituições, o que determinou que ela tivesse, ao longo da sua história, vários órgãos de transferência de tecnologia. (...) *Foi então que o professor Brito Cruz — que é um estudioso da relação universidade--empresa — deu um passo a mais nesse sentido, influenciado pelo*

---

[66] Art. 16. A ICT deverá dispor de núcleo de inovação tecnológica, próprio ou em associação com outras ICTs, com a finalidade de gerir sua política de inovação. Parágrafo único. São competências mínimas do núcleo de inovação tecnológica: i — zelar pela manutenção da política institucional de estímulo à proteção das criações, licenciamento, inovação e outras formas de transferência de tecnologia; ii — avaliar e classificar os resultados decorrentes de atividades e projetos de pesquisa para o atendimento das disposições desta Lei; iii — avaliar solicitação de inventor independente para adoção de invenção na forma do art. 22; iv — opinar pela conveniência e promover a proteção das criações desenvolvidas na instituição; v — opinar quanto à conveniência de divulgação das criações desenvolvidas na instituição, passíveis de proteção intelectual; vi — acompanhar o processamento dos pedidos e a manutenção dos títulos de propriedade intelectual da instituição (cf. Brasil, 2004a).

Carlos Américo Pacheco, secretário executivo do MCT, e pelo Sérgio Salles, que estava na Finep criando os fundos setoriais. Os três acabaram idealizando, juntos, a Agência de Inovação da Unicamp. A Inova foi criada com todos os elementos da Lei da Inovação, mas muito antes da aprovação dessa Lei (...) Isso porque eles já estavam lá, desenhando os aspectos centrais da Lei da Inovação e eu admiro muito a visão de futuro que eles tiveram. Eles praticamente criaram as bases da nova legislação e eu respeito essas bases (...) A Inova antecipou-se, portanto, à Lei da Inovação e, agora, o que eu sinto é que, a partir da aprovação da sua aprovação, o cenário nacional *mudou* (Roberto Lotufo, diretor da Inova, em entrevista de 17 de janeiro de 2008 realizada em São Paulo, SP; grifos meus)

A criação da Inova, responsável por patentear e licenciar as novas tecnologias desenvolvidas pela Unicamp, simboliza uma mudança importante no papel que as universidades brasileiras vêm assumindo no patenteamento de pesquisas, conforme foi visto no segundo capítulo. A Unicamp aumentou consideravelmente o número de patentes depositadas no INPI a partir de 2001, conforme expresso no Gráfico 5, e embora não possa ser considerada causa direta disso, dado que só foi criada em 2003, é inegável que a Inova é parte importante desse movimento que tornou a Unicamp um modelo a ser seguido por outras universidades do país.[67]

---

67 Em entrevista, Roberto Lotufo, atual diretor da Inova, comenta a visita de diretores de universidades para saber como funciona a agência: "É, recentemente nós tivemos lá na Unicamp a visita da Unifesp, que eu já acompanho há quatro anos. (...) E eles já tinham feito uma primeira visita para conhecer a agência, agora, recentemente, eles estiveram de novo lá. Foi o chefe de gabinete lá, e daí eu falei para ele: 'Olha, não tem o que pensar, a lei exige que tenha que ter um núcleo [de transferência de tecnologia] então, ou faz ou faz, não tem essa de pensar se

Gráfico 5
Evolução do depósito de patentes da Unicamp no INPI, 1989-2010

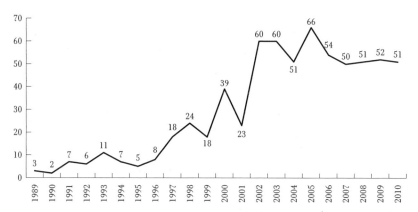

Fonte: Agência de Inovação da Unicamp. Relatório de Atividades de 2008 e 2010 (Inova, 2009, 2010, 2011). Elaboração própria.

Os níveis de patenteamento da Unicamp garantiram-lhe um papel de destaque, não só entre as universidades brasileiras, mas também entre as empresas nacionais. Em 2007, ela figurava como a maior depositante de patentes com prioridade brasileira[68] do INPI, acima da Petrobras, da Embraco e da Vale do Rio Doce (cf. INPI, 2007). Atualmente, ela é a segunda maior patenteadora do país: a Petrobras depositou 288 patentes no INPI entre 2004 e

---

precisa ter um núcleo', a lei exige, é uma das poucas coisas que a lei exige e ela exige que tenha um núcleo e a instituição tem que se virar para criar um núcleo". Segundo dados do INPI, a USP passou recentemente a Unicamp no número de patentes depositadas por ano (cf. INPI, 2011).

68 Prioridade brasileira significa que o Brasil foi o primeiro país em que a patente foi depositada. Pela Convenção de Paris, art. 4°, o depositante da patente no Brasil tem 12 meses para depositá-la, com prioridade, em outros países signatários da Convenção. As patentes com prioridade brasileira são, em geral, aquelas referentes a inovações desenvolvidas no país.

2008, ao passo que a Unicamp depositou 272 patentes no mesmo período (cf. INPI, 2011).[69] O sentido conferido pelos criadores da Inova ao esforço realizado por essa universidade para controlar o patentamento de pesquisas é bastante elucidativo do real significado das políticas de incentivo à inovação para o esforço de institucionalização da ciência brasileira: mais do que mecanismos de incentivo à capacitação tecnológica das empresas, trata-se de estratégias para, a um só tempo, legitimar socialmente a ciência e fortalecer sua autorregulação. Assim, para o atual diretor da Inova, a grande "missão" dos núcleos de patenteamento e transferência de tecnologia, bem como da Lei da Inovação que os torna obrigatórios para todas as instituições científicas nacionais, é menos contribuir para o desenvolvimento tecnológico do país do que gerir os conflitos que emergem da relação universidade-empresa, visando ao fortalecimento dos mecanismos de autogestão da ciência. Para ele, a universidade, ao internalizar o controle sobre as parcerias e cooperações, regulamentando-as por meio de contratos e cláusulas de patenteamento, adquire melhores condições de preservar os seus "valores científicos, acadêmicos e tecnológicos". Esse sentido fica explícito no relato abaixo. O trecho é longo, mas muito importante porque explicita claramente a visão institucional de parte dos criadores da agência da Unicamp e formuladores da Lei da Inovação:

---

69 Segundo dados do mesmo relatório, a partir de 2007, a USP superou a Petrobras e a Unicamp no número de patentes depositadas anualmente. Assim, ainda que no quinquênio 2004-2008 a USP fique em terceiro lugar no país, mantido o ritmo de crescimento, a USP deverá se tornar a maior patenteadora do país nos próximos anos (cf. INPI, 2011). Esse resultado reflete o esforço realizado USP através da sua Agência de Inovação, criada em 2005.

É preciso pensar um pouco sobre por que os núcleos de transferência de tecnologia surgiram agora e qual a sua missão. Em primeiro lugar, é preciso considerar que a relação universidade--empresa é conflituosa por natureza. Ela é conflituosa, antes de mais nada, por uma questão financeira: as empresas são privadas. Mesmo que você considere uma empresa estatal, ela opera por uma lógica privada. Por outro lado, a universidade é financiada pelo Estado, é, portanto, pública. Então, existe essa dimensão público/privado que já é fonte de conflito. Como estabelecer uma colaboração nesse caso? A universidade pública vai ajudar uma empresa privada? Como será isso? Existe um segundo conflito sobre o tipo de pesquisa que se faz. Se a universidade fizer uma pesquisa direcionada à empresa, ela vai acabar muito mercantilizada. Ou seja, a universidade é um lugar de produção de ciência, mas a empresa não está muito interessada na ciência propriamente dita. Disso surge esse conflito: ciência, tecnologia ou aplicação imediata? As empresas querem resultados imediatos, mas a universidade não foi feita para atender às empresas, ela foi feita para formar os alunos, esses, sim, para trabalhar nas empresas e produzir ciência. E, por fim, tem um outro conflito que é o da essência das instituições: a universidade é uma instituição de ensino e pesquisa cujo objetivo é disseminar o conhecimento, disseminar o avanço científico, enquanto a empresa, para ser competitiva, precisa ter sigilo sobre a informação produzida. Então existe esse outro conflito entre o sigilo e a divulgação. Então, diante desse conjunto de tensões, ou as pessoas são totalmente contrárias à relação universidade-empresa: "já que tem conflito, suspende todas as parcerias"; ou a posição oposta, que afirma: "vamos ignorar os conflitos porque estabelecer parcerias é importante", que é uma posição ruim também. Mas entre essas duas existe uma outra opção, uma terceira via digamos, que é a que defende a possibilidade de gerenciar os conflitos. É nesse sentido que eu vejo a Lei da Inovação. Ela busca institucionalizar a relação universidade-empresa, como uma oportunidade para fortalecer as instituições, as universidades em particular. Isso traz à tona, também, a questão das fundações. Quando tratamos da relação universidade-empresa, devemos considerar que até pouco tempo não existia, no cenário brasileiro, uma lei que regulamentasse a cooperação, de modo que o controle dessa relação ficava sob responsabilidade das fundações. Então você imagina uma relação que já é conflituosa sendo controlada por uma entidade externa à universidade? Existe uma chance muito maior dessa relação fugir dos objetivos da universidade. Por conta disso, eu vejo a Lei da Inovação como uma iniciativa extremamente positiva. Assim como a Lei de Fundações, que está esvaziando o poder das fundações universitárias, trazendo-o de volta para a reitoria. O professor Brito [Carlos Henrique Brito Cruz] sempre foi muito crítico das fundações. Ele é uma pessoa muito institucional, ele considera que o que precisa ser valorizado, o que precisa ser fortalecido, é a instituição, e a instituição, nesse caso, é a universidade, preservados os seus valores acadêmicos, científicos e tecnológicos. (...) Para terminar, tem uma outra posição que defende que a principal missão da agência de transferência de tecnologia é fazer "assistencialismo" com as empresas. Ou seja, como parte da missão da universidade é apoiar a sociedade, então você deve apoiar as empresas diretamente e, com isso, apoiar a sociedade, indiretamente. A nossa posição é essencialmente diferente. O Núcleo de Transferência existe para isso! (...) E é por isso que eu considero tão importante ter um acadêmico na direção de uma agência como essa, e não alguém de fora da universidade, um técnico ou um funcionário de carreira. Muito menos uma fundação. O diretor de um núcleo de transferência de tecnologia tem que ser uma pessoa que consiga enxergar os benefícios que esse núcleo vai trazer para o ensino e para a pesquisa, para que a universidade seja melhor e possa cumprir melhor a sua missão (*Roberto Lotufo*, diretor da Inova, entrevista de 17 de janeiro de 2008 realizada em São Paulo, SP).

É interessante, dessa perspectiva, que ao descrever o funcionamento da incubadora tecnológica da Unicamp, responsável por fomentar a criação de empresas de alta tecnologia, Roberto Lotufo expresse orgulho pelo fato de seus procedimentos mimetizarem a seleção de projetos científicos:

> No nosso caso da incubadora, nós publicamos um edital de seleção para as empresas que querem ser incubadas, e a gente faz um contrato de uso do espaço para atividade de incubação. A seleção é o mais aberta possível (...). Então, nós temos um procedimento em que se realiza uma seleção pública, em que todos se candidatam e selecionamos os que melhor atendem ao processo de seleção. É semelhante ao procedimento da Fapesp.

4 Conclusão

O presente capítulo acompanhou o desenvolvimento histórico dos padrões determinantes de institucionalização da ciência brasileira: por um lado, a intervenção direta de cientistas de prestígio, junto ao Estado, para a garantia de condições mínimas para a realização da atividade científica nos institutos e universidades, incluindo a construção de uma infraestrutura de pesquisa, aproveitando, no geral, "brechas" na agenda do Estado e valendo-se da interferência de atores da burocracia estatal simpáticos à questão da ciência; por outro lado, um ato de vontade política cria instituições que formam cientistas sem lugar garantido nas suas instituições de origem nem na sociedade em geral, passando a atuar ativamente para a construção de um "espaço social para a ciência". Esses dois padrões não são necessariamente opostos, ao contrário, tendem a se complementar, embora no primeiro caso trate-se mais de garantir a reprodução do regime público/ acadêmico de produção do conhecimento e, no segundo, de criar oportunidades fora desse regime de ciência que não comporta todos. Em ambos os casos, porém, os cientistas atuam politicamente, enquanto grupo social, ou seja, como sociedade civil organizada, para legitimar a ciência socialmente e garantir a sua reprodução.

Esses padrões passaram por mudanças na década de 1980. A democratização do Estado fez com que o apoio à ciência não fosse mais possível *apenas* por meio da interferência direta junto à burocracia estatal (embora essa estratégia permaneça importante), ou seja, a ciência devia garantir sua legitimidade conquistando apoio também *na sociedade*. Paralelamente, o discurso da importância da ciência para o desenvolvimento econômico tornou-se hegemônico nos principais países avançados do mundo, ao mesmo tempo em que as universidades passaram a rever, internamente, as suas funções sociais. No Brasil, o sistema de pós--graduação então expande-se, formando um número cada vez maior de cientistas que precisam colocar-se profissionalmente. Nesse mesmo contexto surgiram instituições como a Unicamp, cuja função explícita é transferir tecnologia para o setor industrial. Esses processos ocorreram em um momento em que o Estado se retirou do planejamento econômico enquanto as empresas brasileiras, sobretudo as de capital nacional, perdiam capacidade de investimento em P&D. Tudo isso então intensifica o esforço, *por parte da "comunidade" científica brasileira*, para associar, na agenda pública, ciência e desenvolvimento econômico de modo que *antes* que o Estado brasileiro e o setor privado nacional pautem a inovação como questão importante, são os cientistas que o fazem. Esse movimento torna-se um objeto de estudo ainda mais relevante quando consideramos que, a partir da abertura democrática, na década de 1980, são alguns cientistas que formularam as políticas nacionais de ciência e tecnologia.

A exposição sobre o processo de construção da Nova Política Nacional de Ciência e Tecnologia buscou mostrar uma dimensão essencial revelada por esta pesquisa, qual seja, a de que alguns pesquisadores ligados à Universidade Estadual de Campinas e ao Laboratório Nacional de Luz Síncrotron tiveram um papel decisivo na transformação da comercialização do conhecimento — a inovação — em prioridade da Nova Política Nacional de Ciência, Tecnologia e Inovação. Um aspecto importante desse processo foi o modo pelo qual as instituições de origem desses pesquisadores/ gestores anteciparam, em alguma medida, as mudanças que viriam a universalizar-se posteriormente, geralmente por meio de uma lei específica, como a Lei da Inovação, que obriga a criação de Núcleos de Transferência de Tecnologia, tais como as agências de inovação. Assim, no caso da Nova Política Nacional de Ciência e Tecnologia, mostramos brevemente como a criação da Incubadora da Unicamp e, especialmente, da Inova, a agência de inovação dessa universidade, antecipou a Lei da Inovação e a ênfase dada ao patenteamento de pesquisas e à incubação de empresas como função das instituições públicas de pesquisa, notadamente das universidades.

É evidente que não é possível atribuir toda a responsabilidade pela construção da "agenda da inovação" no país, notadamente a Nova Política Nacional de Ciência, Tecnologia e Inovação, a um grupo mais ou menos restrito de cientistas envolvidos com a gestão da ciência. A presente pesquisa não afirma tal coisa. O centro do nosso argumento é que a forte ênfase dada ao discurso da inovação como "motor" do desenvolvimento econômico e, portanto, como foco da nova política nacional para a ciência e a tecnologia, pode ser considerada mais um passo dentro do longo trajeto que envolve os cientistas brasileiros no esforço por legitimar a ciência junto ao Estado e, eventualmente, junto a outros setores sociais, conquistando, a partir dessa processo de legitimação, uma série de garantias institucionais ao funcionamento da ciência. Essas garantias incluem, sobretudo, a estabilidade de financiamento, o que seria garantido pela incorporação do apoio à ciência na agenda política nacional e no âmbito das prioridades do Estado, através da ênfase no seu papel econômico. Em outras palavras, o que estamos sugerindo é que os cientistas envolvidos com a formulação da Nova Política Nacional de Ciência, Tecnologia e Inovação tiveram uma participação decisiva no fortalecimento do discurso da inovação no país e no desenho das primeiras políticas ligadas ao tema.

Mas se o apoio financeiro do Estado é *necessário* para que a ciência — em especial aquela desenvolvida no regime disciplinar/estatal — encontre um espaço na sociedade brasileira, ou seja, para que ela tenha condições de institucionalizar-se, só esse apoio, sozinho, não basta. Tão ou mais importante do que o financiamento da ciência são as condições mínimas de autonomia que garantem que a ciência — entenda-se, o regime disciplinar de produção e difusão do conhecimento — possa funcionar segundo suas próprias regras internas. Mas o grande problema é que se o projeto de ressaltar a função social da ciência — seu papel no desenvolvimento econômico do país —, fazendo com que ela se engaje no processo de capacitação das empresas nacionais, garante, por um lado, o financiamento do Estado, tende, por outro, a ameaçar as condições de autonomia da atividade científica.

A defesa do papel da ciência para o desenvolvimento econômico, que enfatiza a importância dos processos de inovação para a economia nacional, pode ser considerada, portanto, uma bandeira de alguns cientistas que querem garantir certa estabilidade do financiamento da ciência, tanto por parte do Estado quanto por parte de outros setores sociais, como as empresas. Por mais paradoxal que possa parecer, a defesa do papel social da ciência é uma estratégia de autonomia que tem um sentido duplo: de um lado, autonomia financeira, garantida pela multiplicidade de fontes de financiamento, e, de outro, autonomia científica em relação aos grandes centros produtores de ciência, por meio da construção de uma agenda científica nacional. Essa busca por autonomia, sobretudo em relação ao Estado, faz com que os cientistas procurem novas estratégias institucionais. A criação da Associação Brasileira de Tecnologia de Luz Síncrotron, uma Organização Social que passará a gerir o LNLS segundo critérios privados de eficiência, é uma dessas estratégias. Os idealizadores da ABTLuS souberam catalisar tanto a agenda de liberalização do governo FHC quanto a retórica da eficiência de gestão da ciência, em voga em outros países, para criar e legitimar a ABTLuS.

Um dos problemas centrais da presente pesquisa é entender como os cientistas envolvidos com o processo de institucionalização da ciência brasileira, os quais, como foi dito, lideraram, em certo sentido, o processo de elaboração e implementação da Nova Política Nacional de Ciência, Tecnologia e Inovação e do seu marco jurídico correspondente — em especial, a Lei da Inovação —, tentaram resolver esse paradoxo.

A resposta a essa pergunta reside, em parte, *na forma como as instituições e os seus pesquisadores se engajam com o processo de inovação e, sobretudo, nos mecanismos que elas criam para garantir o controle sobre esse processo.*

A nova política de inovação prevê várias formas de engajamento das instituições públicas de ciência e tecnologia no processo de inovação — a contratação de pesquisadores formados nas instituições públicas por empresas, a prestação de serviços especializados para o setor privado, os contratos de pesquisa com empresas, o patenteamento e o licenciamento de novas tecnologias, a abertura de firmas por pesquisadores ligados às instituições públicas, a "incubação" de empresas de alta tecnologia, entre outras. Este trabalho vai concentrar a análise em duas dessas formas: os contratos industriais — nos quais as empresas contratam diretamente a instituição para que ela desenvolva determinada pesquisa — e o patenteamento/licenciamento de pesquisa — nos quais as empresas "compram" os direitos de exploração de propriedade intelectual pertencentes às instituições públicas.

Capítulo 4

Padrões de desenvolvimento da prática científica no Brasil e sua transformação

O capítulo anterior analisou o desenvolvimento dos padrões de institucionalização da ciência brasileira e a sua transformação a partir da consolidação do processo de redemocratização do país. Inseridas nessa perspectiva histórica, a recente emergência de um discurso da inovação e a consequente redefinição da política nacional de ciência e tecnologia puderam ser interpretadas como mais um capítulo da estratégia de legitimação e institucionalização da prática científica no país, através da garantia de fontes estáveis de financiamento e do fortalecimento de mecanismos de autorregulação.

Nesse contexto, a tentativa de alterar o funcionamento da ciência brasileira através da redefinição do seu ordenamento jurídico apresenta, na verdade, um sentido paradoxalmente conservador: a aparente transformação da ciência em uma prática associada aos interesses da economia, por ser mais uma expressão do esforço de institucionalização da ciência, tem como resultado imediato o seu fortalecimento no interior de instituições públicas de pesquisa e segundo padrões de relativa autonomia. O crescimento vertiginoso do número de pesquisadores profissionalizados em instituições de ensino superior e a correlata diminuição dos que trabalham em empresas, apresentados na Tabela 4 do segundo capítulo, é um primeiro indício desse sentido paradoxal do discurso da inovação no país. Outro indício é a mobilização dos escritórios de patenteamento como forma de transferir às reitorias o controle sobre parcerias com o setor privado, tal como apresentado no final do terceiro capítulo.

Este último capítulo busca aprofundar a análise dos *efeitos* da mudança jurídico-institucional da ciência brasileira implementada no início dos anos 2000. Desse modo, ele desdobra outro aspecto da mudança que afeta o regime disciplinar/estatal de produção e difusão de conhecimento científico, qual seja, a mudança dos padrões de desenvolvimento da *atividade científica* enquanto *prática de pesquisa e processo de formação de pesquisadores*. Se para compreender as mudanças que afetam a *construção institucional* da ciência foi preciso olhar para os *idealizadores* do LNLS, para entender o que se passa com a *prática científica* é necessário olhar para os seus *pesquisadores*.

O estudo das diferentes dimensões da atividade científica — como discurso, como construção institucional e como prática de pesquisa e formação — permite analisar a mudança do regime disciplinar/estatal de produção e distribuição do conhecimento científico no Brasil de forma mais completa, na medida em que possibilita expor os descompassos existentes entre o esforço de mudança do marco jurídico-institucional e a prática concreta dos que atuam e se formam no interior desse regime. Dito de outro modo: é nos desencontros entre essas diferentes dimensões que reside a possibilidade de *enxergar* e *compreender* a dispersão de sentidos implícitos à transformação da ciência e as diferentes resistências que se impõem ao curso desse processo.

O Laboratório Nacional de Luz Síncrotron é, de novo, um espaço privilegiado para realizar essa investigação. Primeiro, porque a sua negociação e institucionalização atravessou mais de meio século, permitindo acompanhar as inflexões na dinâmica de construção da ciência nacional ao longo desse período. Mas, mais do que isso, porque desde que entrou em operação, em 1997, o LNLS se afirmou como um laboratório aberto a pesquisadores de todo o país, em diferentes momentos da carreira científica e que trabalham em diversas instituições de pesquisa.[1] Por ser uma instituição de pesquisa que funciona como centro experimental *aberto* e que atrai, portanto, uma grande quantidade de pesquisadores das mais diferentes áreas, lugares e instituições, o LNLS é mais do que um simples *objeto* de pesquisa, ele é uma *ferramenta* de investigação que permite analisar — por meio de uma amostra restrita, porém significativa — a própria atividade científica brasileira, contribuindo para a compreensão do processo de mudança que parece incidir sobre sua organização e estrutura nos últimos anos.

Para explorar as possibilidades abertas pela configuração do LNLS como instituição *aberta*, foi aplicado um questionário intitulado "Ciência e Tecnologia no Brasil: os usuários do Laboratório Nacional de Luz Síncrotron".[2] O universo da pesquisa era com-

---

[1] O recrudescimento do caráter do LNLS como laboratório aberto fortaleceu-se ao longo dos anos. Em 1997, o laboratório recebeu aproximadamente 500 pesquisadores externos que realizaram, ao todo, 289 projetos de pesquisa. Já em 2007, passaram pelo LNLS aproximadamente 1.600 pesquisadores externos que desenvolveram 660 projetos de pesquisa. Não por acaso, o seu antigo diretor, José Antonio Brum, afirma: "O LNLS é um laboratório nacional que tem, como missão, disponibilizar grandes equipamentos, em particular a Fonte de Luz Síncrotron, para toda a comunidade de pesquisa. O Síncrotron ele mesmo tem uma equipe pequena: nós temos menos de 20 pesquisadores da casa e mais de mil usuários" (*José Antonio Brum*, entrevista de 24 de maio de 2007 realizada em Campinas, SP). Ver também: Brum & Meneghini, 2002; Burgos, 1996, 1999.

[2] O questionário divide-se em cinco partes: i) *Dados pessoais*, tais como gênero, idade e nacionalidade; ii) *Trajetória acadêmica*, com perguntas sobre a graduação e a pós-graduação dos pesquisadores; iii) *Trajetória profissional*, com um detalhamento do trabalho em laboratórios, empresas privadas ou instituições públicas; iv) *Pesquisa atual* do respondente, no sentido de caracterizar algumas formas de desenvolvimento da atividade de pesquisa, em especial quanto às formas de comercialização do conhecimento, tais como parcerias universidade-empresa, estabelecimento de contratos de sigilo e propriedade intelectual, práticas e avaliações sobre o patenteamento de pesquisa e as possibilidades de aplicação da pes-

posto de todos os pesquisadores que utilizaram o LNLS de 1997 a março de 2008. Ao todo, estavam cadastrados na amostra 2.480 pesquisadores de instituições nacionais, dos quais 211 responderam ao questionário, o que corresponde a aproximadamente 8,5% do total.[3]

O objetivo principal do questionário é descrever padrões de avaliação e prática de pesquisa, particularmente aquelas ligadas à comercialização de conhecimento, tais como patenteamento de resultados, estabelecimento de parcerias com empresas, atuação no setor privado e escolha estratégica de temas de pesquisa. O intuito é explorar os efeitos da mudança jurídico-institucional promovida pela Nova Política de Ciência, Tecnologia e Inovação no sentido de enfatizar a comercialização da pesquisa realizada no regime disciplinar/estatal brasileiro. A questão central é saber se essa mudança jurídico-institucional encontra respaldo nas práticas concretas daqueles que realizam pesquisa no regime disciplinar/estatal brasileiro ou se, ao contrário, aponta na direção contrária à atuação dos pesquisadores em atividade no país, tendendo a enfrentar, portanto, resistências por parte deles. Essa questão não é simples, uma vez que uma parte importante da resposta reside nos sentidos que os pesquisadores atribuem à sua prática e às mudanças que ela enfrenta, sentido este difícil de ser acessado por meio de um questionário estruturado. Por outro lado, é possível acessar as práticas e opiniões dos cientistas brasileiros sobre essas questões. Mais que isso, é possível compreen-

---

quisa; v) Por fim, uma última parte volta-se para os *Padrões de avaliação da ciência*, sua relação com o Estado e com a sociedade, o sentido das mudanças que incidem sobre a atividade científica e das formas de comercialização de pesquisa, tais como patenteamento e parceria com empresas.

3 A aplicação do questionário foi feita em parceria com o LNLS entre março e abril de 2008. Uma análise detalhada das características da amostra registra que elas correspondiam às características do universo em termos de instituição de origem, área de pesquisa e gênero.

der se e como elas variam. Dito de outro modo: Existem variações regionais? Segundo a instituição de atuação? Segundo a área de pesquisa? Segundo o período de formação? Os pesquisadores que estiveram no exterior assumem posturas diferentes daqueles que realizaram toda a sua formação no Brasil? A disciplina de origem e o departamento de atuação implicam alguma mudança nas práticas e representações sobre a ciência?

1 Os pesquisadores externos do LNLS:
um perfil da elite
do sistema brasileiro de pesquisa

Os denominados "pesquisadores externos do LNLS" são cientistas sediados em diversas universidades e institutos de pesquisa do país e do exterior, que trabalham principalmente nas áreas de biologia estrutural (biotecnologia) e ciência dos materiais (nanotecnologia), e que vêm ao LNLS realizar a parte empírica das suas pesquisas.[4] O objetivo desta primeira seção é apresentar um perfil geral desse universo, procurando mostrar como e por que esses pesquisadores podem ser considerados parte da elite do sistema nacional de pesquisa.[5]

---

4   O LNLS é um complexo laboratorial formado por diversas unidades, além da Fonte de Luz Síncrotron. Considerando apenas os pesquisadores que responderam ao questionário, 66% utilizaram a Fonte de Luz, 19,7% utilizaram as instalações de micro e nanotecnologia e 14,3% utilizaram os instrumentos de pesquisa em biologia estrutural e biotecnologia. Vale observar que a Fonte de Luz Síncrotron é uma ferramenta de visualização e caracterização de amostras, de modo que entre os seus usuários existem pesquisadores da área de nano e biotecnologia, os quais não realizam pesquisas nessas áreas sem recorrer aos laboratórios específicos para isso.

5   Para efeitos da pesquisa, considerei os cientistas sediados em universidades e institutos de pesquisa do Brasil, independentemente da sua nacionalidade.

1.1 DISPERSÃO REGIONAL E INSTITUCIONAL: CONCENTRAÇÃO E DESCONCENTRAÇÃO DA PESQUISA BRASILEIRA

Do ponto de vista das instituições a que estão ligados os pesquisadores do LNLS, é possível dizer que, embora exista uma relativa dispersão, a concentração em algumas poucas instituições é o padrão dominante, o que reflete a própria distribuição desigual da pesquisa no país.[6]

Segundo dados oficiais do LNLS, em 2007, as três universidades estaduais paulistas responderam, juntas, por 36% das pesquisas realizadas na Fonte de Luz Síncrotron. No mesmo ano, as seis principais instituições que utilizaram o instrumento — USP (17%), Unicamp (11%), Unesp (8%), UFRJ (10%), UFMG (5%) e UFRGS (5%) — responderam por 56% das pesquisas. É interessante notar que esse padrão de concentração permaneceu praticamente inalterado ao longo da década, uma vez que, em 2001, as mesmas seis instituições respondiam pelo mesmo percentual de projetos realizados. Não obstante essa estabilidade, é possível observar tanto um aumento do potencial de pesquisa das principais universidades federais usuárias do LNLS — entre 2001 e

---

[6] No começo da década de 2000, a Região Sudeste concentrava 66,1% de docentes com nível de doutorado, 71% dos docentes de pós-graduação, 63% dos recursos do CNPq, 71% dos investimentos sem retorno da Finep e 69% dos grupos de pesquisa do país (cf. Silva, 2000, p. 63). A mesma concentração refletia-se na pós-graduação: em 2003, a Região Sudeste concentrava 55% dos cursos de mestrado e 67% dos de doutorado (cf. Brasil, 2004b, p. 31). Segundo dados do Diretório dos Grupos de Pesquisa do CNPq, em 2004, 75% dos grupos de pesquisa cadastrados aglomeravam-se em torno de apenas 19% das instituições (cf. Rapini & Righi, 2006, p. 141). Esse padrão de concentração vem sofrendo, no entanto, alterações, como é possível observar pelas taxa de crescimento da pós-graduação no país. Entre 1996 e 2004, a pós-graduação na Região Norte cresceu a uma taxa anual de 15%, nas Regiões Centro-Oeste e Sul, a 12%, na Região Nordeste, a 9,6%, ao passo que na Região Sudeste cresceu a 6,30% (cf. Brasil, 2004b).

2007, a participação conjunta da UFRJ, da UFMG e da UFRGS passou de 15% para 20% — quanto um aumento da participação de "outras instituições" brasileiras e de estrangeiras no total de pesquisas realizadas — no mesmo período, a participação das primeiras passou de 14% para 22%, enquanto a das segundas evoluiu de 14% para 16%. Essa tendência de diversificação sem desconcentração só foi possível porque, ao longo desse período, a participação do corpo de pesquisadores do próprio LNLS diminuiu na mesma proporção em que aumentou a de outras instituições. Em todos os casos, o número de projetos aumentou em termos absolutos: foram 181 projetos de pesquisa realizados em 2001 e 466 em 2007.

Caso não se considere o número de projetos de pesquisa realizados, mas o total de pesquisadores cadastrados no LNLS, o padrão de concentração se mantém: USP, Unicamp, UFRJ, Unesp, UFMG e UFRGS concentram aproximadamente 70% dos pesquisadores cadastrados no laboratório entre 1997 e março de 2008. Considerando o total de pesquisadores associados a universidades, esse percentual chega a quase 85%. Isso demonstra, portanto, que as universidades públicas são as grandes usuárias do LNLS, reflexo natural da própria organização do sistema de pesquisa do país, centrado em universidades públicas de pesquisa. Diversamente, dentre as 112 instituições cadastradas como usuárias do LNLS, apenas nove são empresas,[7] o que implica que apenas 1,13% do total de pesquisadores cadastrados no LNLS são pesquisadores em operação no regime utilitário. Igualmente pequena é a participação de universidades privadas ou outras instituições de ensino não universitárias. Estatisticamente relevante, apenas a participação de institutos e laboratórios públicos de pesquisa,

---

7   São elas: Rhodia do Brasil, Embrapa, Petrobras-Cenpes, Novocell, Optolink, Aegis Semicondutores Ltda., Fundo de Defesa da Citricultura, General Motors do Brasil e Nacional Grafite Ltda.

particularmente o Centro Brasileiro de Pesquisas Físicas (CBPF), o Instituto de Pesquisas Energéticas e Nucleares (Ipen), o Centro de Desenvolvimento de Tecnologia Nuclear (CDTN), o Instituto Militar de Engenharia (IME) e a Fundação Oswaldo Cruz (Fiocruz), além do próprio LNLS.

Esse padrão geral reflete-se claramente no perfil dos pesquisadores que responderam ao questionário Ciência e Tecnologia no Brasil: 82% atuam em universidades públicas, 11% em institutos estatais de pesquisa, 1,4% atua em empresas[8] e outro 1,4% em universidades ou faculdades privadas. Essa concentração dos pesquisadores do LNLS em instituições de tipo universitário fortalece o diagnóstico de que a pesquisa científica de ponta feita no país desenvolve-se quase que exclusivamente no regime disciplinar, sediado nos departamentos disciplinares das universidades de pesquisa.

A tendência à concentração também se reproduz no âmbito regional, mimetizando a própria organização da pesquisa nacional, marcada por uma forte concentração geográfica (cf. Silva, 2000; Rapini & Righi, 2006; Schwartzman & Balbachevsky, 1997). Nesse sentido, 80% dos pesquisadores externos do LNLS atuam na Região Sudeste, dos quais 55% no estado de São Paulo. A distribuição entre as outras regiões é a seguinte: 9% atuam na Região Sul, 3% na Região Centro-Oeste, 2% no Nordeste e 1% na Região Norte.

Ainda assim, seguindo e refletindo o esforço de desconcentração realizado por todo o sistema nacional de pesquisa, o LNLS tem conseguido reforçar, ao longo dos últimos anos, a dispersão regional dos seus usuários. Essa tendência exemplifica-se clara-

---

[8] É importante notar que, no conjunto total de pesquisadores cadastrados no LNLS, o percentual é muito próximo (1,3% está ligado a empresas), o que sugere, mais uma vez, uma forte correspondência entre a amostra que respondeu ao questionário e o universo de pesquisadores do LNLS.

mente na constante diminuição da participação do estado de São Paulo entre os projetos realizados no Laboratório. Em 1997, quando o LNLS entrou em operação, o estado respondia por 61% dos projetos de pesquisas realizados na Fonte de Luz Síncroton, percentual que se reduziu progressivamente até chegar a 44% em 2007. No mesmo período, a participação de outros estados brasileiros passou de 29% para 39%, e de outros países, especialmente latino-americanos, passou de 10% para 17% (cf. ABTLuS, 2008).[9]

1.2 Disciplinas de origem e área de pesquisa

Na opinião dos seus pesquisadores, os instrumentos disponíveis no LNLS são ferramentas imprescindíveis para pesquisas na área de caracterização, descrição e análise de amostras orgânicas (estrutura molecular e genética) e inorgânica (materiais os mais diversos).[10] Quando indagados sobre o porquê de o Laboratório

---

9 Certamente contou para descentralização do uso do LNLS a consolidação do Programa de Auxílio ao Usuário, por meio do qual o LNLS pagava as viagens dos usuários de outros estados ou países até Campinas, onde ficavam hospedados no próprio *campus* do Laboratório. Esse programa tinha duas vertentes: uma, para o apoio de pesquisadores da América Latina e Caribe; outra, para suporte a pesquisadores brasileiros de outros estados que não São Paulo. Assim, em 2004, ele contemplou 306 projetos brasileiros, ou seja, 100% das propostas de outros estados. Nesse mesmo ano, o programa liberou 59 auxílios para pesquisadores latino-americanos e caribenhos, o que representou 57% dos projetos realizados por outros países. Apesar da sua importância, o programa de auxílio aos usuários externos foi profundamente prejudicado pela crise orçamentária do LNLS, chegando a ser suspenso em setembro de 2007 por decisão do Conselho de Administração da ABTluS, voltando a ser retomado alguns meses mais tarde.

10 Quando perguntados sobre como avaliam a possibilidade de utilização do LNLS1, 49,5% dos entrevistados consideram-na "fundamental", enquanto 47% avaliam como "importante" ou "muito importante", ao passo que apenas 3,5% consideraram a pesquisa no LNLS como "pouco" ou "nada importante".

ser tão importante, a maioria responde que o LNLS e suas ferramentas de caracterização e análise de materiais são instrumentos de pesquisa "imprescindíveis para a análise da estruturação da matéria a nível molecular". Esse potencial abre espaço para o desenvolvimento de pesquisas no que hoje se denomina nanociência e/ou nanotecnologia. Reflexo disso, 61% dos nossos entrevistados dizem desenvolver pesquisas nessa área.

Mas dizer que mais de 60% dos pesquisadores da nossa amostra desenvolvem pesquisas em nanociência/nanotecnologia não esgota o problema de quais são as área de pesquisa dos usuários externos do LNLS. A nanociência/nanotecnologia é marcada por um forte caráter interdisciplinar, de modo que o conteúdo varia significativamente, dependendo da disciplina em que o pesquisador atua. Assim, considerando o curso de graduação realizado, os pesquisadores do LNLS distribuem-se da seguinte maneira: 33% são formados em física, 28% em química, 19% em engenharias diversas, 9% em ciências biológicas, 4% em ciências agrárias e 4% em farmácia e bioquímica. Outros cursos de graduação somam apenas 3%.

A disciplina de origem do pesquisador influencia diretamente sua possibilidade de desenvolver pesquisas em nanociência ou nanotecnologia: entre os físicos, 71,6% trabalham nessa área; entre os químicos, esse percentual é de 68,4%; entre os bioquímicos, 71,4%. Por outro lado, para os pesquisadores com formação em ciências biológicas, esse percentual é de apenas 22%; para os engenheiros, 51,4%. A área de formação influencia, igualmente, a maneira como esses pesquisadores classificam a sua pesquisa como sendo *ciência*, *tecnologia* ou *ambas*. Assim, entre os físicos que fazem pesquisa na área de nano, apenas 10,5% consideram estar trabalhando apenas com nano*tecnologia*, enquanto 45% avaliam que o seu trabalho se relaciona apenas à nano*ciência* e os outros 44,5% dizem fazer pesquisa nas duas áreas. Entre os químicos, essa tendência altera-se consideravelmente: só 9,7% dizem fazer pesquisa exclusivamente em nano*ciência*, enquanto 22,6% classificam sua pesquisa apenas como nano*tecnologia*, ao passo que mais de metade deles (61,3%) diz realizar pesquisa nas duas áreas. Já entre os engenheiros, cerca de 30% dizem realizar pesquisa só em "ciência", um percentual elevado considerando que atuam em uma área voltada, essencialmente, para aplicação, enquanto 35% dizem realizar pesquisa só em tecnologia e outros 35% nas duas áreas.

Considerando apenas essas três áreas, observa-se que os físicos classificam as suas pesquisas, no geral, como mais próximas ao campo da ciência. Os químicos, por sua vez, reconhecem no seu trabalho certa ambiguidade, classificando suas pesquisas em uma espécie de zona de indistinção entre a ciência e a tecnologia. Os engenheiros, por sua vez, tendem a considerar sua pesquisa como mais próxima da tecnologia, embora um terço deles entenda estar trabalhando exclusivamente no âmbito científico.

Esses dados são extremamente interessantes na medida em que revelam diferença na forma como os cientistas, dependendo do curso de origem, avaliam as suas pesquisas em termos da dicotomia ciência/tecnologia. Esse resultado reforça a importância da literatura que, atualmente, enfatiza a necessidade de considerar a formação disciplinar como constitutiva das experiências, percepções e práticas de pesquisa. Na contramão dos estudos que, em nome do desenvolvimento da interdisciplinaridade, apostam na dissolução das disciplinas científicas, esses autores vêm enfatizando a importância dessas instituições que, através de processos intensos e longos de educação teórica e prática, formam e conformam, segundo diferentes matrizes epistemológicas, os esquemas de percepção e os modos de atuação de pesquisadores, profissionais e técnicos (cf. Heilbron, 2004; Shinn, 1980, 2000a; Shinn & Marcovich, 2011, 2012).

Mas o curso de graduação realizado pelos pesquisadores e a sua disciplina de origem não determinam completamente a área em que eles realizarão seus estudos de pós-graduação. A Tabela 7 mostra a relação entre o curso de graduação realizado e a área de pesquisa no doutorado. Por ela, é possível observar que apenas 67,7% dos pesquisadores que fizeram graduação em física seguem desenvolvendo pesquisas na disciplina. Um percentual bem abaixo daqueles formados em química, dentre os quais 80% desenvolveram sua pesquisa de doutorado na mesma área, e em biologia, dos quais 94,7% seguem sua formação na mesma área.

Esses dados indicam a existência de padrões determinados de mobilidade disciplinar, sugerindo não apenas fluxos prováveis de migração entre disciplinas como uma diferença entre disciplinas com potencial de "atrair" e "exportar" pesquisadores. A física, por exemplo, parece ser uma disciplina com forte potencial de mobilidade: aproximadamente um terço de seus graduados mudaram de área no doutorado. Além disso, considerando que o percentual de graduados em física é maior do que o percentual de doutorandos na área, é possível sugerir que se trata de uma disciplina com forte potencial de penetração, mas fechada à entrada de pesquisadores com outras formações disciplinares. Um perfil oposto ao da Engenharia, em que o número de doutorandos é superior ao de graduados, sugerindo tratar-se de uma área aberta a diferentes formações disciplinares.

É interessante constatar, de novo, a existência de padrões disciplinares distintos, que entretanto têm sido, muitas vezes, ignorados na compreensão da dinâmica de funcionamento do campo científico. Ao analisar a dinâmica de institucionalização do LNLS e, através dele, da ciência brasileira como um todo, destacou-se a importância da Unicamp como instituição "nova" e distinta, e, dentro dela, do seu Instituto de Física Gleb Wataghin. Os físicos assumiram, ao longo do processo de redefinição da nova agenda científica, um lugar de destaque, o que sugere que eles são atores particularmente importantes no processo de construção institucional da ciência no país, conclusão que se confirma por

Tabela 7
Distribuição dos pesquisadores da amostra de acordo com as áreas de formação na graduação e no doutorado

Áreas de realização do doutorado

	Física	Química	Engenharia e ciência de materiais	Outras engenharias	Ciências biológicas	Outros	Total
Cursos de graduação							
Física (33%)	67,7%	4,8%	19,4%	3,2%	1,6%	3,2%	100,0%
Química (28%)	3,9%	80,4%	9,8%	2,0%	3,9%	–	100,0%
Engenharia (19%)	10,0%	16,7%	33,3%	36,7%	–	3,3%	100,0%
Biologia (9%)	5,3%	–	–	–	94,7%	–	100,0%
Total	50	54	27	18	27	4	180
	27,8%	30,0%	15,0%	10,0%	15,0%	2,2%	100,0%

Fonte: Questionário Ciência e Tecnologia no Brasil. Elaboração própria.

outras pesquisas empíricas, como a que investigou a construção do discurso da inovação no estado de São Paulo (Henriques, 2010). Ao observar o padrão de mobilidade disciplinar dos pesquisadores do LNLS é possível notar que, mais do que outras disciplinas, a física tem, ao mesmo tempo, um forte poder de penetração e uma relativa refração à entrada de pesquisadores de outras áreas. Parte da explicação desse padrão pode estar no processo de formação em física, que tanto prepara os seus graduados para atuar em outros campos quanto dificulta o ingresso de pesquisadores sem formação específica. Por outro lado, uma causa interessante desse poder de penetração da física parece ser um acúmulo de poder no âmbito do processo de construção institucional da ciência, o que sugere, novamente, a importância de analisar a relação entre a estrutura disciplinar e a dinâmica de constituição do campo científico.

1.3 Pesquisadores profissionais e aprendizes de pesquisadores

Saber o curso de origem dos pesquisadores externos do LNLS e a disciplina em que desenvolvem suas pesquisas, embora seja um primeiro passo, não basta para caracterizá-los enquanto pesquisadores. Resta saber em que momento da carreira encontram-se e em que tipo de instituição de pesquisa atuam.

Considerando os diferentes estágios de formação em que se encontram, os pesquisadores do LNLS dividem-se, basicamente, entre *pesquisadores em período de formação* — os que estão da graduação ao pós-doutorado — e *pesquisadores profissionalizados* — os docentes em dedicação exclusiva ao sistema universitário e pesquisadores contratados em tempo integral por institutos de pesquisa. A Tabela 8 apresenta a distribuição da amostra segundo a atividade desenvolvida.

Tabela 8
Distribuição da amostra segundo a atividade desenvolvida no momento da aplicação do questionário (%)

Graduação	2,1
Mestrado	9,1
Doutorado	25,7
Pós-doutorado	11,8
Docente universitário em regime de dedicação exclusiva	39,6
Pesquisador contratado	11,8
Total	100,0

Fonte: Questionário Ciência e Tecnologia no Brasil. Elaboração própria.

Tabela 9
Distribuição da amostra segundo a titulação máxima no momento de aplicação do questionário (%)

Graduandos	2,4
Graduados	9,0
Mestres	25,7
Doutores	28,9
Pós-doutores	32,2
Total	100,0

Fonte: Questionário Ciência e Tecnologia no Brasil: os usuários externos do LNLS. Elaboração própria.

A Tabela 9 mostra que 48,7% dos pesquisadores do LNLS estão em *período de formação* enquanto os outros 51,3% podem ser considerados *pesquisadores profissionalizados*. O fato de metade da amostra ainda estar em período de formação torna mais relevante a informação de que os pesquisadores têm, em geral, um alto nível de qualificação: 28,9% dos pesquisadores do LNLS concluíram o doutorado e 32,2%, o pós-doutorado. Considerando apenas os *pesquisadores profissionalizados* — docentes de universidades e pesquisadores contratados por instituições de pesquisa —, é notável que cerca de 66% deles tenham concluído ao menos um pós-doutorado.

Comparando esse percentual com os dados do Censo Escolar de 2003 — segundo o qual, dentre os docentes de ensino superior brasileiro,[11] apenas 21% têm doutorado completo (cf. Brasil, 2004b, p. 27) — fica explícito que os pesquisadores do LNLS compõem a elite do ensino superior brasileiro, particularmente nas áreas de física, química, engenharia e ciências biológicas. Considerando, ainda, que a nano e a biotecnologia são consideradas áreas prioritárias para o governo brasileiro (cf. Brasil, 2003), trata-se de uma elite "estratégica" para a política nacional de ciência e inovação.

1.4 Jovens e homens:
um perfil demográfico de uma elite científica

Ao analisar o perfil etário dos pesquisadores do LNLS, salta aos olhos o fato de que eles são, na sua maioria, jovens pesquisadores: mais de 60% deles têm menos de 40 anos e só 15% têm mais do que 50 anos. Uma das causas do predomínio de jovens no corpo de pesquisadores do LNLS é, certamente, a forte presença de estudantes de graduação e pós-graduação. Ainda assim, quan-

---

11 Segundo os dados do Censo do Ensino Superior, considerando o total de docentes de ensino superior do país em 2003, apenas 21% tinham doutorado, 35% tinham mestrado, 29% tinham apenas especialização e 14% tinham completado apenas a graduação (Brasil, 2004b, p. 27).

do se considera apenas os pesquisadores já profissionalizados, o predomínio de jovens também se verifica: cerca de 70% deles têm entre 30 e 50 anos de idade.

Essa caracterização etária dos pesquisadores do LNLS, associada ao fato de que o Laboratório oferece ferramentas que operacionalizam pesquisas empíricas de relativa complexidade, abre possibilidade para explorar a hipótese de que existe uma tendência à segmentação da carreira científica, pela qual as atividades de pesquisa propriamente ditas são realizadas sobretudo por pesquisadores em início de carreira — portanto, mais jovens —, enquanto funções burocráticas e administrativas são assumidas, em geral, por pesquisadores mais graduados que acabam, ao longo de suas carreiras, afastando-se de atividades científicas como a investigação empírica e a formação de outros pesquisadores (cf. Bourdieu, 1984).[12]

Os cargos ligados à administração da ciência — que envolvem a busca por recursos, a formulação de estratégias de legitimação e institucionalização da atividade — tendem a ser ocupados por pesquisadores mais qualificados, portanto, em geral, em momentos mais avançados da carreira. Isso se deve ao fato de a estrutura

---

12 É interessante observar que o físico José Goldemberg, ex-reitor da USP e ex--ministro da Educação, explicita o fato de que a sua carreira dividiu-se em dois momentos claramente distintos: um primeiro, em que ele atuava enquanto pesquisador propriamente dito, e um segundo, no qual passou a atuar no processo de construção institucional da ciência. Segundo ele: "Trabalhei como físico nuclear nos primeiros 25 anos de minha carreira e tentei, até meados da década de 1970, não apenas compreender os avanços atuais na física, mas acrescentar-lhe alguma coisa fazendo experiências com elétrons de energia média. (...) Na segunda parte da minha carreira fui aos poucos sendo empurrado para cargos mais administrativos e comecei a entender o que a ciência — e particularmente a física — podem fazer pelas pessoas. Falando com franqueza, esses aspectos de meu trabalho não tinham para mim grande interesse durante minha primeira fase como físico nuclear, quando minha preocupação dominante era o entendimento dos fenômenos e não a sua aplicação" (Goldemberg, 1996, p. 109-110).

burocrática da ciência incorporar, ainda que de forma mediada, as regras internas de funcionamento da atividade científica baseadas no princípio do reconhecimento do mérito por pares/concorrentes,[13] o que tende a transferir poder a pesquisadores com carreiras já consolidadas (cf. Bourdieu, 1975, 2004a, 2004b; Ragouet, 2000).

Mas os pesquisadores do LNLS não são apenas predominantemente jovens, são também predominantemente homens. As diferenças de gênero são reconhecidamente importantes no âmbito da ciência brasileira (cf. Schwartzman & Balbachevsky, 1997, p. 14). Nesse sentido, é quase "natural" que tal diferença se reflita, de alguma forma, no corpo de pesquisadores do LNLS. De fato, entre os pesquisadores *brasileiros* do LNLS, aproximadamente 34% são mulheres e 66% são homens. Entre os não brasileiros, essa diferença parece ser um pouco menor: aproximadamente 40% são mulheres e 60%, homens.

Diante desse quadro, é importante compreender se essa disparidade é específica do LNLS ou se mimetiza uma desigualdade das próprias áreas de pesquisa em que seus pesquisadores atuam. Segundo dados do Diretório dos Grupos de Pesquisa do CNPq,[14] a ciência brasileira é marcada, atualmente, por um predomínio feminino: 56% dos pesquisadores cadastrados no CNPq são mulheres. Essa distribuição esconde, no entanto, uma significativa

---

13 Bourdieu explica: "Na troca científica, o cientista dá um 'contributo' que lhe é reconhecido por atos de reconhecimento público tais como, nomeadamente, a referência como citação das fontes do conhecimento utilizado. Significa que o capital científico é produto do reconhecimento dos concorrentes (...)" (Bourdieu, 2004a, p. 80).

14 "O Diretório dos Grupos de Pesquisa do CNPq reúne informações sobre os grupos de pesquisa em atividade no país (...) A última versão consolidada, de 2004, possui 375 instituições, 19.470 grupos de pesquisa cadastrados e 77.649 pesquisadores" (Rapini & Righi, 2006, p. 140-141).

variação entre as áreas de pesquisa. Assim, na engenharia, por exemplo, a porcentagem de mulheres é de apenas 27%, enquanto em linguística, letras e artes elas formam 67% do universo de pesquisadores, conforme mostra a Tabela 10, que apresenta o percentual de homens e mulheres em cada uma das grandes áreas de pesquisa.

Tabela 10
Pesquisadores cadastrados
no Diretório dos Grupos do CNPq
por grande área de atuação e sexo, 2008 (%)

Área	Homens	Mulheres
Engenharias	72,65	27,35
Ciências exatas e da terra	66,21	33,79
Ciências agrárias	62,11	37,89
Ciências sociais aplicadas	52,28	47,72
Ciências biológicas	46,68	53,32
Ciências humanas	40,71	59,29
Ciências da saúde	39,58	60,42
Linguística, letras e artes	33,51	66,49

Fonte: Diretório dos Grupos do CNPq. Elaboração própria.

Assim, a desigualdade de gênero nas áreas de concentração da pesquisa do LNLS é visível nos dados do Diretório dos Grupos de Pesquisa do CNPq, a base que comporta as informações mais completas sobre o universo de pesquisadores brasileiros.

A constatação de que as áreas de pesquisa apresentam desigualdade de gênero que sugere a existência de uma divisão sexual do trabalho no interior da ciência brasileira não elimina, no entanto, a pergunta sobre qual a origem dessa desigualdade: ela se origina na escolha do curso de graduação, ou relaciona-se, de alguma forma, à desigualdade no acesso à carreira de pesquisa no interior de cada área? Os dados da Fuvest 2008[15] dão uma clara noção do que acontece quanto ao perfil dos ingressantes por curso na USP. Em 2008, 36,6% dos ingressantes na carreira de bacharelado e licenciatura em química eram mulheres, enquanto 63,4% eram homens. No caso da física, apenas 21,2% dos ingressantes na carreira agregada de física, geofísica, astronomia, matemática e estatística eram mulheres. Para a grande área de exatas, a diferença persiste: 72,3% dos ingressantes eram homens e apenas 27,6% eram mulheres. Embora não possam ser universalizados para o Brasil todo, esses dados indicam que, na verdade, parte da diferença de gênero encontrada entre os pesquisadores brasileiros define-se desde a entrada na graduação, ou mesmo antes, no momento da escolha do curso.[16]

Essa desigualdade importa, dentre outros motivos, porque é nas áreas em que as mulheres são menos presentes que parece se concentrar o poder político da ciência. Embora os dados do CNPq apontem um predomínio de mulheres no universo de pesquisadores brasileiros, a participação feminina no controle e administração da ciência ainda é muito pequena. Considerando a pesquisa sobre o processo de institucionalização do LNLS e a história dos padrões de negociação e legitimação da ciência apresentadas nos capítulos 2 e 3, é notável que nenhum dos atores mencionados seja uma mulher, o que permite afirmar que a construção

---

15 Dados disponíveis em: <www.fuvest.br>. Acesso em: 22 out. 2008.
16 Os dados da Fuvest mostram que a desigualdade entre homens e mulheres nos cursos citados acima já pode ser observada entre os inscritos no vestibular, o que indica que as mulheres "optam", desde o início, por carreiras ligadas às áreas de humanas e biológicas. A opção, como se sabe, é ela mesma determinada por processos de socialização que repõem desigualdades.

institucional da ciência no Brasil é, em larga medida, uma tarefa masculina.

1.5 Conclusão

O conjunto dos dados apresentados até aqui permite definir o perfil geral dos pesquisadores do LNLS: eles são jovens pesquisadores, na sua maioria homens, com alto nível de qualificação profissional, realizando pesquisas em áreas de ponta, sediados nas grandes universidades públicas do país, localizadas principalmente na Região Sul e na Região Sudeste do país. Isso significa, em outras palavras, que a amostra formada por esses pesquisadores corresponde à elite dos pesquisadores atuantes no regime disciplinar/estatal de produção e distribuição de conhecimento, em áreas consideradas estratégicas como a nanociência e nanotecnologia.

Então, ao analisar a atividade científica brasileira da perspectiva da formação de pesquisadores e das práticas de comercialização de pesquisa, é preciso ter em mente que é a partir desses pesquisadores que se fala, e essa restrição resulta, ao mesmo tempo, na força e na fraqueza das conclusões apresentadas a seguir. A fraqueza advém do fato de que essa amostra não representa, naturalmente, o universo dos pesquisadores brasileiros que atuam no regime disciplinar/estatal de produção e difusão de conhecimento. Por outro lado, trata-se claramente de uma "elite" dos que atuam sob esse regime: pesquisadores extremamente qualificados que atuam nas grandes instituições de pesquisa do centro do sistema científico do país e em áreas que estão, atualmente, no topo das prioridades nacionais por liderarem, ao menos em tese, as possibilidades de geração de novas tecnologias.

2 A FORMAÇÃO DE CIENTISTAS NO BRASIL: O CASO DOS PESQUISADORES DO LNLS

Para a sociologia da ciência tradicional — sobretudo a de inspiração diferenciacionista — o processo de formação de novos cientistas é considerado um momento fundamental da constituição da ciência enquanto um subsistema social dotado de relativa autonomia e regras próprias de funcionamento. É ao longo do seu processo de formação que os cientistas incorporam a tradição científica, socializando-se no *éthos* da sua "comunidade" de pesquisa. Como descreve Ben-David, a instrução prolongada é a chave para a constituição da ciência enquanto comunidade fechada:

(...) os cientistas de um campo específico formam uma comunidade fechada, pesquisam uma amplitude bem definida de problemas, com métodos e instrumentos bem adaptados à tarefa. Sua definição dos problemas e seus métodos de pesquisa derivam de uma tradição profissional de teorias, técnicas e habilidades. E estas são adquiridas através da instrução prolongada que inclui, na realidade, se não em princípio, certa doutrinação. (...) uma das consequências disso é que a ciência fica isolada da influência social externa, pois o que os cientistas consideram como problema e as maneiras pelas quais os enfrentam são determinados por sua tradição específica. (...) Os cientistas mais jovens são socializados na ciência; os cientistas mais maduros sustentam e transmitem essa tradição à geração seguinte (Ben-David, 1974, p. 15).

Mas mesmo para os sociólogos que não baseiam suas análises na noção de "comunidade científica"[17] o processo de formação

---

17 Bourdieu critica duramente a tradição estrutural-funcionalista da ciência — que encontra em Merton o seu representante mais forte. Segundo ele: "Esta visão,

adquire uma dimensão central. Para Bourdieu, por exemplo, a construção histórica da autonomia da ciência, enquanto campo social que retira de si mesmo a sua própria normatividade, fundamenta-se no controle restrito de uma tradição teórica e de um conjunto de práticas de investigação que permitem a comunicação em um nível determinado de abstração e complexidade. Nesse sentido, uma das características que distingue o campo científico de outros campos é o fato de que seus requisitos de admissão são adquiridos por meio de um longo processo de formação, que assegura aos novos cientistas o domínio da linguagem específica da ciência — formada por conceitos, no caso das ciências humanas, e por fórmulas matemáticas, no caso das ciências exatas e naturais. Segundo o autor:

> A autonomia não é um dado, mas uma conquista histórica, sempre renovada. (...) Entre os fatores desse processo, um dos mais importantes (...) é a matematização. Yves Gingras, em um artigo intitulado "Mathématisation et exclusion, socioanalyse de la formation des cités savants", mostra que a matematização está na origem de vários fenômenos convergentes que tendem a reforçar a autonomia do mundo científico e, em particular, da física (...) A matematização produz, em primeiro lugar, um efeito de exclusão do campo da troca de ideias (...) com Newton (...)

---

tipicamente estruturo-funcionalista, inscreve-se na noção de 'reward system', tal como é definida por Merton: 'a instituição científica dotou-se de um sistema de recompensas concebido com a finalidade de atribuir reconhecimento e apreço aos investigadores que melhor desempenharam os seus papéis, aos que deram contributos autenticamente originais para o sortimento comum do conhecimento' (...) o fato de substituir 'reconhecimento' por capital simbólico não é uma simples mudança de léxico mais ou menos gratuita ou inspirada pela simples busca por originalidade, mas implica uma visão diferente do mundo científico: o estruturo--funcionalismo pensa o mundo científico como uma 'comunidade' que se dotou com — ou desenvolveu — instituições justas e legítimas de regulação e onde não há lutas (...)" (2004a, p. 23-24).

a matematização da física tende progressivamente, a partir do século XVII, a instaurar um profundo fosso entre os profissionais e os amadores, aã separar os *insiders* e os *outsiders* (Bourdieu, 2004a, p. 70-71).

O processo de formação de cientistas também é uma dimensão central para Terry Shinn, em sua análise sobre a formação e a reprodução dos regimes de produção e distribuição do conhecimento científico. Em um artigo em que destaca a relação entre a estrutura organizacional de laboratórios privados e a sua área de pesquisa, o autor mostrou a importância crucial da formação básica dos pesquisadores — entenda-se, sua disciplina de origem — na propensão dos pesquisadores para determinado modo de organização do trabalho, que inclui formas específicas de autoridade, de hierarquia institucional, de organização do tempo e de redes internas de comunicação (cf. Shinn, 1980). Assim, segundo o autor, o processo de formação ou socialização dos pesquisadores em diferentes disciplinas ajuda a explicar por que a estrutura dos laboratórios privados difere de forma tão significativa, segundo o conteúdo do conhecimento que mobiliza e as áreas engajadas nas atividades de P&D. Para Shinn, é ao longo do seu processo de formação que os pesquisadores são preparados, indiretamente, para atuar em uma estrutura específica de produção do conhecimento (Shinn, 1980, p. 25), conclusão que tem especial importância para a análise das transformações do regime disciplinar.

A menção a esses três autores mostra o quanto o processo de formação de novos pesquisadores é uma dimensão central do estudo sociológico da ciência. Por ser uma atividade profissional bastante complexa, a ciência pressupõe um longo período de formação que começa em uma sólida formação básica, passa por um ensino superior relativamente longo, terminando em vários anos de pós-graduação. No caso brasileiro, as enormes desigualdades sociais refletem-se diretamente em desigualdades educacionais, o que torna a profissão científica quase que necessariamente uma profissão elitista. Mas reconhecer o caráter elitista da profissão não basta. A compreensão do processo de formação de cientistas no Brasil — incluindo dimensões como os determinantes da escolha da profissão, as barreiras de acesso a ela, as formas de socialização dos pesquisadores, os espaços em que eles aprendem as práticas e os valores científicos, a criação e validação de mecanismos específicos de recompensa e reconhecimento, os padrões de ascensão na carreira etc. — permanece um campo de pesquisa ainda em aberto, assim como o estudo do modo pelo qual o processo de formação de pesquisadores contribui para constituir ou modificar o regime disciplinar/estatal de produção e difusão do conhecimento.

As análises que se seguem dizem respeito aos padrões de formação dos pesquisadores externos do LNLS, tomando como base os dados do nosso questionário. O objetivo é descrever, em termos gerais, alguns padrões de formação de um grupo de cientistas brasileiros com foco específico sobre o tempo de formação, o tipo de instituição em que estudam e onde elas se localizam. O intuito é analisar três tendências gerais: a aceleração e antecipação do processo de formação de pesquisadores no Brasil, o padrão de internacionalização da formação de pesquisadores brasileiros e a mobilidade centrípeta dos pesquisadores em período de formação.

2.1 Aceleração e antecipação do processo de formação de pesquisadores no Brasil

O tempo de formação de um pesquisador corresponde ao período que se estende do início do mestrado ao final do doutorado, ou seja, a pós-graduação propriamente dita.[18] Considerando os pesquisadores do LNLS, é possível dizer que pelo menos metade deles (cerca de 47,2%) levou de 7 a 10 anos para realizar a pós--graduação.[19] A outra metade dos pesquisadores divide-se de forma mais ou menos igual entre dois extremos: os que levaram de 3 a 6 anos para se formar e os que levam mais de 10 anos para concluir a pós-graduação. Mas o dado propriamente relevante é o que sugere a existência de uma clara relação entre o tempo de formação dos pesquisadores do LNLS e a década de conclusão da sua graduação, como mostra a Tabela 11.

Tabela 11
Distribuição dos pesquisadores da amostra
por tempo de formação e década de conclusão da graduação (%)

Tempo de formação	1960	1970	1980	1990	2000	Total
De 1 a 6 anos	-	-	10,5	29,0	81,5	29,2
De 7 a 10 anos	16,7	55,6	47,4	68,4	18,5	47,2
Mais de 10 anos	83,3	44,4	42,1	2,6	-	23,6
Total	100,0	100,0	100,0	100,0	100,0	100,0

Fonte: Questionário Ciência e Tecnologia no Brasil. Elaboração própria.

Os pesquisadores que se graduaram na década de 1960 levaram, na maioria, mais de 10 anos para fazer o mestrado e o dou-

---

18 A exclusão do pós-doutorado deve-se, em um primeiro momento, ao fato de que não seria possível universalizar a mensuração do tempo para todos os pesquisadores, já que muitos não fizeram pós-doutorado.

19 O tempo médio de formação desses pesquisadores é de 8,8 anos.

torado, enquanto, no extremo oposto, os que se formaram na década de 2000 levaram, em geral, menos de 6 anos entre o início do mestrado e o fim do doutorado. A tabela mostra claramente que entre esses pesquisadores existe uma mudança ao longo das últimas décadas no sentido de diminuição do tempo de formação dos pesquisadores. Considerando-se que a diminuição dos prazos de conclusão do mestrado e do doutorado é um fenômeno reconhecido em todo o país, é possível supor que esse movimento não se restringe ao LNLS, estendendo-se para toda a ciência brasileira, nas diferentes áreas de pesquisa.

Essa tendência — de aceleração do processo de formação de cientistas — explica-se, em parte, pela pressão realizada pelas agências públicas de financiamento e pela burocracia científica para que se reduzam os prazos de pós-graduação.[20]

---

[20] O Estado, por meio das agências de fomento, vem pressionando para que os programas de pós-graduação reduzam os seus prazos de conclusão de teses e dissertações. Esse movimento não é exclusivamente brasileiro, mas é um fenômeno de notável importância no país. Assim, a Capes (Coordenação de Aperfeiçoamento de Pessoal de Nível Superior), por meio do seu Sistema de Avaliação dos Programas de Pós-Graduação (<http://www.capes.gov.br/avaliacao/avaliacao-da-pos-graduacao>), estabeleceu os famosos "critérios Capes", dentre os quais destaca-se o tempo médio de formação dos alunos por programa de pós-graduação. Ou seja, quanto menor o tempo de formação dos pós-graduandos do programa, mais pontos isso reverte para a avaliação final. Como a avaliação da Capes significa formas especiais de financiamento, particularmente dos chamados "programas de excelência" avaliados com notas 6 e 7 (que recebem a chamada verba PROEX), o estabelecimento do tempo médio de formação como critério de avaliação originou uma verdadeira corrida entre os programas de pós-graduação do país, que foram limitando internamente os seus prazos, gerando o efeito que se observa na amostra dos pesquisadores do LNLS. Paralelamente, as universidades foram internalizando essa mudança, incorporando nos regimentos internos a redução de prazos. A USP, por exemplo, aprovou em outubro de 2008 um Novo Regimento de Pós-Graduação em que reduz o tempo regimental da qualificação e do depósito de dissertações e teses. As principais alterações promovidas pelo Novo Regimento de Pós-Graduação da USP estão disponíveis em <http://www.usp.br/

É possível supor que, por trás desse movimento, está o intuito de aumentar a eficiência do gasto público em ciência e tecnologia, aumentando a relação entre investimento e retorno, medido também pelo número de doutores formados nas instituições financiadas pelo Estado. Ou ainda, é uma maneira de melhorar os indicadores nacionais como, aliás, vem acontecendo no caso da Europa, em que o processo de Bolonha resultou, no limite, na aceleração do processo de formação, melhorando a posição dos países europeus nas classificações realizadas pela OCDE (cf. Gingras & Gemme, 2006; Milot, 2003).

Outro aspecto importante relacionado à compressão dos prazos é a valorização do treinamento do pesquisador para produzir resultados de pesquisa em períodos mais curtos de tempo, o que comporia um dos elementos do seu treinamento para atuar no regime utilitário de produção do conhecimento (cf. Gingras & Gemme, 2006, p. 54). Ambas as tendências são incorporadas — ou mesmo promovidas diretamente — pelas instituições de ensino e pesquisa do regime público como uma forma de legitimação social: formam-se mais doutores, em menos tempo e com menos investimentos públicos para funções sociais mais diversificadas.

Um dos principais instrumentos para a aceleração da pós--graduação no Brasil é o chamado "doutorado direto": cerca de 12,3% dos pesquisadores do LNLS mobilizaram o expediente para ir direto para o doutorado, sem concluir o mestrado. Mas o dado relevante, de novo, é a relação entre o percentual de "doutorados diretos" e a década de formação dos pesquisadores. Na verdade, o "doutorado direto" era um fenômeno muito comum até a década de 1970, quando o Brasil não tinha, ainda, um sistema nacional de pós-graduação estruturado, o que obrigava os pesquisadores

---

prpg/pt/apresentacoes/alteracaoRPG_031008.pdf>. Em 2012, nova mudança foi proposta na USP com uma sugestão ainda maior de redução de prazos, por exemplo, no exame de qualificação.

brasileiros, já contratados como docentes no ensino superior, a fazer o doutorado fora do país, muitas vezes sem realizar o mestrado (cf. Brasil, 2004b). Mas o interessante é que esse expediente, aparentemente típico de um contexto em que a pós-graduação no país era precarizada, reaparece com força na década de 2000, quando o sistema nacional de pós-graduação, plenamente consolidado, passa por uma forte expansão.

Tabela 12
Distribuição dos pesquisadores doutores
de acordo com a década de conclusão do doutorado (%)

Década de conclusão do doutorado	Percentual dos que fizeram doutorado direto entre os que concluíram o doutorado nessa década
1970	50%
1980	-
1990	7%
2000	24%

Fonte: Questionário Ciência e Tecnologia no Brasil. Elaboração própria.

No entanto, dois processos diversos ressignificam o sentido da aceleração caracterizada acima: por um lado, a antecipação do processo de formação de pesquisadores pela expansão da chamada "iniciação científica" e o prolongamento da pós-graduação através da realização de um ou mais pós-doutorados.

Do ponto de vista da antecipação do processo de formação de pesquisadores, é preciso considerar que a iniciação científica parece ter se tornado uma etapa tão obrigatória na formação de cientistas quanto a pós-graduação. Dentre os pesquisadores do LNLS, 74% fizeram iniciação científica. Embora não possa ser universalizado para o conjunto dos pesquisadores brasileiros, esse percentual indica a importância dessa etapa na formação de pesquisadores especializados.

Ainda sobre a dinâmica da iniciação científica, é possível dizer que ela parece ser um fenômeno típico das universidades públicas brasileiras, particularmente das universidades estaduais (paulistas), como vemos na Tabela 13:

Tabela 13
Distribuição dos pesquisadores da amostra
de acordo com o tipo de instituição de origem
e a realização ou não de iniciação científica (%)

	Universidade			
	Federal	Estadual	Privada	Estrangeira
Fez IC	73,4	86,1	38,9	54,5
Não fez IC	25,7	13,9	45,5	25,4
Total	100,0	100,0	100,0	100,0

Fonte: Questionário Ciência e Tecnologia no Brasil. Elaboração própria.

Outro aspecto interessante é o fato de que, ao contrário do doutorado direto, a iniciação científica parece ter uma clara relação com o curso de graduação realizado, como mostra a Tabela 14.

Assim, parece que cursos como os de física, química e ciências biológicas têm um percentual mais alto de alunos que fizeram iniciação científica do que cursos como a engenharia, as ciências agrárias e os "outros".[21] Diante desse quadro, é possível formular

---

21 Os "outros" cursos são: matemática; ciência da computação; odontologia; enfermagem; tecnologia de processos; graduação em ciências; materiais, processos e componentes eletrônicos; e economia doméstica.

a hipótese de que a iniciação científica é mais importante nos cursos mais voltados para a formação de pesquisadores, ou seja, cursos voltados para a formação científica, do que naqueles que formam, também, profissionais para atuar fora do sistema de pesquisa — os cursos ditos "profissionais" —, como é o caso das engenharias e das ciências agrárias.

Tabela 14
Distribuição dos pesquisadores da amostra
por área de formação
e a realização ou não de iniciação científica (%)

	Fez IC	Não fez IC	Total
Farmácia/bioquímica	75,0	25,0	100,0
Química	79,1	20,3	100,0
Física	81,2	18,8	100,0
Engenharia	56,0	43,6	100,0
Ciências agrárias	50,0	50,0	100,0
Ciências biológicas	84,2	15,8	100,0
Outros	57,1	42,9	100,0

Fonte: Questionário Ciência e Tecnologia no Brasil. Elaboração própria.

Por fim, quando se considera os pesquisadores que fizeram iniciação científica segundo a década de conclusão da graduação, é possível notar que, no Brasil, a iniciação científica sempre foi um elemento importante no processo de formação de pesquisadores. No entanto, para os que concluíram a graduação a partir da década de 1990 ela parece ter se tornado uma etapa quase obrigatória, como vemos na Tabela 15.

Os dados sugerem, portanto, que no mesmo momento em que o sistema de pesquisa acelerava a formação de pesquisadores —

através da redução do tempo de realização da pós-graduação e do recurso ao doutorado direto —, aumentava a importância da antecipação do início desse processo de formação, o que significa, dentre outras coisas, que eles escolhem a sua área de especialização também mais cedo.[22]

Tabela 15
Distribuição dos pesquisadores que fizeram iniciação científica em cada década de conclusão da graduação (%)

Década de conclusão da graduação	Percentual dos que fizeram iniciação científica entre os que concluíram a graduação nessa década
1960	66,4
1970	42,1
1980	56,1
1990	82,6
2000	82,8

Fonte: Questionário Ciência e Tecnologia no Brasil. Elaboração própria.

Significativamente, a década de 1990 marca uma inflexão, também, no que concerne à importância do pós-doutorado. Dentre os pesquisadores do LNLS, 90% fizeram pós-doutorado a partir da década de 1990, como mostra a Tabela 16.

Esses dados indicam claramente que à aceleração da formação de pesquisadores corresponde um prolongamento desse proces-

---

22 Os dados gerados por esta pesquisa mostram que, no geral, os pesquisadores do LNLS seguem investigando, na pós-graduação, o mesmo tema da sua iniciação científica, na maioria das vezes com o mesmo orientador.

so, ou seja, os pesquisadores realizam a pós-graduação em menos tempo mas, por outro lado, iniciam o seu processo de formação mais cedo, recorrendo à iniciação científica, e terminam mais tarde, realizando um ou mais pós-doutorados.

Tabela 16
Distribuição dos pesquisadores que realizaram pós-doutorado por década de realização (%)

Década de realização do pós-doutorado	Percentual
1970	2,2
1980	7,8
1990	31,1
2000	32,2
Em andamento	26,7
Total	100,0

Fonte: Questionário Ciência e Tecnologia no Brasil. Elaboração própria.

Assim, do ponto de vista do funcionamento do regime disciplinar brasileiro, o processo de formação de novos pesquisadores, no que concerne ao tempo total de duração, permaneceu inalterado, a despeito da redução generalizada dos prazos de mestrado e doutorado. Chega-se, portanto, a um novo resultado paradoxal: a tentativa de alteração do processo de formação do pesquisadores brasileiros, seja através da aceleração do tempo de formação, seja por meio do incentivo e valorização do doutorado direto, obteve um resultado final essencialmente conservado — a redução da pós-graduação termina compensada pela antecipação e o prolongamento dessa formação.

2.2 A INTERNACIONALIZAÇÃO DE PESQUISADORES BRASILEIROS: O CASO DOS PESQUISADORES DO LNLS

Uma dimensão essencial do estudo do processo de formação de pesquisadores é o grau de internacionalização da sua graduação e pós-graduação. Segundo Léa Velho:

> Desde a emergência da ciência moderna no período da revolução científica, a formação de pessoas para desempenhar atividades de investigação científica é feita por outros pesquisadores, através de uma relação do tipo "mestre/aprendiz". Tendo em vista que a competência dos pesquisadores qualificados, por uma série de razões, não é homogênea no mundo, o esforço de formação de pesquisadores de um dado país sempre contou, em alguma medida, com a *expertise* instalada em outros países (Velho, 2001, p. 607).

A passagem pelo exterior é importante tanto para a estratégia nacional de capacitação de pesquisadores segundo padrões internacionais quanto para a experiência individual de formação científica, dado o impacto que o contato com outras instituições e culturas científicas tem sobre a atuação dos pesquisadores no retorno ao país.[23] No capítulo anterior, ao analisar os fatores que

---

23 Essa dimensão é destacada por vários estudos sobre a internacionalização do processo de formação de pesquisadores. Segundo Léa Velho: "o fato de estarem em departamentos de primeira linha, interagirem com pesquisadores de alta reputação, terem recursos e infraestrutura superiores para fazerem suas pesquisas faz com que os doutorandos que passaram por esses ambientes institucionais tenham vantagens cognitivas e sociais. Uma vez colocados estrategicamente no sistema de estratificação na fase inicial de sua formação, suas possibilidades de sucesso na

determinam o engajamento individual com o processo de institucionalização da ciência, ficou explícito que a experiência de pesquisa no exterior é considerada, pelos entrevistados, como um dos elementos centrais para a reorientação da sua trajetória no sentido de um maior envolvimento com a construção institucional da ciência.

O Brasil vem alterando, desde os anos 1990, a sua política de internacionalização da pós-graduação.[24] A maior expressão disso é a substituição do doutorado pleno no exterior por outras opções como o doutorado parcial — mais conhecido como doutorado "sanduíche"[25] — e o pós-doutorado. O motivo dessa mudança pode ser interpretado como sendo mais ou menos o mesmo que orientou a redução dos prazos de pós-graduação: o aumento de eficiência do gasto governamental no regime disciplinar/estatal. Segundo Léa Velho:

> O argumento central dos defensores dessa política é que a bolsa de doutorado-sanduíche é mais barata, evita a possibilidade de permanência de doutores no exterior e os problemas de falta de adaptação no retorno. Ou seja, obtém-se mais ou menos as mes-

---

carreira tornam-se maiores, seja pelos contatos que fazem, seja pelas maiores oportunidades de aprendizagem, seja pelo modelo que incorporam. Parte desse modelo é a aquisição de hábitos de publicação, de trabalho em equipe, de colaboração com pesquisadores de diferentes países, de colaboração com o setor produtivo" (2001, p. 618).

24 Para uma análise sobre a mudança da política global de pós-graduação nos anos 1990, ver Arruda, 1999.

25 Segundo Léa Velho: "Desde a sua criação, o programa de doutorado-sanduíche no exterior tem ganho muitos adeptos e defensores tanto na comunidade científica, quanto entre os estudantes de doutorado e os técnicos das agências. Tanto é assim que a participação desse tipo de apoio no total de bolsas no exterior da Capes cresceu de 12% em 1996 para cerca de 20% em 2000, ao passo que o apoio ao doutorado pleno decresceu de 74% para 48% no mesmo período" (Velho, 2001, p. 621).

mas vantagens do doutorado pleno, com vantagens e a um custo menor (2001, p. 621).

A mudança da política de formação de pesquisadores no exterior reflete-se nos pesquisadores do LNLS conforme a Tabela 17, que expressa, por um lado, o declínio acentuado do percentual de doutorados plenos no exterior na década de 2000 e, por outro, o surgimento da figura do doutorado parcial — parte no Brasil, parte no exterior —, que praticamente não existia até a década de 1990.

Tabela 17
Distribuição da amostra segundo o local de realização
do doutorado e a década de sua conclusão (%)

Década de conclusão do doutorado	Brasil	Exterior	Brasil e exterior	Total
1970	66,7	33,3	-	100,0
1980	64,7	35,3	-	100,0
1990	67,4	32,6	-	100,0
2000	92,1	3,2	4,8	100,0
Em andamento	94,0	-	6,0	100,0

Fonte: Questionário Ciência e Tecnologia no Brasil. Elaboração própria.

Outro fenômeno que indica a relativa diminuição do grau de internacionalização da formação dos pesquisadores no Brasil é o aumento, entre os pesquisadores do LNLS, do percentual de pós--doutorados realizados no Brasil. Dentre os pós-doutorados concluídos nas décadas de 1970 e 1980, nenhum foi realizado no Brasil, percentual que vai se elevando ao longo do tempo, de modo que, na década de 1990, aproximadamente 30% dos pós-doutorados realizados pelos pesquisadores do LNLS foram concluídos no Brasil e, na década de 2000, 55,2% dos pós-doutorados concluídos foram realizados no país. A diminuição da internacionalização e a consequente nacionalização da pós-graduação brasileira refletem-se na Tabela 18, que apresenta o percentual de pesquisadores, dentro do LNLS, que estiveram em instituições estrangeiras durante a pós-graduação (mestrado ao pós-doutorado) segundo a década de conclusão da graduação.

Tabela 18
Distribuição dos pesquisadores por década
de conclusão da graduação e quanto à realização ou não
de pós-graduação no exterior

	Década de conclusão da graduação			
	1970	1980	1990	2000
Esteve no exterior na pós-graduação	15	25	16	11
	78,9%	61,0%	34,8%	12,1%
Não esteve no exterior na pós-graduação	4	16	30	80
	21,1%	39,0%	65,2%	87,9%
Total	19	41	46	91
	100,0%	100,0%	100,0%	100,0%

Fonte: Questionário Ciência e Tecnologia no Brasil. Elaboração própria.

Pela tabela acima, houve uma nítida inversão do percentual de pesquisadores que se formaram fora do país nas últimas décadas: se, entre os que terminaram a graduação na década de 1970, 78,9% passaram por uma instituição internacional durante a pós-graduação, para os que se graduaram no ano 2000 esse percentual caiu para apenas 12,1%.[26] A estratégia brasileira de redução da internacionalização da formação de pesquisadores contrasta radicalmente com a escolha de outros países em desenvolvimento como a Coreia do Sul, a China e a Índia, que vinham incentivando radicalmente a internacionalização da sua pós-graduação, e mesmo com a de países desenvolvidos, como os Estados Unidos, a Inglaterra e a Alemanha, que, apesar de terem um sistema nacional de pesquisa e pós--graduação bastante consolidado, não deixaram de enviar pesquisadores para fora do país por reconhecerem, na internacionalização, uma fonte de excelência e dinamismo (cf. Velho, 2001, p. 608-610). Foi em parte por constatar essa disparidade que o governo federal procurou reverter essa tendência com o lançamento de programas específicos, particularmente o chamado Ciência Sem Fronteiras,[27] lançado em 2011. Ainda que uma ava-

---

[26] Segundo dados do CNPq, o total de bolsas para a realização da pós-graduação no exterior (incluindo o doutorado pleno, o doutorado sanduíche e o pós-doutorado) vinha caindo significativamente desde 1991, quando o órgão forneceu 2.843 bolsas. Em 1998, esse valor já era de 809 bolsas, chegando a 496 bolsas em 2007. Disponível em: <http://memoria.cnpq.br/estatisticas/bolsas/modalidade.htm>. Acesso em: 12 mar. 2013. Esses dados não incluem bolsas concedidas pela Capes.

[27] É notável que o programa Ciência Sem Fronteiras assume diretamente o discurso da inovação quando estabelece, como seu principal objetivo, "promover a consolidação, expansão e internacionalização da ciência e tecnologia, da inovação e da competitividade brasileira por meio do intercâmbio e da mobilidade internacional". Essa opção reflete-se diretamente nas áreas de pesquisa contempladas, voltadas estritamente para o desenvolvimento tecnológico. A exclusão das ciências humanas gerou polêmica e resultou em controvérsias judiciais, como a recente decisão do Ministério Público Federal de exigir a reincorporação de cursos de humanas excluídos do último edital do programa. Do ponto de vista quantitativo, a meta do programa até 2015 é oferecer 24.600 bolsas de doutorado sanduíche,

liação dos efeitos desse mecanismo político ainda não seja possível, é bastante provável que tenha havido um aumento da internacionalização da pós-graduação e, sobretudo, da graduação. Isso porque um dos principais objetivos do programa, que constitui, no mais, uma inovação no âmbito da política nacional de bolsas, é aumentar a mobilidade internacional de alunos na graduação, provavelmente um reflexo do processo de antecipação da formação de pesquisadores já mencionada anteriormente.

2.3 ENTRE A MARGEM E O CENTRO: O PROCESSO DE FORMAÇÃO DOS PESQUISADORES DO LNLS

Ao considerar os países que os pesquisadores do LNLS escolhem para realizar a sua pós-graduação, é possível constatar que os latino-americanos presentes na amostra encontram no Brasil uma alternativa para a sua formação, o que os faz vir ao país realizar seus estudos de pós-graduação. O contrário, no entanto, não ocorre: os pesquisadores brasileiros têm na Europa e nos Estados Unidos seu destino privilegiado, ao passo que os outros países latino-americanos permanecem completamente negligenciados.

Essa tendência, referente aos países de destino dos pesquisadores do LNLS durante a pós-graduação, sugere que o processo de formação científica é marcado por uma lógica centrípeta, pela qual os pesquisadores tendem a caminhar em direção ao centro do sistema de pesquisa, mesmo que esse centro varie de acordo com o ponto de partida.

Essa lógica centrípeta se reproduz no interior do sistema nacional de pesquisa, em que os pesquisadores das diferentes re-

---

9.790 bolsas de doutorado pleno, 11.560 bolsas de pós-doutorado e 27.100 bolsas de graduação sanduíche. Disponível em: <http://www.cienciasemfronteiras.gov.br/web/csf/metas>. Acesso em: 12 mar. 2013.

giões do país tendem a migrar para o Sudeste, particularmente para as universidades estaduais paulistas, que são o núcleo duro do regime disciplinar/estatal brasileiro do ponto de vista de quantidade e qualificação de pesquisadores, de número de programas de pós-graduação, de infraestrutura e resultados de pesquisa e de investimento (cf. Schwartzman & Balbachevsky, 1997; Silva, 2000; Albuquerque et al., 2002; Rapini & Righi, 2006; Kannebley & Selan, 2007).

Assim, ao analisar as regiões em que os pesquisadores do LNLS realizaram cada uma das etapas do seu processo de formação, é possível observar que à medida que avançam nesse processo, os pesquisadores optam por instituições localizadas na Região Sudeste. Estatisticamente, isso se expressa no fato de que, dentre os que fizeram graduação, 73% estudaram em instituições localizadas na Região Sudeste. No mestrado e doutorado, esse percentual sobe para 81% e 89%, respectivamente. Mas é no pós-doutorado que a concentração atinge o ápice: 100% dos que realizaram pós-doutorados no Brasil o fizeram em instituições do Sudeste.

Essa lógica centrípeta é igualmente visível quando se analisa a dispersão estadual. Os pesquisadores, ao longo do seu processo de formação, vão migrando progressivamente para instituições localizadas no estado de São Paulo: se 46% dos graduados estudou em instituições paulistas, esse percentual sobe para 58% no mestrado, 66% no doutorado, até chegar a 80% no pós-doutorado. A importância de São Paulo como centro do sistema nacional de pesquisa é amplamente conhecida. De 1988 a 1996, o estado foi responsável, sozinho, por 53,7% das patentes depositadas no país e por 46,8% dos artigos científicos publicados, e, no começo da década anterior, concentrava 32,3% dos pesquisadores em atividade no Brasil (cf. Albuquerque et al., 2002, p. 231). É importante notar, de novo, que esse predomínio do estado de São Paulo tem diminuído ao longo dos anos. Segundo dados do Diretório dos Grupos do CNPq, o estado de São Paulo concentrava, em 1993, 44,4% dos grupos de pesquisa do país, percentual que cai para 27% em 2006 e 23,1% em 2010.

Os dados sobre o movimento realizado pelos pesquisadores do LNLS ao longo da sua formação apontam, ainda, que as universidades estaduais vão crescendo em importância ao longo das diferentes etapas da formação de pesquisadores. Assim, se a maior parte das graduações é feita em universidades federais, a partir do mestrado já são as universidades estaduais[28] as mais procuradas, responsáveis por 45% dos mestrados e 48% dos doutorados. As estaduais só perdem para as instituições estrangeiras no pós--doutorado, quando 36% dos pós-doutorados são feitos em universidades estaduais e 46% em instituições estrangeiras. Esses dados sugerem um padrão de deslocamento institucional segundo o qual se vai das universidades federais para as estaduais e delas para as instituições estrangeiras.

Por fim, considerando os pesquisadores que estiveram fora do país ao longo da pós-graduação, é possível notar que os que fizeram a graduação em universidades estaduais têm uma tendência maior para estudar no exterior: dentre os formados em universidades estaduais, 40,5% foram para o exterior em algum momento da pós-graduação. Entre os formados em instituições federais, 34,3% passaram posteriormente por alguma instituição estrangeira. Como esperado, o menor índice de internacionalização está entre os que estudaram em universidades privadas, dos quais apenas 11,1% estiveram em instituições fora do país.

Esses dados sugerem a existência de uma escala de propensão à internacionalização da pós-graduação segundo o caráter das

---

28 Considerando apenas as universidades estaduais, nota-se que 82% dos que fizeram graduação nessas universidades o fizeram em estaduais paulistas, ao passo que, já no doutorado, esse percentual sobe para 98%, o que ilustra, mais uma vez, a tendência centrípeta que se acentua ao longo do processo de formação de pesquisadores.

universidades de origem. Essa "escala" é composta das universidades estaduais, seguidas das federais e privadas, cujos alunos de graduação têm uma tendência bem menor à internacionalização do que os que ingressam em universidades públicas. Desse modo, parece claro que o ponto a partir do qual o pesquisador inicia a sua trajetória de formação interfere no lugar a que ele pode chegar na hierarquia do sistema científico nacional e internacional. Em outras palavras, se um pesquisador parte de uma universidade estadual — notadamente uma estadual paulista —, existe uma propensão maior de que ele chegue "mais longe" na hierarquia do sistema de pesquisa, realizando parte da sua formação em universidades europeias e norte-americanas. Se, por outro lado, ele inicia a sua trajetória em uma universidade privada, a tendência é que ele realize a sua pós-graduação antes em uma universidade pública no país do que em uma instituição estrangeira — os dados mostram que 83,4% dos que fizeram graduação em instituições privadas de ensino fizeram doutorado em instituições públicas, ao passo que apenas 8,3% passaram, em algum momento da sua formação, por instituições estrangeiras.

Essa suposição é ainda mais explícita quando se individualiza a análise institucional. Assim, a chance de um pesquisador realizar parte da sua formação no exterior é maior para os que estudaram nas principais instituições universitárias do país — no caso dos pesquisadores do LNLS, USP, Unicamp, Unesp, UFRGS, UFMG, UFRJ, UNB e UFSCar — do que os que se formaram em quaisquer outras universidades do país. Isso significa que quem sai do centro do sistema brasileiro de pesquisa tem mais chance de estudar em instituições de excelência mundial do que os que partem das suas margens. É como se o centro do sistema de pesquisa, para eles, estivesse mais longe.

2.4 Conclusão

Os dados apresentados nesta segunda seção buscaram dar conta de três dimensões do processo de formação de pesquisadores no Brasil através dos pesquisadores do LNLS: o tempo de duração do seu processo de formação, o seu grau de internacionalização e o trajeto realizado, por eles, das margens ao centro do sistema de pesquisa.

A análise do tempo de formação mostrou que existe uma nítida tendência de diminuição do tempo médio de realização da pós-graduação, que se explica tanto por uma redução dos prazos institucionais quanto pelo aumento do "doutorado direto" a partir da década de 1990. A redução do tempo da pós-graduação é acompanhada, no entanto, por outros dois processos correlatos: por um lado, a antecipação do início da formação a partir da quase universalização da iniciação científica e, por outro, a extensão do período de formação pelo aumento do número de pós-doutorados. O resultado desses diferentes processos é essencialmente conservador: à aceleração da pós-graduação corresponde uma extensão do processo de formação dos pesquisadores no seu todo. Em outras palavras: aumentam-se as estatísticas de formação de pesquisadores — o regime disciplinar/estatal brasileiro titula mais doutores em menos tempo e, portanto, a um custo menor — sem que se altere, substancialmente, o tempo total da sua formação. Mas esses processos implicam, ainda, dois movimentos paradoxais: a antecipação da especialização profissional e o retardamento da profissionalização, enquanto estabilidade profissional e garantia dos direitos sociais ligados ao trabalho de pesquisa.

Do ponto de vista da internacionalização, os dados mostram que, até 2007, havia uma tendência de diminuição da passagem pelo exterior, tanto no doutorado quanto no pós-doutorado. O processo de intensificação da formação de pesquisadores no país refletia uma escolha política, expressa tanto na redução do número de bolsas de pesquisa no exterior quanto na mudança da ênfase dos programas de concessão de bolsas. A partir de 2007, no entanto, surgiram novos programas de incentivo à internacionalização de pesquisas, dos quais o mais relevante é o chamado Ciência Sem Fronteiras. Ao menos no nível do discurso, tais programas parecem estritamente associados a uma diretriz de incentivo à inovação, o que permite sugerir que o incremento do financiamento à formação de pesquisadores fora do país é um dos resultados benéficos da política de inovação para a consolidação do regime disciplinar, assentado na formação prolongada e especializada de pesquisadores.

Por fim, a análise do processo de formação dos pesquisadores, considerando o caráter, a região e o país das instituições, sugeriu a existência de uma lógica centrípeta pela qual se tende a caminhar, ao longo dos anos de formação, em direção ao centro do sistema de pesquisa. Esse centro, no entanto, é relativo e varia segundo o ponto de partida dos pesquisadores, que parecem percorrer uma trajetória dependente. Por trás dessa lógica centrípeta, e estruturando a sua direção, revela-se um sistema de pesquisa profundamente hierarquizado segundo padrões de funcionamento da ciência. É fácil perceber que quanto mais institucionalizada está a prática científica, mais alto é o lugar das instituições no interior da escala hierárquica da ciência.

Nesse sentido, o lugar privilegiado do estado de São Paulo no cenário científico nacional é explícito e deve-se, sobretudo, às condições de pesquisa proporcionadas pelas instituições estaduais, marcadas pelo predomínio da dedicação exclusiva em tempo integral e pela alta qualificação dos seus pesquisadores, o que fez com que Schwartzman e Balbachevsky caracterizassem-nas como o exemplo mais bem-acabado da profissionalização acadêmica no país (1997, p. 240).

Vale observar que a força de São Paulo no interior do sistema de pesquisa nacional relaciona-se diretamente ao sucesso do processo de institucionalização da ciência no estado, especialmente no que tange à autonomia e à estabilidade financeira do seu regime disciplinar/estatal, que se expressa claramente na regulamentação do artigo da Constituição Federal que determina a autonomia financeira, didática e administrativa das universidades públicas do país[29] e na constitucionalização do repasse destinado à Fapesp. Assim, desde 1990,[30] as universidades estaduais paulistas acrescentaram à sua autonomia didático-científica a autonomia administrativa e financeira quando conquistaram o direito a uma parte fixa da arrecadação do ICMS estadual,[31] o que lhes permitiu resistir à forte restrição orçamentária que atingiu as universidades federais do país ao longo da década de 1990. Tão ou mais importante do que a regulamentação da autonomia universitária das estaduais paulistas foi a determinação constitucional — entenda-se, independente de pressões políticas e variações de governos — do repasse de um por cento (1%) da arrecadação tributária do Estado para a sua Fundação de Amparo à Pesquisa (Fapesp) em 1989.[32] Essa conquista faz da Fapesp uma

---

29 A Constituição Federal determina no seu artigo 207: "As universidades gozam de autonomia didático-científica, administrativa e de gestão financeira e patrimonial, e obedecerão ao princípio de indissociabilidade entre ensino, pesquisa e extensão" (Brasil, 1988).

30 A regulamentação da autonomia foi conquistada pelas universidades estaduais paulistas depois de uma longa greve no final do governo Orestes Quércia (1987-1990).

31 Esse valor correspondia, inicialmente, a 8,4% do ICMS do estado, subiu para 9% em 1992 e para 9,57% em 1995. Esse percentual é votado anualmente pela Assembleia Legislativa do Estado de São Paulo, período em que, muito comumente, o corpo docente, discente e funcional dessas universidades entram em greve para exigir o aumento do repasse e a sua constitucionalização, que permanece uma das reivindicações mais importantes do movimento político universitário de São Paulo.

32 Fruto da mobilização de cientistas ligados à Faculdade de Filosofia, Ciências e

das instituições de incentivo à pesquisa mais bem-sucedidas do mundo.

O exemplo do estado de São Paulo e o lugar dominante que ocupa no interior do sistema nacional de pesquisa ilustram claramente a importância do processo de institucionalização da ciência tal como analisado no terceiro capítulo. Este processo significa tanto a constituição de fontes estáveis de financiamento quanto a garantia de condições de realização da atividade científica segundo padrões de autonomia, profissionalização e acesso à infraestrutura de pesquisa.

O processo de formação de pesquisadores no país vem sofrendo mudanças. Esta seção analisou pelo menos dois desses processos: a aceleração do tempo de formação e a redução da internacionalização da pós-graduação. No primeiro caso viu-se que, por trás da mudança anunciada, escondia-se um resultado essencialmente conservador: a aceleração da formação era completada, na verdade, por um prolongamento. No segundo caso, por sua vez, o lançamento de novos programas embasados e legitimados pelo discurso da inovação parece reverter, em parte, a tendência verificada até 2007 de redução do número de bolsas para a pós-graduação no exterior. Os dois exemplos demonstram que o processo de institucionalização da ciência no país tem sido bem-sucedido: em um deles é possível verificar a capacidade de adaptação do regime disciplinar na tentativa de preservar seus padrões tradicionais de funcionamento, no outro observa-se o sucesso do discurso da inovação como instrumento de legitimação do au-

---

Letras da USP nos anos 1940 e 1950, a Fapesp é, atualmente, uma das agências de fomento mais importantes do país. Seu sucesso advém da sua autonomia administrativa e financeira. A Constituição do Estado de São Paulo, de 1989, reconhece no seu artigo 271: "O Estado destinará o mínimo de um por cento de sua receita tributária à Fundação de Amparo à Pesquisa do Estado de São Paulo, como renda de sua privativa administração, para aplicação em desenvolvimento científico e tecnológico".

mento do financiamento à ciência, principalmente daquela realizada no regime disciplinar/estatal de pesquisa.

3 Práticas de pesquisa no Brasil: uma análise a partir dos pesquisadores do LNLS

Grande parte da literatura que analisa atualmente o desenvolvimento da ciência e a organização das práticas científicas aponta um aumento tendencial do engajamento direto de pesquisadores nos processos de mercantilização da ciência. Para essa literatura, o comprometimento de cientistas com a comercialização dos resultados de pesquisa aprofunda-se a tal ponto que a própria aplicação das pesquisas, antes atividade exógena, passa a ser incorporada como uma das funções essenciais das instituições científicas, particularmente das universidades, que redefinem nesses termos a sua chamada "função social". Esse processo assumiria um caráter tão radical que alteraria a própria definição da ciência como esfera dotada de alguma autonomia e organizada a partir de regras específicas (cf. Etzkowitz, 1998, 2002, 2003; Etzkowitz, Webster & Healey, 1998; Etzkowitz & Leydesdorff, 1997, 2000; Leydesdorff, 2000; Gibbons et al., 1994; Nowotny, Scott & Gibbons, 2001).

Esses estudos, no entanto, vêm sendo contestados por outros que apontam o sentido fortemente político das análises propostas: a descrição supostamente isenta da transformação do funcionamento da ciência seria, na verdade, uma carta de intenções que se apresentaria e legitimaria como "científica", realizando-se a partir da participação de seus propositores em governos, órgãos multilaterais e burocracias científicas. Não se trataria, no caso, de negar as tendências existentes no sentido de mercantilizar a ciência ou de promover novas formas de engajamento e realização da atividade, mas de reconhecer essa transformação como um processo histórico e social e esses autores e análises como atores e instrumentos desse processo (cf. Cohen *et al.*, 1998; Gingras & Gemme, 2006; Godin, 2004; Godin & Gingras, 2000; Jansen, 2002; Milot, 2003; Sharif, 2006; Shinn, 2002; Shinn & Marcovich, 2011; Ziman, 2000). Duas estratégias vêm sendo mobilizadas pela literatura para dialogar criticamente com essas teorias ditas "performativas": uma é reconstruir as relações e redes que sustentam e viabiliam a formulação e a realização das teorias performativas — quem financia as pesquisas, quais cargos esses pesquisadores assumem, onde publicam, quem os cita etc. —, outra busca realizar pesquisas empíricas a partir dos mesmos problemas postos por essas teorias — ou seja, as práticas de comercialização de pesquisas no regime disciplinar/estatal — para avaliar em que medida as mudanças que elas descrevem estão, de fato, ocorrendo, e em que sentido elas apontam.

É essa segunda estratégia que esta seção pretende perseguir através da análise das práticas de comercialização dos pesquisadores do LNLS. O objetivo é compreender, do ponto de vista das práticas desses pesquisadores, no que consiste a mudança do regime disciplinar/estatal brasileiro.

Nos capítulos anteriores mostrou-se que o Brasil vem incorporando, quase sem mediação, as mudanças promovidas inicialmente nos países centrais — em especial a ênfase na inovação — para alterar a dinâmica da aplicação econômica das pesquisas financiadas pelo Estado. Assim, a Nova Política de Ciência, Tecnologia e Inovação parte do pressuposto de que:

> Não basta [...] promover o desenvolvimento científico. Deve-se reconhecer que é limitada a capacidade, até agora demonstrada no País, em transformar os avanços do conhecimento em inovações traduzidas em efetivas conquistas econômicas e sociais. É necessário, portanto, difundir esse conhecimento e transformá-

-lo em fonte efetiva de desenvolvimento. É por intermédio da inovação que o avanço do conhecimento se socializa, e se materializa em bens e serviços para as pessoas (Brasil, 2002a, p. 26).

E, a partir desse diagnóstico, prioriza um conjunto de ações no sentido de "induzir e ampliar de forma significativa as parcerias entre o setor público e privado nos esforços de ciência, tecnologia e inovação", "fortalecer mecanismos de interação e cooperação da academia e da universidade", "criar novos mecanismos para facilitar a mobilidade dos pesquisadores entre empresas e instituições de pesquisa" e "aprimorar a propriedade intelectual" (Brasil, 2002a, p. 50).

Essa nova política foi, em grande medida, formulada, defendida e implementada por membros da "comunidade" científica ligados ao processo de institucionalização da ciência no Brasil, de modo que existe uma profunda correspondência entre as mudanças realizadas pela esfera governamental e a organização de algumas instituições de pesquisa como o LNLS e a Unicamp, que, muitas vezes, anteciparam, internamente, mudanças que só posteriormente ganhariam foro de "política nacional". O sentido dado a essas mudanças pelos cientistas engajados no processo de institucionalização da ciência é, como visto, ambíguo, ou seja, eram medidas que buscavam preservar o regime disciplinar/estatal, modificando-o como parte da estratégia de legitimar a ciência, atribuindo-lhe uma suposta "função social".

Ainda assim, essa estratégia de legitimação resultou em um novo projeto para a ciência nacional e implicou a criação, nos últimos anos, de todo um novo marco jurídico e institucional no sentido de incentivar e facilitar práticas de comercialização de pesquisas realizadas por instituições públicas. A partir disso, cabe investigar em que medida essa nova orientação jurídico-institucional encontra respaldo nas percepções e práticas concretas de pesquisadores diretamente envolvidos com pesquisa científica no país, no interior do regime disciplinar, alvo principal das mudanças.

Para tanto, esta última seção procura analisar cinco dimensões da atividade de pesquisa dos pesquisadores do LNLS: a sua experiência profissional no setor privado, o potencial de aplicação comercial e tecnológica das suas pesquisas, as relações de cooperação universidade-empresa de que participam, as cláusulas de confidencialidade e propriedade intelectual e o patenteamento de resultados de pesquisa.

3.1 Experiência profissional dos pesquisadores do LNLS no setor privado

Ao analisar o pertencimento institucional dos pesquisadores do LNLS, viu-se que apenas 3% atuam fora do regime disciplinar/estatal, seja em empresas, seja em universidades privadas. Essa constatação não impede, no entanto, que esses pesquisadores tenham tido, ao longo da sua trajetória, experiências de trabalho em empresas e laboratórios privados de pesquisa.

Uma das questões do questionário "Ciência e Tecnologia no Brasil" referia-se às experiências profissionais dos pesquisadores do LNLS fora das universidades e institutos públicos de pesquisa.[33] Ao todo, 74% disseram nunca ter trabalhado em empre-

---

33 Foi perguntado se o pesquisador havia trabalhado, em algum momento da sua trajetória, em empresa ou laboratório privado. Se a resposta fosse afirmativa, pedia-se para que ele (ou ela) indicasse em que empresas ou laboratórios havia trabalhado, qual função exerceu em cada um deles e como avaliava a experiência. Em caso de resposta negativa, indagava-se por quê. Com essas duas perguntas complementares esperava-se, de um lado, caracterizar, minimamente, onde e como se dá o trabalho científico em empresas e laboratórios privados entre esses pesquisadores e como eles avaliam essa experiência; de outro, entender quais as principais razões apontadas para não trabalhar fora de universidades e instituições públicas de pesquisa, o que permitiria acessar a percepção sobre o ambiente de trabalho no setor privado.

sa e/ou laboratório privado, enquanto 26% afirmaram ter tido alguma experiência profissional fora do sistema público de pesquisa, em empresa ou laboratório privado.

Na tentativa de entender melhor em que consistiu a experiência profissional dos pesquisadores do LNLS no setor privado, buscou-se analisar que tipo de função eles haviam exercido. As funções mencionadas foram agrupadas em cinco categorias:

Funções de pesquisa: agrega as funções de diretor científico; chefe de laboratório; pesquisador contratado; pesquisador responsável; coordenador e pesquisador de P&D de empresas.

Funções técnicas e/ou de engenharia: inclui as funções de engenharia de processo; controle de qualidade; auxiliar técnico; operador de processos; responsável técnico; técnico de métodos e processos; técnico de testes; analista químico; desenhista e projetista.

Funções docentes: agrega todas as funções docentes: professor de escolas técnicas, faculdades e universidades privadas.

Funções administrativas: inclui as funções de gerente, supervisor e auxiliar administrativo.

Outras: agrega as funções que não se encaixavam em nenhuma função relacionada, direta ou indiretamente, à pesquisa: bancário, ferroviário, recepcionista, *marketing*, entre outros.

A Tabela 19 a seguir apresenta as funções mencionadas e a sua incidência.

Os dados mostram que, dos poucos pesquisadores que passaram pelo setor privado — um quarto da amostra —, quase metade exerceu funções de caráter técnico e apenas 18% desenvolveram atividades ligadas especificamente à pesquisa. Como analisado anteriormente, parte da causa da baixa participação dos pesquisadores em atividades de pesquisa industrial é o padrão de atividades das empresas nacionais, que não investem em pesquisa e desenvolvimento e seguem mantendo um baixo potencial de inovação. Mas se o que explica estruturalmente a restrição da carreira de pesquisa ao setor público é o baixo dinamismo das empresas nacionais, na percepção individual dos pesquisadores do LNLS essa determinação aparece de forma mais complexa.

Tabela 19
Distribuição dos pesquisadores do LNLS
segundo a função realizada no setor privado (%)

Funções de pesquisa	18,0
Funções técnicas	46,0
Funções docentes	12,5
Funções administrativas	12,5
Outras	11,0
Total	100,0

Fonte: Questionário Ciência e Tecnologia no Brasil. Elaboração própria.

Nesse sentido, entender as razões que os pesquisadores do LNLS atribuem para o fato de não terem tido experiência profissional em empresas ou laboratórios privados mostra-se extremamente importante. As razões mencionadas pelos pesquisadores foram agrupadas da seguinte forma:

Opção/preferência pela pós-graduação ou pela carreira acadêmica: a maioria dos pesquisadores que não trabalharam em empresas privadas entende que não o fez por ter sido absorvida pela carreira acadêmica por escolha deliberada ou não. Outros, porque escolheram dedicar-se à formação profissional por meio da dedicação exclusiva à pós-graduação. São exemplos de resposta:

"[Não trabalhei em empresas...] principalmente porque, após me formar, entrei para a pós-graduação."
"Da graduação, segui direto para o mestrado e doutorado."
"Sempre tive vínculo empregatício com a universidade."
"Sou docente da universidade desde 1980."
"Desde a minha formação procurei atuar sempre em pesquisa acadêmica."
"Sempre busquei as universidades públicas, era meu objetivo, não tentei outras oportunidades."

Falta de espaço nas empresas: outra justificativa comumente mobilizada é a falta de espaço para pesquisadores em empresas privadas. São respostas tais como:
"Provavelmente pela baixa (ou nenhuma) oferta de trabalho para PhDs em empresas privadas."
"Falta de espaço para pesquisa e desenvolvimento nas empresas contatadas."
"Porque nunca contratam físicos em empresas privadas, apenas como professores."
"Não há absorção de físicos pelas empresas no país (o desenvolvimento tecnológico do país ainda é muito baixo), o que nos restringe exclusivamente a aulas e a atuar em instituições de pesquisa."

Condições de trabalho pouca atrativas: outras justificativas apontavam o fato de que as condições de trabalho oferecidas no setor ou não compensavam ou eram piores que as de outros espaços, como as universidades e institutos públicos.
"Não compensava [ir trabalhar em empresa privada]: o salário era muito baixo, melhor estudar."
"Surgiram oportunidades de pesquisa remunerada com bolsa (mestrado e doutorado) e achei de maior valor para a minha formação antes de procurar um emprego."

Falta de oportunidade: por fim, uma enorme quantidade de respostas se limitava à frase "Falta de oportunidade" e suas variações imediatas: "não tive oportunidade", "ainda não houve oportunidade", "não apareceu oportunidade" etc. A ideia de ausência de oportunidade guarda, porém, uma ambiguidade de difícil resolução, uma vez que não é possível saber se a ausência de oportunidade de trabalhar em empresas deveu-se à trajetória pessoal do pesquisador (por exemplo, ele sempre ter tido bolsa de dedicação exclusiva à pesquisa acadêmica, ou ele ainda não ter terminado a graduação, entre outros), ou à falta de oportunidades nas empresas. Em outras palavras, não é possível saber se o sentido da frase é: "havia espaço nas empresas mas eu, pessoalmente, não tive oportunidade"; ou se quer dizer: "eu estive disponível, mas faltou oportunidade para mim nas empresas". Muito provavelmente os dois sentidos estejam imbricados na resposta. Mas para além dessa confusão de sentido, e tentando avançar um pouco na análise desse padrão de resposta, é possível ler a mesma frase em outra chave: talvez o porquê de não ter trabalhado em empresas nunca tenha sido uma questão sobre a qual o pesquisador tenha se debruçado, de modo que a resposta mais imediata é simplesmente "não tive oportunidade". Ao mesmo tempo, tal resposta deixa implícito o fato de que não ter passado pelo setor privado não foi uma escolha pessoal, ou seja, não foi ocasionada por uma resistência do pesquisador que estaria disposto a trabalhar em uma empresa, caso essa oportunidade surgisse. A "tentação" de conduzir a análise por essa última vereda — que aponta para certa "desresponsabilização" pessoal — foi impulsionada por respostas curiosas, por exemplo: "Como assim, por quê?? Porque não! Porque não surgiu oportunidade!", ou outro que diz: "Nenhum motivo especial, poderia ter trabalhado diante de uma oportunidade de P&D&I". Ou, ainda, um pesquisador que afirma: "Não há uma resposta. Aconteceu assim: graduação, mestrado, doutorado, pós-doutorado com estágio no exterior e ingresso, por concurso público, em uma universidade federal".

A Tabela 20 mostra a distribuição dos pesquisadores segundo a justificativa mobilizada.

Tabela 20
Distribuição dos pesquisadores do LNLS
que não trabalharam no setor privado, por razão apresentada

Razão	Casos	Percentual
Opção pela pós-graduação ou pela carreira acadêmica	85	61,0%
Falta de espaço nas empresas privadas	18	13,0%
Condições de trabalho não eram atrativas	2	1,4%
Falta de oportunidade	29	21,0%
Outras	5	3,6%
Total	139	100,0%

Fonte: Questionário Ciência e Tecnologia no Brasil: os usuários externos do LNLS. Elaboração própria.

Assim, 61% não trabalharam em empresas privadas porque optaram por seguir exclusivamente a carreira e a formação acadêmica, 21% disseram apenas "não ter tido oportunidade", sem maiores explicações, enquanto 13% disseram não ter encontrado espaço nas empresas privadas. Apenas 1,4% afirmou que as condições de trabalho no setor privado não eram favoráveis e 3,6% deram outras respostas.

Por fim, o questionário "Ciência e Tecnologia no Brasil" apresentava uma série de afirmações, pedindo aos pesquisadores que indicassem o seu grau de concordância ou discordância. Uma dessas afirmações era a de que "A carreira científica não prepara para o mercado de trabalho". Dentre os pesquisadores do LNLS, 56,6% concordam parcial ou totalmente com essa afirmação e 46,4% discordam parcial ou totalmente dela. Mas o dado relevante é que os pesquisadores que já trabalharam em laboratórios ou empresas privadas tendem a discordar mais da afirmação do que aqueles que nunca trabalharam no setor. Portanto, na percepção da maioria dos pesquisadores que trabalharam em empresas privadas (62,2%), a experiência científica os preparou para o contexto do mercado de trabalho.

Mas atuar diretamente em empresas ou laboratórios privados, como pesquisador contratado, não é a única forma pela qual o cientista participa do desenvolvimento tecnológico do país. Outra possibilidade, fortemente incentivada pelos dispositivos da Lei da Inovação (Brasil, 2004a), é a participação dos cientistas no processo de aplicação comercial da ciência a partir das suas instituições de pesquisa, ou seja, o engajamento dos pesquisadores do regime disciplinar/estatal com o processo de comercialização e aplicação do conhecimento nas suas diferentes formas: parcerias com empresas privadas, patenteamento dos resultados de pesquisa, contratos de sigilo e confidencialidade, transferência de tecnologia, entre outras.

O engajamento dos pesquisadores com a comercialização das suas pesquisas ou mesmo a reorientação da agenda de pesquisa para temas com potencial de aplicação comercial constituiria, a princípio, um desvio do funcionamento do regime disciplinar, tal como caracterizado pela sociologia da ciência: um sistema baseado na ampla divulgação dos resultados de pesquisa por veículos e canais acadêmicos, na avaliação baseada em critérios científicos e realizada por pares, na escolha dos problemas de pesquisa segundo as prioridades disciplinares, e em um sistema de controle do trabalho e hierarquização dos pesquisadores baseado no reconhecimento do mérito de suas contribuições científicas.

As seções que seguem analisam o engajamento dos pesquisadores do LNLS em processos de comercialização de pesquisa a partir das suas instituições de origem.

3.2 O POTENCIAL DE APLICAÇÃO COMERCIAL E TECNOLÓGICA DAS PESQUISAS: A VISÃO DOS PESQUISADORES DO LNLS

Uma das questões exploradas pelo questionário "Ciência e Tecnologia no Brasil" referia-se ao potencial de aplicação tecnológica ou comercial das pesquisas desenvolvidas pelos usuários do LNLS.[34] Para 87,2% deles, suas pesquisas têm potencial de aplicação comercial ou tecnológica. Esse percentual aumenta à medida que se progride na carreira universitária: da graduação ao pós-doutorado existe uma tendência praticamente crescente de reconhecimento do potencial de aplicação comercial das pesquisas. Além disso, entre os pesquisadores profissionalizados esse percentual é maior do que entre aqueles em período de formação, e, entre os sediados em institutos e laboratórios públicos, maior do que entre os professores universitários. Entre esses, os que atuam em universidades estatuais, particularmente estaduais paulistas, a tendência a reconhecer o caráter comercial das pesquisas é levemente maior do que entre os que trabalham nas universidades federais.

A passagem por instituições estrangeiras durante o processo de formação também está relacionado a maior propensão em reconhecer o potencial comercial das pesquisas que realizam: entre os pesquisadores que estudaram no exterior durante a pós--graduação, 92,8% disseram que suas pesquisas têm potencial

---

34 A pergunta era a seguinte: *Na sua atual pesquisa (independentemente de ser ou não ligada à área de nanotecnologia e/ou nanociência), existe possibilidade de aplicação comercial ou tecnológica? Em quê?*

de aplicação comercial, enquanto para os que realizaram toda a pós-graduação no Brasil o percentual é de 85,2%.

Por fim, embora o padrão de resposta não varie significativamente segundo o curso de graduação realizado pelo pesquisador,[35] o fato de desenvolver pesquisas ligadas à área de nanociência ou nanotecnologia aumenta as chances de o pesquisador reconhecer que realiza uma pesquisa com potencial de aplicação comercial ou tecnológico: para os que desenvolvem pesquisas na área, 92,6% declaram que a pesquisa tem alguma aplicação, mesmo que potencial, enquanto para os que não realizam pesquisas em nano esse mesmo percentual é de 79,2%.

Na tentativa de explorar melhor em que áreas aplicam-se as pesquisas dos pesquisadores externos do LNLS, as descrições das aplicações potenciais foram separadas de acordo com as categorias abaixo:

Fármacos e medicamentos: corresponde às pesquisas cujos resultados podem ser aplicados no desenvolvimento de remédios, vacinas, melhoramento de drogas etc.
Componentes óptico-eletrônicos: inclui todas as pesquisas que têm desdobramentos na área de dispositivos eletrônicos ou microeletrônicos e/ou luminescentes como, por exemplo, semicondutores, sensores, nanocompósitos, dispositivos de emissão de luz (LEDs), *lasers*, *chips* etc.
Novos materiais: inclui o desenvolvimento ou melhoramento de materiais de aplicação em várias áreas. Alguns exemplos

---

35 Dentre os pesquisadores que fizeram graduação em química, 89% dizem realizar pesquisa com potencial de aplicação comercial ou tecnológica. Entre os que estudaram física, esse percentual é 84,4%. Entre os que fizeram engenharia, é de 88,9% por curso e os que estudaram ciências biológicas, esse percentual é 88,2%. Ou seja, não existe uma variação muito grande na distribuição dos pesquisadores que declaram desenvolver pesquisa com potencial comercial.

mencionados: materiais nanoestruturados, biomateriais, membranas seletivas, novas fibras, filmes finos, desenvolvimento de novas propriedades em materiais existentes etc.

Fontes alternativas de energia: engloba todas as pesquisas com desdobramentos nas áreas de células combustíveis e biocombustíveis.

Agricultura e alimentos: corresponde às pesquisas com aplicações na produção agrícola e de alimentos em geral. Incluem, por exemplo, o desenvolvimento de fitoterápicos, o melhoramento de plantas e alimentos, a produção de herbicidas e agroquímicos melhores e mais eficientes, entre outros.

Petroquímica: são as pesquisas nas áreas de produtos químicos e aplicações na extração e refinamento de petróleo, como, por exemplo, novos catalisadores, produtos para a análise química, soldas avançadas para dutos condutores de petróleo, entre outras.

Diagnóstico médico e biomedicina: trata-se das pesquisas com aplicações potenciais em técnicas e ferramentas de diagnóstico médico e dispositivos biomédicos, tais como novas técnicas de diagnóstico de câncer e outras doenças, ferramentas e instrumentos de visualização voltados para diagnóstico, implantes e ligas biomédicas, entre outras.

Cosméticos: corresponde a todas as pesquisas com desdobramentos na produção e melhoramento de produtos cosméticos.

Controle e preservação ambiental: são as pesquisas com aplicações em técnicas, ferramentas e dispositivos de controle e preservação do meio ambiente. Por exemplo, técnicas para despoluição de rios e afluentes, formas de tratamento de rejeitos tóxicos e efluentes industriais, desenvolvimento de polímeros biodegradáveis para embalagens industriais, entre outras.

Outras: são as áreas de aplicação que não têm recorrência, aparecendo apenas uma ou duas vezes como, por exemplo, aplicações na construção civil, na indústria aeronáutica e em telecomunicações, entre outras.

A Tabela 21 apresenta a distribuição dos pesquisadores que identificaram a área de aplicação comercial das pesquisas que desenvolvem segundo essas áreas de aplicação:

Tabela 21
Distribuição dos pesquisadores da amostra
por área de aplicação das suas pesquisas (%)

Componentes óptico-eletrônicos	23,5
Fármacos e medicamentos	18,2
Novos materiais	16,5
Diagnóstico médico/biomedicina	9,4
Fontes alternativas de energia	7,6
Agricultura e alimentos	5,9
Petroquímica	5,9
Controle ambiental	5,3
Cosméticos	1,8
Outras	4,7
Total	100,0

Fonte: Questionário Ciência e Tecnologia no Brasil. Elaboração própria. A tabela só inclui os dados sobre os que responderam à pergunta sobre qual a área de aplicação comercial da pesquisa. Ao todo, 170 pesquisadores.

É interessante observar que 67,6% das aplicações mencionadas referem-se a áreas nas quais o Brasil não tem um forte potencial industrial instalado: componentes óptico-eletrônicos, fármacos e medicamentos, novos materiais e instrumentos de diagnósticos médico/biomedicina. Segundo um estudo a partir de dados do Ipea (Kupfer & Rocha, 2005), considerando-se a balança comercial brasileira, o país é deficitário nas três indústrias relativas às áreas de pesquisa acima mencionadas:[36] indústria eletrônica, indústria de material elétrico e indústria química.[37] Além do Brasil não ter grande capacidade industrial instalada nessas áreas, o que o obriga a importar produtos, justificando o déficit na balança comercial, as indústrias instaladas no país não podem ser consideradas, segundo os dados do Ipea, empresas inovadoras: no ano de 2000, dentre o total de indústrias brasileiras da área de eletrônica, só 19,6% eram "empresas que inovavam e diferenciavam produtos"; dentre as indústrias químicas instaladas no país, só 6,8% foram classificadas nessa categoria, ao passo que, dentre as indústrias de materiais elétricos, só 10,4% eram inovadoras (cf. Kupfer & Rocha, 2005, p. 264).

Esses dados apontam para o fato de que, por ausência de parceiros econômicos, ou seja, empresas que investem em pesquisa, desenvolvimento e inovação nas áreas de atuação dos pesquisadores do LNLS, a aplicação comercial das pesquisas realizadas por eles tendem a permanecer apenas potencial. Isso significa que, mesmo que desenvolvam pesquisas que possam vir a ser comercializadas, os pesquisadores do sistema público brasileiro têm

---

36 Ou seja, componentes óptico-eletrônicos, fármacos e medicamentos e instrumentos de diagnóstico médico/biomedicina. A área de novos materiais, como se relaciona a vários setores, torna-se de difícil classificação segundo os critérios da Pesquisa Industrial Anual (PIA).

37 Segundo os critérios da PIA, a indústria eletrônica é responsável pela fabricação de instrumentos médico-hospitalares, instrumentos de precisão e ópticos, equipamentos para automação industrial, cronômetros e relógios, máquinas para escritórios, equipamentos de informática, material eletrônico e aparelhos e equipamentos de comunicação; a indústria de materiais elétricos é responsável pela fabricação de máquinas, aparelhos e materiais elétricos; enquanto a indústria química agrega a fabricação de produtos químicos (defensivos agrícolas, fibras e fios sintéticos, produtos farmacêuticos, resinas, produtos de limpeza, cosméticos e perfumaria).

dificuldade para encontrar parceiros comerciais para viabilizar comercialmente as suas aplicações. Os dados apresentados a seguir analisam justamente as parcerias estabelecidas por esses pesquisadores com empresas privadas, as chamadas relações academia-empresa.

3.3 Pesquisas em parceria com empresas entre os pesquisadores do LNLS

A comercialização das pesquisas realizadas no regime disciplinar depende diretamente do envolvimento de uma unidade produtiva capaz de absorver e introduzir esse conhecimento no mercado. Nesse sentido, um dos objetivos da Nova Política Nacional de Ciência, Tecnologia e Inovação, expresso na Lei da Inovação, é justamente aumentar a cooperação academia-empresa como um meio de incentivar a comercialização do conhecimento produzido pelas instituições públicas de pesquisa.

A comunicação entre a esfera da produção do conhecimento, representada pelas instituições públicas de ciência e tecnologia, e a esfera responsável por sua aplicação ou comercialização, representada pelas empresas, pode se dar por diversos canais. Alguns são indiretos, como o acesso das empresas aos resultados de pesquisas apresentados em publicações acadêmicas, congressos e outras formas de comunicação científica ou, ainda, a contratação de pesquisadores recém-formados capazes de levar às empresas conhecimento tácito e codificado. Outros canais, no entanto, são bem mais diretos, implicando intenso contato entre as esferas de produção e de comercialização do conhecimento. É o caso dos mecanismos incentivados pela Lei da Inovação, tais como as parcerias em projetos de pesquisa, os contratos de prestação de serviços, o licenciamento de propriedade intelectual ou, ainda, o engajamento direto de pesquisadores com a comercialização de pesquisa por meio da abertura de empresas de alta tecnologia.

Uma das perguntas do questionário aplicado aos pesquisadores do LNLS dizia respeito a uma dessas formas diretas de comunicação, as parcerias academia-empresa.[38] Assim, 65% dos pesquisadores do LNLS afirmam que, na sua pesquisa ou grupo de pesquisa, não existe qualquer tipo de contrato, convênio ou parceria com empresas privadas. Por outro lado, 34% afirmam que seu grupo de pesquisa mantém contratos ou parcerias, um valor, no entanto, bem abaixo do que os 87,2% que declaram desenvolver pesquisa com potencial de aplicação comercial. Por fim, 1% dos pesquisadores diz não saber se seus grupos de pesquisa mantêm relações com empresas.

Avançando um pouco na compreensão dessas relações academia-empresa, os pesquisadores que estabelecem contratos e parcerias foram distribuídos segundo diferentes dimensões da atividade científica, tais como a área de aplicação dos resultados, o curso de formação básica dos pesquisadores, o nível da carreira em que eles se encontram, o caráter das instituições em que atuam e a região do país em que trabalham.

Em primeiro lugar, da mesma forma que os pesquisadores profissionalizados declaram com mais frequência desenvolver pesquisa com potencial de aplicação comercial, eles também reconhecem que estabelecem, comparativamente, mais contratos com empresas: 36,6% dos pesquisadores profissionalizados dizem atuar em grupos ou pesquisas que mantêm parcerias ou contratos com empresas, enquanto, entre os pesquisadores em período de formação, esse percentual é de 31,9%. Mas a diferença mais significativa é entre diferentes tipos de instituição:

---

38 A pergunta era exatamente assim: *Nessa pesquisa — ou no seu grupo de pesquisa — existe algum tipo de contrato, convênio ou parceria com empresas?* Cujas possibilidades de resposta eram sim ou não. Em caso de resposta afirmativa, perguntava: *Qual? E, em linhas gerais, em que consiste? Existe algum contrato de confidencialidade e/ou cláusulas de patenteamento dos resultados de pesquisa?* Em caso de resposta negativa, pedia para o pesquisador indicar: *Por que não?*

entre os pesquisadores sediados em instituições públicas não universitárias (institutos ou laboratórios de pesquisa), a chance de atuar em grupos ou pesquisas que estabelecem contratos com empresas é muito maior do que entre os docentes universitários: entre os primeiros, 62% mantêm algum tipo de relação com empresas, enquanto entre os docentes universitários esse percentual é de apenas 30%. Isso significa, portanto, que os institutos e laboratórios públicos de pesquisa parecem ter mais facilidade para estabelecer contratos industriais do que as universidades.

Do ponto de vista regional, como era esperado, os pesquisadores da Região Sudeste estabelecem mais contratos com empresas do que os que atuam nas demais regiões do país: 36% dos pesquisadores que atuam na Região Sudeste mantêm contrato com empresas, contra 28,6% dos que atuam na Região Sul e 16% dos que atuam na Região Centro-Oeste. Dentre os pesquisadores do Norte e Nordeste, nenhum mantinha contrato com empresas. Esses dados que mostram o maior potencial de parceria instalado na Região Sudeste podem ser reflexo tanto da importância econômica da região quanto da maior capacidade de pesquisa instalada ou, muito provavelmente, da sinergia entre ambas. No entanto, quando se olha para os estados da Região Sudeste, vê-se que os pesquisadores de Minas Gerais estabelecem mais contratos com empresas do que os pesquisadores de São Paulo e do Rio de Janeiro (57,9% dos pesquisadores mineiros mantêm contratos com empresas, enquanto em São Paulo e no Rio de Janeiro esse percentual é de 34,2% e 30%, respectivamente). Considerando a Região Sul do país, os dados indicam que 50% dos pesquisadores do Paraná mantêm contrato com empresas, enquanto nenhum dos pesquisadores de Santa Catarina e do Rio Grande do Sul mantém esse tipo de parceria.

Esses dados sugerem que, considerando a relação academia-empresa, pode existir alguma diferença entre os estados brasileiros, fruto, talvez, de incentivos fiscais estaduais, de programas ou políticas públicas na área, de especificidades da economia regional ou, ainda, da dinâmica das próprias universidades localizadas nesses estados. Mas apesar de indicar a existência de possível diferença, os dados não permitem afirmar que essa diferença de fato exista. É preciso mais pesquisa para entender o que determina o estabelecimento de parcerias universidade--empresa.

Por fim, é preciso analisar se a área em que o pesquisador se formou influencia a possibilidade dele, ou do seu grupo, manter contrato ou parceria com empresas. Alguns estudos sobre o processo de comercialização de pesquisas acadêmicas têm insistido sobre a importância da disciplina de origem dos pesquisadores para a frequência e a forma como eles estabelecerem contratos e parcerias com empresas (cf. Shinn & Lamy, 2006a, 2006b; Shinn, 1980, 2008a, 2008b). Essas análises apontam, como foi dito, para o fato de que o treinamento original dos pesquisadores e a cultura disciplinar que eles incorporam determina a forma como eles lidam com o processo de comercialização das suas pesquisas.

Os dados produzidos por esta pesquisa sugerem que existe uma variação significativa da manutenção de contratos e parcerias com empresas segundo o curso de graduação realizado. Assim, os pesquisadores formados em farmácia e bioquímica são os que mais mantêm contratos com empresas (50% deles dizem manter contratos/parcerias com empresas), seguidos dos engenheiros (41,7% mantêm contratos/parcerias) e dos químicos (40,4% mantêm contrato/parceria). Os biólogos e os físicos são, por outro lado, os que menos mantêm contratos ou parcerias com empresas (27,8% e 21,9%, respectivamente, um percentual bem abaixo da média de 34%).

Uma questão de pesquisa que se abre a partir desses dados é entender por que existe uma variação tão grande entre os pesquisadores que mantêm contrato com empresas segundo o curso de graduação de origem. Em outras palavras, os pesquisadores formados em física e biologia mantêm menos contratos e parcerias com empresas porque a sua cultura disciplinar, incorporada ao longo do seu processo de formação, impõe resistências a essas práticas, ou porque essas são áreas que não encontram "compradores" potenciais entre as empresas brasileiras? Essa é uma pergunta que a presente pesquisa não tem condições de responder, apenas de formular.

Ainda sobre as disciplinas e áreas de pesquisa, convém observar que, entre os pesquisadores que dizem desenvolver trabalhos na área de nanociência ou nanotecnologia, 44,2% mantêm contratos ou parcerias com empresas, enquanto entre os que não trabalham na área apenas 18,2% mantêm relações com empresas, o que aponta para o fato de que existe algum tipo de afinidade entre os pesquisadores desenvolverem pesquisas em nano e o estabelecimento de contratos ou parcerias com empresas. Ainda nessa chave, a área de aplicação potencial das pesquisas realizadas também influencia na propensão a manter contratos e parcerias, conforme ilustrado na Tabela 22.

Os dados da tabela sugerem claramente que o estabelecimento de contratos e parcerias com empresas varia segundo a área de aplicação de pesquisa. Assim, 70% dos pesquisadores cujas pesquisas têm aplicações na área petroquímica mantêm contratos ou parcerias com empresas, percentual próximo daqueles que desenvolvem pesquisas com aplicações na indústria de cosméticos, dos quais 67% têm contratos com empresas. Dentre os pesquisadores que trabalham com fontes alternativas de energia e novos materiais, metade mantém contratos com empresas, percentual que é praticamente o dobro daquele observado para os pesquisadores cujas pesquisas têm aplicação na área de fármacos, medicamentos e instrumentos de diagnóstico médico.

Essa variação parece sugerir que a probabilidade de que um pesquisador estabeleça contratos ou parcerias com empresas — ou seja, que ele encontre um "parceiro" para comprar e comercializar a sua pesquisa — está diretamente relacionada ao setor industrial de aplicação da pesquisa, ou, mais especificamente, à existência de empresas com interesse e capacidade de investimento em pesquisa e desenvolvimento nessa área.

Tabela 22
Distribuição dos pesquisadores
que mantêm contratos com empresas dentro de cada uma
das áreas de aplicação de suas pesquisas atuais (%)

Área de aplicação	Percentual dos que mantêm contratos com empresas dentro de cada área
Petroquímica	70
Cosméticos	67
Fontes alternativas de energia	50
Novos materiais	48
Componentes óptico-eletrônicos	40
Agricultura e alimentos	30
Fármacos e medicamentos	27
Instrumentos de diagnóstico/biomedicina	25

Fonte: Questionário Ciência e Tecnologia no Brasil. Elaboração própria.

Nesse sentido, a Tabela 23 apresenta a lista completa das empresas mencionadas e o número de menções que cada uma delas recebeu, ou seja, o número de pesquisadores que disseram manter contratos com cada uma delas.

É interessante notar que, dentre as seis empresas mencionadas mais de uma vez pelos pesquisadores, quatro são estatais ou ex-estatais — além da Petrobras e da Vale, a Cemig e Furnas. As outras duas — a NovoCell e a Nanox — são empresas de alta tecnologia voltadas quase que exclusivamente para o desenvolvimento de novos produtos.

Tabela 23
Distribuição das empresas com as quais
os pesquisadores do LNLS estabelecem contratos
de acordo com o número de menções dos pesquisadores

Empresas	Número de menções
Petrobras	8
Vale (ex-Cia. Vale do Rio Doce)	5
Cia. Energética de Minas Gerais (Cemig)	2
Furnas Centrais Elétricas	2
NovoCell Inc.	2
Nanox	2
Alcoa	1
Votorantim	1
Fundacitrus	1
Biolab	1
Eurofarma	1
Cristália	1
GeneID	1
Fiocruz	1
Oxiteno	1
Braskem	1
Ipiranga	1
General Motors do Brasil	1
Rhodia	1
Acetisa	1
Indústria Comercial de Automação Santo André	1
Ademe	1
DGA	1

Mectron Engenharia Industrial 1
Copol Compostos Poliméricos 1
Faber-Castell 1

Fonte: Questionário Ciência e Tecnologia no Brasil. Elaboração própria.

A NovoCell Inc. — que mantém uma intensa colaboração com o LNLS — é uma empresa de desenvolvimento de células combustíveis, ou seja, de baterias de energia limpa. Criada a partir de programas de incentivo do governo, a NovoCell Inc. recebeu, em 2006, investimento de um capitalista de risco que chegou à empresa por meio de um agenciamento da Finep. A NovoCell ainda não entrou na fase de produção e comercialização das células combustíveis, ou seja, permanece, até hoje, apenas uma empresa de desenvolvimento de produtos, mas a entrada em operação da empresa estava prevista para o segundo semestre de 2008.

A Nanox Tecnologia S.A. é uma empresa de nanotecnologia, autodenominada a primeira empresa do ramo no Brasil. Localizada em São Carlos, interior de São Paulo, a empresa trabalha basicamente com o desenvolvimento de novos materiais. Fundada em 2004, recebeu em 2007 o prêmio Inovação Tecnológica da Finep. A Nanox é, literalmente, uma empresa universitária — as chamadas *spin-offs* — tendo sido primeiramente "encubada" na Unesp de Araraquara e, depois, na incubadora de tecnologia de São Carlos. A empresa recebeu, nesse período, diversos financiamentos públicos, dentre os quais o Pesquisa Inovativa na Micro e Pequena Empresa (Pipe) da Fapesp até que, em 2005, aproximou-se do Fundo Novarum, o primeiro fundo de investimento brasileiro voltado para empresas de alta tecnologia. Dentre os membros do seu conselho científico estão dois ex-professores universitários. Um é Elson Longo, professor do Instituto de Química da Unesp de Araraquara, e o outro é Cylon Gonçalves da

Silva, ex-professor do Instituto de Física da Unicamp, ex-diretor do LNLS, ex-diretor do projeto *Diretrizes Estratégicas para a Ciência, a Tecnologia e a Inovação*, ligado ao Ministério de Ciência e Tecnologia, e atual membro do conselho de administração da Associação Brasileira de Tecnologia de Luz Síncrotron (ABTLuS).

Assim, considerando as principais empresas com as quais os pesquisadores externos do LNLS mantêm contratos de pesquisa, é possível identificar dois polos: grandes empresas estatais ou ex-estatais, em geral da área de minério e energia, e microempresas universitárias de alta tecnologia, que ainda estão, no geral, desenhando e desenvolvendo produtos e que são financiadas, primeiro, por fundos públicos, e, depois, por capitais de risco. Nesses dois polos é possível reconhecer dois caminhos para a cooperação entre universidade e empresa. Ambos estão diretamente atrelados ao investimento estatal, que parece ser o caminho mais provável para o incremento da inovação empresarial no país.

Os dados apresentados até agora correspondem aos casos em que os pesquisadores mantêm contratos com empresas. No entanto, a maioria absoluta dos pesquisadores do LNLS, ou seja, 62,5%, afirma não manter ou não trabalhar em grupos que mantêm contratos ou parcerias com empresas privadas. Na tentativa de entender por que esses contratos não se viabilizam, as justificativas apresentadas pelos pesquisadores foram classificadas entre as cinco categorias abaixo:

Porque a pesquisa é fundamental ou acadêmica: inclui as respostas que justificam a inexistência de contratos e parcerias com empresas pelo caráter acadêmico ou fundamental das pesquisa. São respostas do tipo:
"Porque no nosso grupo [de pesquisa] não é gerado conhecimento puro e simples, nosso enfoque é pesquisa básica."
"A botânica é ciência básica e as investigações em que trabalho constituem ciência sem aplicação."

"Porque estamos preocupados com as interações básicas da matéria."

"Porque o nosso projeto diz respeito ao processo de pesquisa científica, não tecnológica."

"Entendo que a meta maior da universidade é a de gerar e transmitir conhecimento para formar o cidadão. A pesquisa básica contribui para isso. Não deixa de ser bem-vindo o relacionamento com a empresa, desde que isso não interfira ou prejudique sua missão maior."

Porque a pesquisa ainda está em fase inicial ou de testes: inclui as respostas que justificam a ausência de contratos não pelo caráter fundamental ou acadêmico das pesquisas, mas pelo estágio em que se encontra a investigação, ou seja, pesquisas muito no começo, sem resultados concretos, ou seja, respostas tais como:

"A pesquisa está em estágio muito básico para iniciar contratos."

"Porque no estágio da pesquisa ainda faltam testes para a aprovação da Anvisa (Agência Nacional de Vigilância Sanitária) e posterior produção em larga escala."

Porque não existem empresas interessadas na pesquisa: concentra as respostas que atribuem a inexistência de contratos com empresas não às características da pesquisa em si, mas ao desinteresse das empresas brasileiras ou à inexistência de empresas que possam comercializar ou aplicar as pesquisas realizadas. Por exemplo:

"Porque as aplicações comerciais envolvem capital de risco com retorno a longo prazo e, no Brasil, as empresas querem retorno de curto prazo, ou então, não têm competência para absorver tecnologia."

"Porque nenhuma empresa demonstrou interesse."

"Fora a HP, não deve ter empresa no Brasil interessada em pesquisa teórica em nanoestrutura."
"Nenhuma empresa se interessou em investir de fato. Uma delas somente queria aproveitar de nossos conhecimentos."
"Falta interesse do setor empresarial brasileiro na pesquisa desenvolvida no país."

Contratos estão em fase de negociação ou estudo: alguns pesquisadores que declaram não manter contrato com empresas mencionam a existência de negociações nesse sentido. Por exemplo:
"Isso está em andamento."
"Nada oficial, por enquanto. No entanto, contatos estão sendo estabelecidos."
"O grupo está tentando uma parceria com uma empresa local."

Falta de oportunidade: como já foi visto, os pesquisadores mobilizam a expressão "falta de oportunidade" e suas variações diretas — "não tive oportunidade", "não apareceu oportunidade" etc. — para justificar por que nunca trabalharam em empresas privadas; no caso da justificativa do porquê não estabelecem contratos com empresas, não são poucos os pesquisadores que usam a expressão, sem outra justificativa ou comentário.

Outras: envolvem as respostas que não podem ser classificadas nas categorias acima e não apresentam relevância analítica.
Só para exemplificar, são respostas como:
"O projeto é financiado pelo CT-Amazonas."
"Existe parceria com outros cursos da UFRJ."
"Me afastei completamente em relação a isso, tentando me preservar da fogueira de vaidades e reiniciar uma nova estrutura de pesquisa em outra universidade."

A Tabela 24 mostra a frequência com que cada uma das justificativas foi mobilizada pelos pesquisadores:

Tabela 24
Distribuição dos pesquisadores que não têm contrato com empresas segundo a justificativa apresentada (%)

Justificativa	Percentual entre os que não mantêm contratos com empresas
Porque não existem empresas interessadas	18,8
Porque a pesquisa está em fase inicial ou de testes	16,7
Porque a pesquisa é fundamental/acadêmica	16,7
Outras	11,8
Falta de oportunidade	7,6
Contratos estão em fase de negociação ou estudo	5,6
Não respondeu	22,9
Total	100,0

Fonte: Questionário Ciência e Tecnologia no Brasil. Elaboração própria.

Segundo os dados sistematizados acima, para 16,7% dos pesquisadores a inexistência de parcerias com empresas se deve ao fato de a pesquisa ser essencialmente acadêmica, mesmo percentual dos que mobilizam o momento inicial da pesquisa como justificativa. Mas a principal razão apresentada pelos pesquisadores do LNLS para a inexistência de contratos e parcerias foi o desinteresse das empresas nacionais.

Para compreender melhor a percepção dos pesquisadores do LNLS sobre o interesse das empresas nacionais pela pesquisa realizada no regime disciplinar, eu solicitava que eles indicassem o seu grau de concordância com a afirmação de que "as empresas brasileiras estão interessadas na ciência universitária". Os resultados indicam claramente que a percepção dominante entre os pesquisadores brasileiros é de que as empresas nacionais não se interessam pela ciência produzida no país: 76% deles discordam, total ou parcialmente, da afirmação acima.

O desinteresse das empresas brasileiras se choca com a percepção que os pesquisadores têm acerca das funções que a ciência deveria desempenhar no desenvolvimento econômico e tecnológico do país. Considerando, novamente, o grau de concordância dos pesquisadores com afirmações sobre a relação entre ciência e desenvolvimento, é surpreendente o quão consensual é a percepção de que a ciência deve assumir um papel central no desenvolvimento do país. Assim, 98,6% dos pesquisadores concordam com a afirmação de que a ciência é um fator-chave do desenvolvimento econômico; 99% consideram que a ciência deve ajudar a aumentar a competitividade das empresas brasileiras; 87,4% entendem que a ciência deveria se preocupar mais com o desenvolvimento tecnológico do país; e 91% consideram que a ciência brasileira é muito acadêmica. Além disso, para 94,2% dos nossos pesquisadores a parceria universidade-empresa é benéfica tanto para a universidade quanto para a empresa, e só 22,2% consideram que ela é mais benéfica para a empresa do que para a universidade. Por outro lado, para 69,8% dos pesquisadores do LNLS a ciência deve dispor de total autonomia em relação ao Estado e ao mercado, o que indica que, na percepção desses cientistas, o fortalecimento das parcerias universidade-empresa e o engajamento da ciência com o desenvolvimento econômico e tecnológico do país não representa uma ameaça para a autonomia científica.

3.4 Cláusulas de confidencialidade ou patenteamento nas relações universidade-empresa

As cláusulas e os contratos de patenteamento são regras preestabelecidas sobre a quem pertence a propriedade intelectual dos resultados da pesquisa realizada, ou ainda, sobre o que será patenteado, o quanto da titularidade da patente pertence a cada uma das partes, e quais as regras de licenciamento. Vale observar que, enquanto dispositivo jurídico, a patente exige a liberação do conteúdo das pesquisas, sendo, portanto, uma forma de publicação e divulgação dos seus resultados, ainda que o Estado confira ao(s) titular(es) da patente o monopólio temporário da sua exploração comercial como contrapartida da publicação detalhada da invenção em questão.

Em geral, e cada vez mais, o contrato que estabelece as regras para o patenteamento dos resultados de pesquisa é de iniciativa das próprias universidades. Uma das entrevistas realizadas ao longo da pesquisa foi com a atual responsável pelos contratos de patenteamento da Fapesp que, antes de assumir o setor de propriedade intelectual da fundação, havia praticamente fundado o núcleo de patenteamento da Universidade Federal de São Paulo (Unifesp), um dos primeiros escritórios universitários de patenteamento, licenciamento e transferência de tecnologia do Brasil. O trecho abaixo corresponde ao seu relato e à sua interpretação sobre como e por que os contratos de patenteamento tornaram-se uma questão tão central para as universidade brasileiras nos últimos anos.

Antigamente, as grandes empresas que já tinham a cultura do patenteamento ignoravam totalmente o fato de que a universidade e o pesquisador também deveriam participar da exploração comercial da pesquisa. Cansei de ver trabalhos da Unifesp em que a patente acabou sendo propriedade exclusiva da empresa. Considerando, por exemplo, as multinacionais: para elas, o pesquisador não deve ter nenhuma participação na patente. As empresas pensam assim: "nós demos um microscópio para o pesquisador, ele ficou feliz e me entrega o resultado da pesquisa em troca...". A universidade nem soube o que aconteceu entre o pesquisador e a empresa. (...) Então, uma invenção, antes, significava, no máximo, um prêmio a mais que o pesquisador poderia ganhar. Hoje não! Agora, por exemplo, conseguimos uns contratos de pesquisa com a Ericsson em que consta uma cláusula de que cada patente que for gerada na pesquisa, a Unicamp, que era a universidade que estabeleceu a parceria, ganharia 50 mil reais (...) Quer dizer, então, que agora, os pesquisadores têm interesse na propriedade intelectual. Por outro lado, o que começou a acontecer com muita frequência foi que as empresas começaram a soltar os resultados dessas pesquisas sem comunicar o pesquisador ou a universidade. Estou falando mais da área em que eu já atuei, de fármacos, em que as patentes universitárias são bem recentes. Nessa área, você percebe claramente que os pesquisadores começaram a se preocupar mais quando começou a ficar cada vez mais evidente que o que eles produziam era apropriado pela empresa. Muitos não ligavam para o assunto porque entendiam que era dever deles colocar isso à disposição da empresa, porque colocando à disposição da empresa, estaria à disposição de todo mundo. Mas eles começaram a perceber que não era bem assim. Existem vários produtos que foram desenvolvidos pela universidade, que as empresas se apropriaram e que, agora, a população tem que adquirir a preços exorbitantes. (...) Por exemplo, quando eu entrei na Unifesp, em 2000, havia apenas umas três ou quatro patentes. A instituição é de 1930 e vem, desde então, estabelecendo parcerias com empresas, mas o que mais existia até então eram as parcerias informais, esse tipo de parceria é o que mais prejudica a universidade porque a empresa usou água, luz, infraestrutura, a hora/homem daquela pessoa que recebe do Estado e acaba usando tudo isso só para o interesse privado. Então, o que o escritório de transferência de tecnologia da Unifesp começou a fazer foi formalizar essas parcerias, estabelecendo os contratos de patenteamento de resultados. (...) Só que existe uma outra parcela dos pesquisadores que entende que patentear é privatizar conhecimento. Tem pesquisador que tem horror a patentear pesquisa por isso. (...) A primeira vez que eu falei sobre patente dentro da universidade eu quase fui linchada em praça pública (risos). [Pergunta] E quando foi a primeira vez que você falou sobre isso? [Resposta] Em 2000. [Pergunta] Faz pouco tempo, não? [Resposta] Faz, faz pouco tempo... e você vê, naquela altura, já existia o nosso núcleo, a Unicamp também tinha um núcleo, pequeno ainda, era formado de umas duas ou três pessoas. Enfim, estava todo mundo começando, agora veio esse *boom* porque chegou o momento, chegou mesmo! (*Cristina Theodore Assimakopoulos*, coordenadora do Núcleo de Transferência de Tecnologia da Fapesp (Nuplitec), em entrevista de 26 de outubro de 2007 realizada na sede da Fapesp, São Paulo, SP).

A formalização e a regulamentação dos contratos e parcerias com empresas assume um sentido, portanto, de preservar e fortalecer as universidades, proteger os interesses do pesquisador e preservar a dimensão pública da pesquisa. Esse sentido já havia sido identificado pelo diretor da Agência de Inovação da Unicamp, como a dimensão central não só da criação da própria Agência, como da formulação da Lei da Inovação, ambas parte de um mesmo projeto político de institucionalização da ciência e de empoderamento das reitorias, conforme foi visto no capítulo anterior.

Mas se a regulamentação das parcerias universidade-empresa por meio dos contratos de patenteamento é, em geral, uma exigência das próprias universidades, os contratos de confidencialidade são, por outro lado, uma exigência das próprias empresas, que preferem trabalhar sob segredo industrial. A exigência de cláusulas de confidencialidade é um sinal do interesse econômico e estratégico em relação ao conteúdo das pesquisas realizadas e dos seus resultados potenciais. Paralelamente, são um indício mais forte de que as regras do regime disciplinar/estatal estão sofrendo um processo de alteração, pois as cláusulas de confidencialidade restringem o que constitui o cerne do regime público disciplinar: a publicação dos resultados de pesquisa. Ao contrário do patenteamento, que apesar de conferir o monopólio da exploração comercial obriga a divulgação dos resultados, as cláusulas de confidencialidade impõem a lógica do segredo às pesquisas realizadas. O relato do diretor de contratos industriais do LNLS é, nesse sentido, bastante significativo:

> Muitas empresas, hoje, preferem o segredo industrial à patente. O segredo industrial funciona melhor do que a patente. Tem risco, tem o custo de manter a invenção em segredo, tem o custo de não poder entrar nos mercados que exigem a divulgação do segredo, mas, em compensação, ninguém tem a sua "receita" na mão para reproduzir tal e qual. As empresas com que nós trabalhamos preferem trabalhar com segredo industrial.
> [Pergunta] E esses termos de confidencialidade que vocês assinam, por exemplo, eles não interferem na questão das publicações de resultados?
> [Resposta] Claro que interferem! Por isso que nós temos que renunciar [à publicação].
> [Pergunta] E como é feita essa negociação?
> [Resposta] A negociação depende de quanto a empresa pagar. Se a pessoa não vai pagar nada, nada é confidencial. Se ela quer que tudo seja confidencial, podemos ainda fazer, mas o preço é outro.
> [Pergunta] É mais caro.

[Resposta] Claro! Claro! É preciso levar em conta aspectos financeiros e científicos, se não vale a pena, aí depende do interesse científico e da área de pesquisa do laboratório.
[Pergunta] E praticamente todos os contratos de pesquisa que vocês estabelecem com empresas têm algum grau de confidencialidade?
[Resposta] Todos têm um acordo de confidencialidade formal assinado.
[Pergunta] E esses acordos não são públicos?
[Resposta] Não.
[Pergunta] Eu digo, os termos gerais do contrato, isso não é divulgado?
[Resposta] Não. Não porque esses contratos são específicos. Cada empresa pede coisas diferentes e para cada empresa se renuncia a coisas diferentes. Chega ao extremo de empresas com que mantemos contratos industriais e acordos de confidencialidade que queriam que todas as patentes que saíssem fossem delas e, não só isso, que elas pudessem usar todas as patentes que nós já temos de graça. Então não, nós não assinamos esse tipo de contrato. Chega ao cúmulo disso. E, quanto mais multinacional, mais ela é assim. (...) Mas, então, no geral, os termos de confidencialidade são quase todos iguais, no sentido de que você não pode divulgar absolutamente nada, as pessoas que trabalham não podem ter acesso aos documentos ou controlá-los. Então, os documentos importantes não estão na mão de qualquer um. Temos alguns projetos aqui, por exemplo, que só uma pessoa do Laboratório pode ter todas as informações e as outras informações estão divididas em pessoas diferentes e elas não podem conversar entre si (*Antonio Ramirez*, gerente de contratos industriais do LNLS, em entrevista de 12 de junho de 2007 realizada em Campinas, SP).

A forma de negociação dos contratos de confidencialidade descrita acima corresponde à política interna do LNLS, de modo que não é possível universalizá-la para outras instituições de pesquisa. No entanto, além de constituir um exemplo interessante de como é negociado esse tipo de contrato, o depoimento dá uma ideia muito clara da diferença entre os interesses que mobilizam as universidades para exigir contratos de patenteamento e os interesses que levam as empresas a preferir os contratos de confidencialidade.

Voltando à análise das práticas de pesquisa dos usuários externos do LNLS, o questionário "Ciência e Tecnologia no Brasil" perguntou aos pesquisadores se nas parcerias que eles estabelecem com empresas estão previstas cláusulas de patenteamento ou confidencialidade.[39] Entre os pesquisadores que mantêm contrato com empresas privadas, 7,6% mencionam apenas cláusulas de confidencialidade, 6,32% mencionam apenas cláusulas de patenteamento e 17,7% mencionam a existência de ambas. Em relação ao total de pesquisadores do LNLS, esses dados significam que 2,8% dos pesquisadores trabalham apenas sob cláusula de confidencialidade, 2,4% apenas sob cláusula de patenteamento e 6,6% sob ambas. Esses dados significam, ainda, que 28,2% dos contratos com empresa estabelecidos pelos pesquisadores do LNLS incluem cláusulas de confidencialidade e 26,8% incluem cláusulas de patenteamento.

Na maioria dos casos, as cláusulas de patenteamento e confidencialidade aparecem juntas, apesar de assumirem lógicas distintas de funcionamento — o *patenteamento* implica o *monopólio comercial temporário* em troca da divulgação do conteúdo da pesquisa, enquanto a *confidencialidade* envolve, basicamente, o *segredo industrial*, ou seja, a não divulgação dos resultados sob

---

39 A pergunta era a seguinte: *Nesse contrato ou parceria existe alguma cláusula de confidencialidade e/ou cláusulas de patenteamento dos resultados de pesquisa?*

nenhuma forma, nem mesmo a carta patente. A coexistência dos dois tipos de cláusulas nos contratos universidade-empresa da nossa amostra pode indicar, por um lado, que os interesses das empresas passam por formas distintas de proteção de resultados — ou seja, tanto pelo segredo industrial, que garante a exclusividade sem propriedade, quanto pela patente, que é a exclusividade garantida sob a forma jurídica da propriedade intelectual (cf. Barbosa, 2003). Por outro lado, esse dado pode apontar ainda para o fato de que as universidades estão progressivamente impondo cláusulas de patenteamento, mesmo quando assinam contratos de confidencialidade, na tentativa de regulamentar a relação universidade-empresa, aumentando o seu controle sobre a propriedade dos resultados de pesquisa garantindo, com isso, mais direitos no processo de licenciamento — como e para quem ceder a tecnologia —, participação econômica nos resultados, bem como o direito de divulgar esses resultados, mesmo que sob a forma de patentes.

A percepção de que a mobilização de cláusulas de patenteamento é uma estratégia das universidades é reforçada pelo resultado da distribuição dos pesquisadores que trabalham sob cláusulas de patenteamento e/ou confidencialidade segundo o tipo de instituição a que se encontram vinculados. Entre os que trabalham em institutos e laboratórios públicos, 26,1% mencionam a existência de cláusulas de confidencialidade, mas apenas 17,4% mantêm também cláusulas de patenteamento. Já entre os pesquisadores sediados em universidades estaduais, 6,5% mantêm cláusulas de confidencialidade e de patenteamento. Por fim, entre os pesquisadores que trabalham em universidades federais, 7,5% mantêm cláusulas de confidencialidade e 8,8% de patenteamento. Esses dados sugerem que os pesquisadores ligados a institutos e laboratórios mantêm mais contratos de confidencialidade do que de patenteamento, enquanto os pesquisadores de universidades, ao contrário, tendem a vincular contratos de confidencialidade a contratos de patenteamento, o que é plausível caso se considere que a participação na propriedade intelectual é um movimento universitário que aponta no sentido do controle da titularidade da pesquisa e, talvez ainda, na preservação da garantia de divulgação dos resultados de pesquisa, prevista no caso de solicitação de patentes.

Por fim, é preciso considerar a relação entre os contratos de confidencialidade e a área de aplicação das pesquisas realizadas. A Tabela 25 apresenta essa relação entre os contratos de sigilo e patenteamento e o objeto das pesquisas.

Tabela 25
Distribuição dos pesquisadores de acordo com a área de aplicação de suas pesquisas atuais, segundo a resposta à pergunta: *Nesse contrato existe alguma cláusula de confidencialidade e/ou cláusulas de patenteamento dos resultados de pesquisa?* (%)

	Percentual dos contratos com cláusula de	
	confidencialidade	patenteamento
Fármacos e medicamentos	57,1	43,0
Petroquímica	57,1	43,0
Cosméticos	50,0	50,0
Agricultura e alimentos	33,0	-
Fontes alternativas de energia	28,9	43,0
Instrumentos de diagnóstico médico/biomedicina	25,0	25,0
Componentes óptico-eletrônicos	9,0	9,0
Novos materiais	6,7	13,0
Controle ambiental	-	-
Média	28,2	26,8

Fonte: Questionário Ciência e Tecnologia no Brasil. Elaboração própria.

A Tabela 25 apresenta, em destaque, as áreas de aplicação de pesquisas que apresentam, com mais frequência do que a média, contratos de confidencialidade. São elas: fármacos e medicamentos e petroquímica (ambas com 57,1% dos contratos de pesquisa com empresa com cláusulas de confidencialidade), cosméticos (50% dos contratos com cláusulas), agricultura e alimentos (33% com cláusula) e fontes alternativas de energia (28,9% dos contratos com cláusulas). Esses dados mostram que os contratos de pesquisa com empresas firmados nessas áreas tendem a ter, com mais frequência, cláusulas de confidencialidade, o que indica o interesse econômico em torno dos resultados dessas pesquisas. Mas os dados mostram, também, que nas pesquisas realizadas nas áreas de fármacos e medicamento, petroquímica e agricultura e alimentos tendem a ter um percentual de contratos com cláusula de confidencialidade maior do que com cláusula de patenteamento, o que indica que a estratégia do segredo industrial, nesses casos, tende a ser mais importante do que a de patenteamento dos resultados de pesquisa.

Nesse sentido, as empresas que exigiram contratos de confidencialidade para os pesquisadores da nossa amostra foram as seguintes: Petrobras, Vale, Cemig, Alcoa, O Boticário, Ipiranga/Braskem, Mectron Engenharia Industrial, Fiocruz, General Motors do Brasil.[40] É interessante observar que, com exceção da Fiocruz — que não é uma empresa[41] — e da Mectron Engenharia

---

40 Ao todo, 68 pesquisadores disseram manter contratos de pesquisa com empresas, sendo que, desses, 36 — ou seja, mais da metade —, quando solicitados, não mencionaram o nome da empresa com a qual mantinham contrato. Entre eles estão 8 pesquisadores que, apesar de não terem dito com que empresas mantêm contrato, mencionaram a existência de cláusulas de confidencialidade. Cláusulas essas que provavelmente os levaram a preservar o nome da empresa no momento em que responderam ao questionário.

41 Um dos pesquisadores menciona a Fiocruz como "empresa parceira", por isso foi mantida na lista de "empresas".

Industrial, são todas grandes empresas (mais do que 500 empregados), a maioria de capital nacional — as únicas exceções são a GM e a Alcoa —, algumas delas estatais, semiestatais ou ex-estatais — a Petrobras, a Cemig e a Vale. Por fim, as perguntas sobre a existência ou não de contratos com empresas e, dentro desses, da existência ou não de cláusulas de patenteamento ou confidencialidade, foram as que obtiveram a maior taxa de não resposta de todo o questionário — 14% e 16%, respectivamente. É interessante notar que a taxa de "não resposta" é predominante entre os pesquisadores em processo de formação, dentre os quais 28,2% não responderam à existência de contratos com empresas, contra 5% dos pesquisadores profissionalizados. Além disso, quando mais inicial o estágio da formação, mais os pesquisadores deixam de responder às perguntas sobre contratos de comercialização da pesquisa nos seus grupos: 50% dos graduandos e 60% dos mestrandos não responderam à pergunta sobre a existência ou não de cláusula de confidencialidade e/ou patenteamento, enquanto entre os doutorandos e pós-doutorandos esse percentual é de 25% e 12,5%, respectivamente. Por outro lado, entre os professores universitários da nossa amostra, só 4% não responderam à pergunta e, entre os pesquisadores contratados por institutos e empresas, apenas 7% deixaram de respondê-la. O intuito de detalhar quais foram os pesquisadores que não responderam às perguntas a respeito dos contratos com empresas — em especial, sobre se existe ou não contrato de confidencialidade/patenteamento — é sugerir que, nos casos de contratos de confidencialidade, existe, como apontou o próprio diretor de contratos industriais do LNLS,[42] certo

---

42 *Os termos de confidencialidade são quase todos iguais, no sentido de que você não pode divulgar absolutamente nada, as pessoas que trabalham não podem ter acesso aos documentos ou controlá-los* (Antonio Ramirez, gerente de contratos industriais do LNLS, em entrevista de 12 de junho de 2007 realizada no LNLS, Campinas, SP).

movimento de controle de informações, dentro dos grupos de pesquisa, que passa, de certo modo, pela hierarquia de títulos e funções, o que explicaria por que quanto mais jovem e menos titulado o pesquisador, maior o percentual dos que não responderam às questões sobre a comercialização de pesquisa por meio de parcerias com empresas e estabelecimento de cláusulas de confidencialidade/patenteamento.

3.5 O PATENTEAMENTO DE RESULTADOS DE PESQUISA: PRÁTICAS E AVALIAÇÕES DOS PESQUISADORES DO LNLS

O patenteamento de resultados de pesquisa é considerado uma das formas mais importantes de transferência de tecnologia entre a academia e as empresas. No entanto, é importante ressalvar que o patenteamento não constitui, ele mesmo, uma prática de comercialização de pesquisa. Para que uma patente seja comercializada, é preciso que ela seja licenciada para um terceiro que vai, ele sim, empenhar-se na viabilização comercial dessa nova tecnologia. É no licenciamento da patente que reside, portanto, a transferência efetiva de tecnologia do regime disciplinar/estatal para o setor privado e a possibilidade de mercantilização das pesquisas.[43]

Mesmo reconhecendo que o patenteamento, em si mesmo, não indica e não representa um processo de comercialização do conhecimento, faz sentido inserir a sua análise na seção das "práticas de comercialização de pesquisa", em primeiro lugar porque ele vem sendo incentivado, tanto pela Nova Política Nacional de Ciência e Tecnologia quanto pelas burocracias universitárias,

---

43 Daí por que os escritórios de patenteamento originalmente criados pelas universidades norte-americanas foram incorporados pelas universidades brasileiras com o nome de Núcleos de Transferência de Tecnologia, já que eles são responsáveis por patentear e licenciar as tecnologias produzidas na universidade.

como se fosse, efetivamente, um indicador de retorno econômico do investimento em ciência, ou seja, como um indicador de comercialização de pesquisas. Além disso, o patenteamento é uma prática nova que, em si mesma, representa uma inflexão no funcionamento da comunicação científica a partir da apropriação de um mecanismo de divulgação de resultados de pesquisa tipicamente mercantil — a carta patente.

O sentido essencialmente ambíguo que se confere, aqui, às práticas de patenteamento de pesquisa — elas não são formas efetivas de comercialização do conhecimento, mas são tratadas como se fossem — não reflete uma inconsistência da análise. Ao contrário, a ambiguidade é inerente ao problema da propriedade intelectual no regime disciplinar, uma vez que ela assume, nesse âmbito, sentidos diversos e funções, por vezes contraditórias.

Foi na tentativa de "dar conta" das ambiguidades e ambivalências do patenteamento de pesquisas no regime disciplinar que procurei analisar a questão, ao longo deste livro, a partir de três movimentos de aproximação: a forma como o patenteamento é tratado pelo Estado nas suas políticas nacionais de ciência, tecnologia e inovação; a forma como ele é mobilizado pelos cientistas envolvidos com a institucionalização da ciência no país; e a forma como ele é utilizado e percebido pelos pesquisadores que estão realizando pesquisas em áreas de ponta no país, no caso, os pesquisadores do LNLS.

Nesse registro, a análise mostrou, primeiramente, como o processo de transformação jurídico-institucional do regime disciplinar/estatal passou pelo reconhecimento da importância do patenteamento dos resultados das pesquisas científicas segundo duas perspectivas distintas: por um lado, a patente passou a ser vista como um instrumento de transferência de tecnologia entre o setor público e o setor privado, no sentido de acelerar o processo de inovação, ou seja, como um *mecanismo de promoção da eficiência do processo de inovação*; por outro, à medida que a ciência e a inovação passavam a ser tratadas como se fossem atividades econômicas como outras quaisquer, o patenteamento tornou-se também uma medida de retorno econômico da ciência, ou seja, um *indicador de eficiência do processo de inovação*. Paralelamente, sugeriu-se que o Estado brasileiro incorporou o incentivo ao patenteamento dos resultados da pesquisa pública como um dos objetivos da Nova Política Nacional de Ciência, Tecnologia e Inovação, mais ou menos pelos mesmos motivos que levaram à mudança do marco jurídico-institucional nos países centrais: a patente tornou-se o principal instrumento de incentivo à comercialização das pesquisas brasileiras e, portanto, passou a ser tratada como um dos principais indicadores de retorno econômico do investimento público em ciência.

A análise seguiu mostrando que algumas instituições nacionais de ciência e tecnologia anteciparam-se à Nova Política Nacional de Ciência, Tecnologia e Inovação, tornando o incentivo ao patenteamento de pesquisas uma estratégia de legitimação social: na medida em que as patentes são indicadores de retorno econômico, elas justificam o gasto público em ciência e tecnologia. Ao mesmo tempo, as patentes foram mobilizadas como mecanismo de controle, por parte dessas instituições, dos contratos e parcerias com empresas. No Brasil, esse duplo processo — o incentivo do patenteamento universitário pelas políticas públicas, por um lado, e pelas próprias instituições científicas, por outro — reforçaram-se mutuamente, repercutindo efetivamente na prática de patenteamento dos pesquisadores brasileiros, como demonstra a evolução do depósito de patentes universitárias no INPI a partir dos anos 2000 apresentada no segundo capítulo.

Diante desse quadro, uma questão essencial torna-se saber em que medida o patenteamento de pesquisa é uma prática relevante entre os pesquisadores do LNLS e como eles a avaliam. Nesse sentido, uma das perguntas do questionário Ciência e Tecnologia no Brasil referia-se justamente às práticas de patenteamento, perguntando: *No seu grupo de pesquisa, existe alguma patente concedida ou algum pedido de patente em andamento?* A Tabela 26 mostra quantos pesquisadores dentre o total da amostra têm, na sua pesquisa ou seu grupo de pesquisa,[44] algum pedido de patente.

Tabela 26
Distribuição dos pesquisadores
segundo a resposta dada à pergunta:
No seu grupo de pesquisa, existe alguma patente concedida ou algum pedido de patente em andamento? (%)

		Percentual
Casos válidos	Sim	47,9
	Não	41,2
	Não sabe	1,9
	Total	91,0
Casos perdidos	Não respondeu	9,0
Total		100,0

Fonte: Questionário Ciência e Tecnologia no Brasil. Elaboração própria.

---

44 O intuito de perguntar também pelas patentes requeridas pelo grupo de pesquisa, em vez de perguntar simplesmente sobre as patentes solicitadas individualmente, justifica-se, em primeiro lugar, porque o objetivo do questionário é, através do estudo dos pesquisadores do LNLS, mapear as práticas de patenteamento em outras instituições universitárias/científicas do país. Em segundo lugar, porque o patenteamento de pesquisas é, na maioria das vezes, uma ação coletiva e institucional dos grupos que patenteiam resultados de pesquisa realizadas coletivamente, de modo que é mais interessante descrever as práticas desses grupos do que as práticas dos pesquisadores individuais.

É possível notar, portanto, que 47,9% dos pesquisadores pertencem a grupos de pesquisa que têm pedidos de patentes solicitados e/ou concedidos pelo INPI. Isso significa que, para pelo menos metade dos pesquisadores do LNLS o patenteamento de pesquisa é uma prática relativamente comum e próxima, ao contrário do que ocorre com a experiência profissional no setor privado e do estabelecimento de parcerias com empresas. Vale observar que o patenteamento, nesse caso, é uma iniciativa que independe da participação das empresas. São os próprios pesquisadores, grupos e instituições de pesquisa que tomam a iniciativa de patentear resultados com potencial de aplicação comercial.

À semelhança do que aconteceu com outras perguntas sobre as práticas de comercialização de pesquisas, o percentual de pesquisadores que não respondeu à pergunta é relativamente alto: aproximadamente 10% não responderam se havia ou não patentes solicitadas na sua pesquisa ou grupo de pesquisa. De novo, a taxa de não resposta é maior entre os pesquisadores em processo de formação. Desses, 14,6% não responderam à pergunta, enquanto entre os pesquisadores profissionalizados esse percentual foi de apenas 2,9%. Igualmente, deixam de responder com mais frequência os menos titulados: 16% dos pesquisadores que têm apenas a graduação e 14% dos que têm apenas o mestrado não responderam à pergunta, contra 10% dos doutores e 2,9% dos pós-doutores.

Além de perguntar sobre a existência de pedidos de patente, o questionário perguntava sobre a quantidade de patentes solicitadas e, dentre essas, a quantidade de patentes licenciadas.

As respostas sobre a quantidade de patentes solicitadas apontam duas constatações importantes: a primeira é que o patenteamento ainda não é uma prática corriqueira, pois a maioria dos grupos de pesquisa que depositou patentes o fez, em geral, menos do que cinco vezes: 20,79% dos pesquisadores que atuam em grupo com patentes mencionam a existência de apenas uma patente depositada, 39,60% mencionam de duas a cinco patentes depositadas e 9,9% mencionam a existência de mais de seis patentes. A segunda constatação é, de novo, o alto percentual de não resposta: dentre os que declararam que seu grupo de pesquisa tem patente depositada, 21% não sabem dizer quantas e 9% não responderam quantas patentes existem. Isso mostra que, embora o patenteamento seja uma prática comum entre os grupos de pesquisa, muitos pesquisadores não se envolvem com esse processo, a ponto de não saberem, ao certo, quantas patentes foram solicitadas por seus grupos. É provável que isso ocorra, em parte, porque não existe interesse no tema e, em parte, porque existe certa divisão social da informação de modo que os pesquisadores em início de carreira terminam excluídos, direta ou indiretamente, dessa esfera de informação e decisão.

Mas, como foi dito, o patenteamento de pesquisas por si mesmo não indica que essas pesquisas estão sendo comercializadas. É o licenciamento de patentes o verdadeiro indicador da comercialização de pesquisas. As informações fornecidas pelos pesquisadores do LNLS permitem concluir que 21,78% dos grupos de pesquisa do LNLS têm uma ou mais dessas patentes licenciadas.

Enveredando por uma análise mais qualitativa, é possível dizer que, dos 22 grupos de pesquisa com patentes licenciadas na amostra, apenas dois licenciaram mais do que seis patentes, e, desses, um grupo licenciou nove patentes e o outro, doze patentes. O grupo que licenciou nove patentes está ligado ao Departamento de Engenharia de Materiais da Universidade Federal de São Carlos. O outro é um grupo ligado ao Instituto de Química da Unesp de Araraquara, liderado pelo professor Elson Longo, que é, justamente, membro do Conselho Científico da Nanox Tecnologia S.A., uma empresa universitária cuja história analisou-se anteriormente e que foi criada para comercializar a tecnologia gerada pelo Centro Multidisciplinar para o Desenvolvimento de Materiais Cerâmicos da Unesp, dirigido pelo professor Longo.

Por fim, 50% dos pesquisadores que atuam em grupos com patentes não sabem dizer quantas delas estão licenciadas. Isso significa que, se são poucos os pesquisadores que se envolvem com o processo de patenteamento, menos ainda são os que se envolvem com o processo de comercialização dessas patentes através do licenciamento.

Por todo o exposto acima, é possível concluir que das 292 patentes solicitadas pelos grupos de pesquisa dos usuários do LNLS, apenas 51 haviam sido licenciadas até 2008, ou seja, 17% do total. Dessas 51 patentes comercializadas, 21 pertenciam a apenas dois grupos de pesquisa — um ligado ao Departamento de Engenharia de Materiais da Universidade Federal de São Carlos e o outro, ao Instituto de Química da Unesp de Araraquara.

Considerando que para a maioria dos grupos de pesquisa da amostra a solicitação da patente não é acompanhada do seu licenciamento, pode-se sugerir que o patenteamento dos resultados de pesquisa no sistema disciplinar/estatal segue uma lógica relativamente própria, em grande medida independente do processo de comercialização da pesquisa.

Como nas seções anteriores, é importante compreender um pouco melhor os determinantes do patenteamento de pesquisas. Nesse sentido, distribui-se os pesquisadores que declararam atuar em grupos que têm patentes solicitadas segundo a instituição de origem, a disciplina de atuação e a área de aplicação dos seus resultados de pesquisa.

A partir dos dados apresentados anteriormente sobre as parcerias com empresas e o estabelecimento de cláusulas de sigilo e patenteamento no âmbito desses contratos, é possível sugerir que os institutos e laboratórios estatais estão mais envolvidos com o processo de comercialização de pesquisa que as universidades públicas. Isso significa que, dentro do regime disciplinar/estatal brasileiro, existe uma diferença importante entre as instituições universitárias — que incorporam ensino, pesquisa e extensão como atividades indissociáveis — e as instituições voltadas exclusivamente para a pesquisa. Essa constatação é reforçada pelos dados sobre o patenteamento e licenciamento de pesquisas: os pesquisadores ligados a laboratórios e institutos públicos de pesquisa pertencem a grupos que, quando comparados àqueles a que estão ligados os pesquisadores universitários, são os que mais patenteiam e licenciam patentes, como vemos na Tabela 27.

Tabela 27
Distribuição dos pesquisadores
que atuam em grupos de pesquisa com patentes
solicitadas e licenciadas segundo o tipo de instituição (%)

Percentual de pesquisadores trabalhando em grupos com patentes

	solicitadas	licenciadas
Laboratórios e institutos públicos	76,2	13,0
Universidades federais	52,7	10,0
Universidades estaduais	47,1	11,0

Fonte: Questionário Ciência e Tecnologia no Brasil. Elaboração própria.

Além da instituição de origem dos pesquisadores, analisou-se também a área de pesquisa em que atuam. A Tabela 28 mostra a distribuição dos pesquisadores ligados a grupos que solicitam e licenciam patentes segundo o departamento universitário em que atuam — ou seja, estão excluídos os pesquisadores de institutos públicos.

Segundo as informações fornecidas pelos pesquisadores do LNLS, os departamentos de bioquímica e biologia, que concentram os cientistas que trabalham em biotecnologia, têm as maiores taxas de patenteamento, mas não as maiores taxas de licenciamento, que ficam por conta dos departamentos de química, dos quais 26,9% dos pesquisadores pertencem a grupos que licenciaram patentes. Por outro lado, os departamentos de física são os que apresentam a menor taxa de licenciamento: apenas 2% dos pesquisadores pertencem a grupos que licenciam patentes.

Tabela 28
Distribuição dos pesquisadores cujos grupos de pesquisa possuem patentes solicitadas e/ou licenciadas segundo o departamento a que estão vinculados (%)

	Percentual de pesquisadores trabalhando em grupos com patentes	
	solicitadas	licenciadas
Departamentos de física	46,3	2,0
Departamentos de química	50,0	26,9
Departamentos de bioquímica e biologia	66,7	10,5
Departamentos de físico-química	40,0	6,7
Departamentos de engenharia	42,9	4,8

Fonte: Questionário Ciência e Tecnologia no Brasil. Elaboração própria.

Esses dados não podem ser universalizados, ou seja, não é possível concluir que, no contexto brasileiro, são os departamentos de biologia os que mais patenteiam enquanto os de química os que mais licenciam. Por outro lado, os dados servem para reforçar a hipótese de que as práticas científicas variam segundo as disciplinas de atuação dos pesquisadores — o que, no caso, expressa-se nas diferentes taxas de patenteamento e licenciamento. Essa hipótese foi apresentada de diferentes modos ao longo deste livro e inspira-se, como já foi dito, nos trabalhos que apontam a importância das diferentes subculturas disciplinares na explicação das diferentes práticas científicas (cf. Heilbron, 2004; Shinn, 1980, 2000a; Shinn & Marcovich, 2011, 2012), bem como em outros trabalhos mais específicos que sugerem que a possibilidade de que os cientistas se envolvam com a geração de patentes varia fortemente segundo a disciplina de origem e a área de atuação (cf. Calderini, Franzoni & Vezzulli, 2007, p. 316). Por fim, é possível supor que o percentual de pesquisadores que pertencem a grupos que solicitam e licenciam patentes deve variar, também, segundo a área de aplicação dos resultados das suas pesquisas. A Tabela 29 apresenta essa relação posicionando, de cima para baixo, as áreas de aplicação das pesquisas com as maiores taxas de patenteamento.

Tabela 29
Distribuição percentual dos pesquisadores
que pertencem a grupos com patentes solicitadas e licenciadas
dentro de cada área de aplicação dos resultados (%)

Área de aplicação dos resultados de pesquisa	Percentual dos pesquisadores que pertencem a grupos com patentes solicitadas	licenciadas
Cosméticos	100,0	66,7
Novos materiais	68,0	17,9
Fármacos e medicamentos	65,5	16,1
Controle ambiental	62,5	11,1
Petroquímica	60,0	10,0
Agricultura e alimentos	55,6	10,0
Fontes alternativas de combustível	53,8	7,7
Diagnóstico médico	50,0	12,5
Componentes ópticos-eletrônicos	40,0	5,0

Fonte: Questionário Ciência e Tecnologia no Brasil. Elaboração própria.

É possível notar que todos os pesquisadores que realizam pesquisas com aplicação na área de "cosméticos" pertencem a grupos que patenteiam seus resultados de pesquisa e 66,7% deles pertencem a grupos que, além de patentear, comercializam suas patentes — uma taxa de licenciamento completamente fora dos padrões que viemos trabalhando até aqui. No outro extremo, estão as pesquisas cujas aplicações se dão na área de "componentes óptico-eletrônicos", em que só 40% dos pesquisadores que desenvolvem pesquisas pertencem a grupos que patenteiam e apenas 5% pertencem a grupos que comercializaram essas patentes por meio de contratos de licenciamento. É evidente que as diferenças expressas na tabela expressam o interesse econômico, por parte das empresas nacionais, em cada uma das áreas de aplicação das pesquisas. Ou seja, é possível supor que existem, no país, empresas interessadas em patentes da área de "cosméticos", ou mesmo de "novos materiais", mas não existem empresas interessadas — ou melhor seria dizer capacitadas? — para licenciar e comercializar desenvolvimentos na área de componentes óptico-eletrônicos, uma vez que o Brasil não tem empresas que atuem na área de eletrônica ou microeletrônica.

Por outro lado, é possível notar que a taxa de licenciamento das pesquisas com aplicações na área petroquímica e em fontes alternativas de energia é relativamente baixa — só 10% dos pesquisadores que desenvolvem trabalhos com aplicações em petroquímica pertencem a grupos com patentes licenciadas, para aplicações na área de fontes alternativas de energia esse percentual é de 7,7% dos pesquisadores. Esse baixo índice de patenteamento e licenciamento talvez se explique pelo fato de que, como foi visto anteriormente, nessas áreas, a cooperação academia-empresa pressuponha o estabelecimento de cláusulas de confidencialidade, o que torna obsoleto o expediente da compra de patentes universitárias.

A análise chega, com isso, a um ponto essencial. Como já foi dito, o contrato entre o regime disciplinar/estatal de produção de conhecimento e o setor privado pode se dar por diferentes formas. Uma primeira forma, a mais indireta de todas, é a contratação, por parte das empresas, de pesquisadores formados no regime disciplinar e que, por sua formação especializada, conseguem acessar os resultados das pesquisas realizadas nas instituições públicas de ciência e tecnologia e divulgados através de canais tradicionais de publicação científica, ou seja: revistas acadêmicas, congressos, conferências etc. No outro extremo, a forma mais direta ou imediata de transferência de tecnologia seriam as parcerias academia-empresa pelas quais os pesquisadores do regime disciplinar são contratados para realizar uma pesquisa muito definida, em prazo determinado, cuja publicação está limitada de antemão por cláusulas de confidencialidade ou patenteamento.

No primeiro caso, em que a transferência de conhecimento e tecnologia se dá por meio da contratação de pesquisadores, as empresas não têm poder de interferência sobre o processo de produção do conhecimento científico no regime disciplinar/estatal e continuam sendo os pesquisadores que, segundo as regras internas às suas disciplinas e áreas de pesquisa, determinam o que será pesquisado, com quais métodos, em quanto tempo e a partir de qual forma de organização do trabalho, bem como quais os resultados mais relevantes e como e onde eles serão divulgados.

No segundo caso, em que a relação academia-empresa se estabelece sem mediação, por meio da contratação direta dos grupos de pesquisa do regime disciplinar/estatal, a empresa adquire um poder muito maior sobre o regime disciplinar, definindo, através das cláusulas do contrato, diferentes aspectos do trabalho de pesquisa como, por exemplo, o que será pesquisado, em quanto tempo e onde, como e se os resultados serão divulgados. A empresa assume, portanto, o poder de gerir o trabalho no regime disciplinar, segundo seus critérios e objetivos.

É no âmbito dessa polaridade que o patenteamento de pesquisa emerge como uma alternativa. O patenteamento é uma forma de responder à cobrança que os pesquisadores do regime disciplinar sofrem para participar mais ativamente do desenvolvimento econômico nacional, sem correr o risco de perder o controle do próprio trabalho e do contexto de divulgação da pesquisa. A patente é, portanto, uma forma a partir da qual o regime disciplinar/estatal cria condições para se comunicar com o sistema privado sem, necessariamente, comprometer as suas regras internas de funcionamento. Essa dimensão ambígua da propriedade intelectual no sistema científico vem sendo reconhecida por diferentes pesquisas que analisam, empiricamente, a dinâmica de patenteamento e a sua influência sobre as práticas científicas tradicionais, sobretudo sobre a lógica de publicação dos resultados de pesquisa. Algumas pesquisas apontam para o fato de que o patenteamento e a publicação dos resultados de pesquisa não são práticas excludentes, ao contrário, são práticas que coexistem e reforçam-se mutuamente (cf. Callaert, Looy & Debackere, 2006; Calderini, Franzoni & Vezzuni, 2007; Meyer, 2006; Sampat, 2006). Outros estudos vão ainda além, mostrando que o patenteamento de pesquisa é uma estratégia adotada, por alguns pesquisadores, para não se envolverem diretamente com o processo de transferência de tecnologia que representa, para eles, um desvio dos seus objetivos propriamente científicos (cf. Goldfarb & Henrekson, 2003).

Não por acaso, portanto, diversas pesquisas, sobretudo nos Estados Unidos, têm chamado a atenção para a ineficiência econômica do patenteamento universitário como mecanismo de transferência de tecnologia para o setor privado. Alguns estudos mostram, por exemplo, que as patentes acadêmicas são irrelevantes, sobretudo porque as empresas continuam apropriando-se do conhecimento científico por meio da publicação acadêmica tradicional (cf. Cohen *et al.*, 1998; David & Hall, 2000; Mazzoleni

& Nelson, 1998; McMillan, Narin & Deeds, 2000; Sampat, 2006; Sorenson & Fleming, 2004). Outros autores apontam, ainda, o fato de que as empresas, quando podem e quando têm interesse comercial, optam pelo segredo industrial (cf. Cohen et al., 1998; Arundel, 2001; Laursen & Salter, 2004).

A esse conjunto de pesquisas sobre o sentido da mudança do marco jurídico-institucional do regime disciplinar no sentido de incentivar o patenteamento de pesquisa,[45] somam-se outras, que investigam o real efeito do recrudescimento das leis de propriedade intelectual sobre o investimento privado em inovação, com ênfase sobre a valorização de uma postura rentista que prejudica a inovação (cf. Coriat, 2002; Coriat & Orsi, 2002; Chesnais & Sauviat, 2005; Lerner & Jaffe, 2004; Tijssen, 2004; United States, 2007a, 2007b). A divulgação dos resultados dessas pesquisas tem motivado um forte movimento, sobretudo nos Estados Unidos, de reforma das leis de propriedade intelectual aprovadas na década de 1980, em especial do *Bayh-Dole Act*, que incentiva o patenteamento de pesquisas financiadas por recursos públicos e executadas por universidades e institutos governamentais de pesquisa (cf. Encaoua, Guellec & Martínez, 2006; David & Hall, 2000; Forero-Pineda, 2006; Grambella & Hall, 2006; Kingston, 2001; Lerner & Kortum, 1999; Mowery & Ziedonis, 2002; Mowery et al., 2001; Nelson, 2004).

Essa breve revisão bibliográfica acerca dos problemas que envolvem, atualmente, o patenteamento universitário no centro do sistema de pesquisa mundial, representado pelos Estados Unidos e pelos países europeus, cumpre a função de mostrar que o diagnóstico de que as patentes de pesquisas realizadas no regime disciplinar/estatal não têm relevância econômica e que, por

---

45 Movimento que foi protagonizado pelos Estados Unidos, com a aprovação do *Bayh-Dole Act* em 1982, mas que, posteriormente, foi incorporado pela maioria dos países da OCDE (cf. Sampat, 2006).

vezes, atendem mais a interesses políticos[46] do que propriamente econômicos vem sendo traçado para diferentes sistemas de pesquisa que adotam as políticas de incentivo à comercialização, não se restringindo, portanto, ao caso brasileiro.

---

46 Políticos justamente no sentido de que as patentes são uma forma de fazer as universidades e os institutos públicos desempenharem um papel econômico mas, ao mesmo, não implicam, necessariamente, o controle empresarial direto das atividades de pesquisa.

Conclusão

Ao longo desta investigação busquei apreender os principais delineamentos da transformação da ciência brasileira através da análise de três dimensões constitutivas desse processo: os *discursos* oficiais e legítimos sobre a ciência, a sua *estrutura jurídico--institucional* e as *práticas científicas* dos que estão efetivamente envolvidos nessa atividade. Partindo da reconstrução do debate sociológico sobre a ciência, procurei mostrar como o conceito de regime disciplinar/estatal de produção e difusão do conhecimento, por considerar a ciência tanto do ponto de vista da sua organização institucional quanto das práticas sociais que a constituem como atividade social, incorporava as duas principais respostas sociológicas à crise do paradigma mertoniano, ou seja, a *vertente construtivista* — que enfatiza a importância de olhar para a ciência em ação — e a *vertente bourdieusiana* — que se baseia na ideia de que a ciência, por meio de processos de institucionalização, consolidou-se como uma esfera socialmente diferenciada dotada de relativa autonomia e regras próprias. Paralelamente, mostrou-se que grande parte das teorias que, contemporaneamente, voltam-se para o problema da transformação da ciência e da importância crescente da inovação — em especial, a Economia da Inovação e os trabalhos realizados a partir dos conceitos de Tripla Hélice e de Novo Modo de Produção do Conhecimento — desempenham um papel ambivalente na medida em que "descrevem" uma série de mudanças e, ao mesmo tempo, atuam como discursos legítimos e por meio de agenciamentos materiais, no sentido de criar condições para que essas mudanças se realizem concretamente. Sob essa aura de legitimidade científica, oblitera-se o papel político da ciência como forma de legitimação e orientação de projetos de submissão das esferas socioculturais à dinâmica de mercado. Isso implica que o diálogo e a crítica dessas teorias — denominadas *performativas* — passa, necessariamente, pela análise da produção das *mudanças jurídico-institucionais* da ciência e pela avaliação do que efetivamente está acontecendo com a ciência do ponto de vista das *práticas concretas* dos que desenvolvem a atividade científica. Esse conjunto de problemas explica a forma como o estudo da transformação do regime disciplinar/estatal brasileiro foi estruturado nesta pesquisa: a problematização da produção das mudanças jurídico-institucionais atualmente em curso no país, compreendidas como etapas do esforço de institucionalização da ciência brasileira, foi articulada à análise das práticas concretas dos pesquisadores que atuam no regime disciplinar nacional.

A hipótese principal era de que a reorientação da política nacional de ciência e tecnologia — que ao incorporar sem mediações as mudanças das políticas de inovação dos países centrais, produziu e difundiu o "discurso da inovação" no país — deveria ser explicada à luz do esforço de parte da "comunidade" científica para institucionalizar a atividade científica no Brasil segundo padrões de relativa autonomia e estabilidade

Nesse registro, procurei mostrar, no segundo capítulo, como o discurso sobre a importância da inovação para as empresas nacionais — tal como incorporado pela Nova Política Nacional de Ciência, Tecnologia e Inovação formulada durante o primeiro governo Fernando Henrique Cardoso e pela Política Industrial, Tecnológica e de Comércio Exterior, formulada no primeiro governo Lula — estava profundamente descolado da realidade empresarial brasileira, caracterizada por uma estratégia tecnológica marcadamente adaptativa, um dos traços fundamentais do nosso capitalismo periférico.

A partir dessa constatação, procurei apreender, no terceiro capítulo, a emergência do discurso da inovação à luz da história dos padrões de institucionalização do regime disciplinar/estatal no país. O ponto de partida foi mostrar que essa história é marcada pelo descolamento entre a pesquisa científica e o setor empresarial, marca que fez da ciência brasileira uma atividade profundamente dependente dos movimentos do Estado. Essa dependência implicou o predomínio das negociações diretas e, na maioria das vezes, pessoais, entre cientistas engajados na institucionalização da sua atividade com setores específicos da burocracia estatal. Isso implica dizer que a institucionalização da ciência no Brasil permaneceu, por muito tempo, como um movimento frágil e inconstante. Esse padrão de negociação direta com a burocracia estatal se aprofundou na ditadura militar quando o Estado, por meio da mobilização de seus aparelhos repressivos, esterilizou as expressões da vida política que extravasavam a sua própria burocracia. Assim, o regime autoritário conseguiu incorporar à burocracia estatal projetos e interesses, neutralizando conflitos sociais nos mais variados campos, inclusive no científico. Foi nesse contexto que o projeto do Laboratório Nacional de Luz Síncrotron viabilizou-se, mesmo sem contar com o apoio da "comunidade" científica nacional ou mesmo de outros setores sociais. Ao apagar das luzes do governo militar, uma decisão quase unilateral da burocracia estatal, fruto da negociação direta de um pequeno grupo de cientistas, viabilizou a criação do LNLS. Mas restava a tarefa de viabilizar a sua construção e funcionamento.

Com a redemocratização do país, embora esse padrão de negociação direta com o Estado tenha permanecido importante, a necessidade de legitimar a atividade científica diante de setores mais amplos da sociedade impôs novas determinações ao processo de institucionalização da ciência. Por outro lado, encorajados pelos impulso democratizador dos anos 1980, alguns cientistas empenhados na institucionalização do regime disciplinar procuraram libertá-lo da necessidade de negociar direta e permanentemente com o Estado, tanto seu financiamento quanto suas condições de realização. Esse processo pode ser exemplificado pelo esforço, muito forte no caso das instituições científicas do estado de São Paulo, pela constitucionalização do apoio financeiro à ciência e pela criação de "novas figuras institucionais" como as Organizações Sociais, que por meio dos contratos de gestão podem gerenciar as instituições científicas com relativa autonomia. Nesse sentido, a aprovação a Lei das Organizações Sociais, no âmbito da reforma do Estado realizada pelo governo Fernando Henrique Cardoso, apesar de afinada às políticas de privatização de serviços estatais, representou uma das primeiras formas de incorporação da assim chamada *sociedade civil* na gestão das instituições científicas nacionais. Essa incorporação foi, no entanto, mais formal do que real, uma vez que sua administração permaneceu muito ligada ao grupo do Instituto de Física da Unicamp que, a partir do período da redemocratização do país, assumiu a liderança do projeto do LNLS e ganhou destaque na definição da política estadual e nacional de ciência e tecnologia.

Chega-se, assim, ao cerne da análise ao mostrar como a Nova Política Nacional de Ciência, Tecnologia e Inovação foi iniciativa de um grupo de cientistas, ligados ao Instituto de Física da Unicamp, e que, por meio de uma forte articulação na burocracia do Ministério de Ciência e Tecnologia, conseguiu universalizar um conjunto de políticas de incentivo à inovação. Essas políticas buscavam não só legitimar a ciência socialmente — na medida em que ela passaria, supostamente, a desempenhar um papel social ao participar mais diretamente do processo de inovação no país — como também reincorporar, às administrações das instituições de ciência e tecnologia, o controle sobre a comercialização da ciência, particularmente das parcerias empresariais.

Ainda no intuito de avaliar esse sentido essencialmente ambíguo da mudança jurídico-institucional da ciência brasileira, procurei analisar o quanto ela apontava realmente para mudanças nas práticas concretas do pesquisadores em atividade no país. Assim, o quarto capítulo procurou descrever alguns padrões de desenvolvimento da atividade científica no Brasil, atribuindo especial atenção às dinâmicas de formação de pesquisadores e às diversas práticas de comercialização de pesquisas e interação com o setor industrial.

Da perspectiva do *processo de formação de pesquisadores*, os dados mostram três processos centrais: (1) que a forte redução do tempo de realização do mestrado e do doutorado corresponde à ampliação do tempo total de formação dos pesquisadores, representado pela antecipação da formação, por meio da iniciação científica, e pela extensão dessa formação, por meio do aumento dos pós-doutorados; (2) que a forte crise da política de internacionalização da pós-graduação brasileira, que se reflete nos dados da formação dos pesquisadores do LNLS, foi revertida, em parte, pelo sucesso das políticas de inovação; e (3) que o processo de formação de pesquisadores é marcado por uma tendência centrípeta, segundo a qual os pesquisadores caminham para o centro do sistema de pesquisa que, no Brasil, significa nitidamente as três instituições estaduais paulistas.

Esses três processos indicam que, por um lado, existe uma clara mudança no processo de formação dos pesquisadores no país e esse processo aponta no sentido de otimizar os gastos com formação de pessoal. Isso implica tanto a redução dos prazos quanto a alteração da política de internacionalização da pós--graduação. Paralelamente, ao menos do ponto de vista do tempo de formação, quando se considera os pesquisadores do LNLS, que são parte da elite do sistema científico nacional, é possível dizer que a redução dos prazos de mestrado e doutorado é acompanhada pela antecipação do início do processo de formação dos pesquisadores e pela prorrogação da pós-graduação pela expansão dos pós-doutorados. Esses processos, lidos em conjunto, parecem indicar que, a despeito do efeito das políticas de redução de prazos sobre o sistema de pós-graduação, os pesquisadores que realizam pesquisa no centro do regime disciplinar/estatal brasileiro, quando se considera a sua formação em sentido amplo, da iniciação ao pós-doutorado, estão levando o mesmo tempo ou mais tempo ainda para se formar do que nas décadas anteriores, o que sugere uma mudança no mínimo ambígua.

Do ponto de vista das *formas de comercialização de pesquisa*, a análise foi dividida em cinco partes: a experiência profissional no setor privado; o potencial de aplicação dos resultados de pesquisa; os contratos com empresas privadas, as cláusulas de confidencialidade e propriedade intelectual, e o patenteamento dos resultados de pesquisa.

Quanto à *experiência profissional no setor privado*, foi possível mostrar que (1) os pesquisadores do LNLS praticamente não têm experiências profissionais fora do regime disciplinar/estatal; (2) que dos poucos pesquisadores que em algum momento trabalharam em empresas, apenas uma pequena parte trabalhou com atividades de pesquisa; (3) que a mobilidade dos pesquisadores no setor privado é baixa; e (4) que, ao justificarem por que nunca trabalharam em empresas ou laboratórios privados, a maioria diz que optou pela pós-graduação ou carreira acadêmica, enquanto uma parte importante atribui a ausência de experiências à falta de espaço nas empresas privadas do país.

Quanto ao *potencial de aplicação dos resultados de pesquisa*, foi visto que (1) a grande maioria dos nossos pesquisadores diz desenvolver pesquisas com potencial de aplicação comercial ou tecnológica e que (2) a maioria dessas aplicações está ligada a áreas em que o Brasil é importador de tecnologia, o que aponta para o fato de que a dinâmica da atividade científica brasileira permanece relativamente independente da dinâmica econômica do país. Mais do que isso, que a capacidade científica brasileira parece estar à frente da capacidade tecnológica das empresas nacionais.

Os dados relativos ao *estabelecimento de contratos, parcerias e convênios com empresas* mostraram (1) que apenas um terço dos pesquisadores da nossa amostra mantém contratos, convênios ou

CONCLUSÃO

parcerias com empresas; (2) que esse percentual é bem maior em institutos/laboratórios públicos do que em universidades; (3) que a maior parte dos contratos são com grandes empresas nacionais; (4) que esse percentual varia significativamente segunda a área de realização de pesquisa e de aplicação dos resultados; e (5) que os pesquisadores que não estabelecem contratos atribuem essa ausência ao fato de que: (a) as empresas nacionais não estão interessadas na pesquisa desenvolvida (18% dos pesquisadores); (b) a pesquisa desenvolvida está em fase inicial, ou seja, por ora sem resultados concretos (16,7%); ou (c) a pesquisa tem um viés acadêmico/fundamental (16,7%).

Quanto ao estabelecimento de *cláusulas de patenteamento e confidencialidade* no interior dos contratos industriais, foi visto: (1) que a dinâmica do estabelecimento de cláusulas de confidencialidade — que reflete o interesse das empresas no controle dos resultados de pesquisa — indica que a grande maioria dos contratos de pesquisa firmados não tem esse tipo de cláusula, o que indica que, do ponto de vista da divulgação dos resultados de pesquisa, os pesquisadores do LNLS seguem publicando suas pesquisas normalmente; (2) que o estabelecimento de cláusulas de patenteamento — que parece refletir, por outro lado, o interesse das instituições científicas em controlar o processo de divulgação dos resultados e, paralelamente, participar da sua exploração comercial — está normalmente associado às cláusulas de confidencialidade; e (3) que esse movimento é ainda mais forte em universidades do que em institutos públicos de pesquisa.

Os resultados parecem indicar que os pesquisadores brasileiros não encontram empresas interessadas em explorar comercialmente as suas pesquisas, sobretudo se essa pesquisa é aplicável em áreas de ponta ou não apresenta, ainda, resultados concretos. Ou seja, os pesquisadores nacionais parecem ter dificuldade para encontrar parceiros privados nos momentos iniciais da pesquisa — quando ela não tem resultados ou quando ela está no estágio mais fundamental — quando o investimento é mais arriscado.

Por fim, do ponto de vista do *patenteamento de pesquisas*, mostrou-se (1) que os grupos a que são ligados os pesquisadores do LNLS, acompanhando a tendência geral das universidades brasileiras, tendem a patentear suas pesquisas — metade dos pesquisadores do LNLS pertence a grupos que têm patentes depositadas; (2) que na ampla maioria dos grupos, o patenteamento de pesquisas não é acompanhado de licenciamento, ou seja, de comercialização; e (3) que grande parte dos pesquisadores nos estágios iniciais da sua formação (iniciação científica ao doutorado) não controla informações sobre o processo de patenteamento dos seus grupos de pesquisa.

Vistos em conjunto, esses dados demonstram que, do ponto de vista dos pesquisadores altamente qualificados, que atuam nas maiores instituições científicas do país, desenvolvendo pesquisa em áreas "de ponta" como a nano e a biotecnologia, o espaço de atuação profissional permanece sendo, em geral, o regime disciplinar/estatal composto de universidades e institutos públicos de pesquisa. Além disso, a escolha dos temas de pesquisa continua seguindo uma lógica independente do setor empresarial nacional, tanto que os contratos e parcerias permanecem pouco importantes para a maioria dos pesquisadores e apenas uma fração muito pequena, em geral trabalhando em institutos e laboratórios públicos, submete-se a cláusulas de confidencialidade, embora grande parte esteja associada a grupos que patenteiam pesquisas.

A pesquisa permite concluir, portanto, que a prática de patenteamento de pesquisas — amplamente incentivada pela Nova Política Nacional de Ciência, Tecnologia e Inovação e pelas políticas internas das instituições de pesquisa — é consideravelmente importante para os pesquisadores. Esse fato, lido à luz das entrevistas realizadas ao longo da pesquisa, mostra que o patenteamento de pesquisa é uma prática que se inscreve na dinâmica do regime disciplinar/estatal brasileiro, contribuindo, por um lado, para a sua legitimação social — uma vez que a patente serve como um indicador de produtividade e utilidade — e, por outro, para o aumento do controle das instituições de pesquisa nacionais, e dos próprios pesquisadores, sobre o resultado das suas pesquisas e a forma de divulgação dos resultados. Nesse sentido, é notável que apenas uma ínfima fração das patentes científicas brasileiras seja comercializada.

Isso significa que, por mais paradoxal que possa parecer, quanto mais se difunde o discurso de que a ciência brasileira deve ser portadora de uma função social, mais se fortalece a organização do regime disciplinar/estatal de produção e difusão do conhecimento, segundo padrões de relativa autonomia da esfera científica. No caso estudado nesta pesquisa, essa autonomia assume um duplo significado. Autonomia significa, por um lado, *autodeterminação*, ou seja, a despeito das mudanças no funcionamento da atividade científica no sentido da valorização da gestão da ciência, da utilidade dos resultados de pesquisa, da eficiência no processo de formação de pesquisadores e do patenteamento dos resultados de pesquisa, a ciência permanece preservada de processos mais radicais de mercantilização que a submeteriam completamente a uma lógica estranha e externa. Mas autonomia, nesse caso, significa também *indeterminação*, ou seja, as instituições científicas brasileiras continuam resistindo a reformas mais profundas na sua estrutura interna de funcionamento e nas suas práticas de pesquisa, seguindo refratárias a processos mais radicais de democratização e à exploração do pluralismo metodológico que as tornam, muitas vezes, reféns da arbitrariedade.

Referências bibliográficas

ABRAMOVITZ, M. Resource and output trends in the United States since 1870. *American Economic Review*, 46, p. 5-23, 1956.

ABTLuS. Associação Brasileira de Tecnologia de Luz Síncrotron. *Relatório da comissão de acompanhamento e avaliação do contrato de gestão da Associação Brasileira de Tecnologia de Luz Síncrotron: período de janeiro a dezembro de 2002.* Campinas: ABTLuS, 2002.

_____. *Relatório anual 2002.* Campinas: ABTLuS, 2003.

_____. *Relatório anual 2003.* Campinas: ABTLuS, 2004.

_____. *Relatório anual 2004.* Campinas: ABTLuS, 2005a.

_____. *Comitê científico ABTLuS: relatório sobre o LNLS.* Campinas: ABTLuS, 2005b.

_____. *Estatuto*, 17 de junho de 2005. Campinas: ABTLuS, 2005c.

_____. *Relatório anual 2005.* Campinas: ABTLuS, 2006a.

_____. *Plano diretor 2006-2009.* Campinas: ABTLuS, 2006b.

_____. *Relatório anual 2006.* Campinas: ABTLuS, 2007.

_____. *Relatório anual 2007.* Campinas: ABTLuS, 2008.

ADIN nº 1.923. *Ação Direta de Inconstitucionalidade, com pedido de liminar, contra a emenda constitucional número 19 de 4 de junho de 1998.* Brasília: Supremo Tribunal Federal, 1. dez. 1998. Disponível em: <http://www.sbdp.org.br/arquivos/material/675_AGU.PDF>. Acesso em: 12 mar. 2013.

ALBERT, M. & LABERGE, S. The legitimation and dissemination processes of the innovation system approach. The case of the Canadian and Québec science and technology policy. *Science, Technology & Human Values*, 32, 2, p. 221-49, 2007.

ALBUQUERQUE, E. M. Domestic patents and developing countries: arguments for their study and data from Brasil, 1980-1995. *Research Policy*, 29, p. 1047-60, 2000.

_____. Patentes e atividades inovativas: uma avaliação preliminar do caso brasileiro. In: VIOTTI, E. B.; MACEDO, M. M. (Orgs.). *Indicadores de ciência, tecnologia e inovação no Brasil.* Campinas: Editora da Unicamp, 2003. p. 331-76.

ALBUQUERQUE, E. M. et al. A distribuição espacial da produção científica e tecnológica brasileira: uma descrição de estatísticas de produção local de patentes e artigos científicos. *Revista Brasileira de Inovação*, 1, 2, p. 225-51, 2002.

ALMEIDA, P. R. *The "new" intellectual property regime and its economic impact on developing countries*. Fribourg: Éditions Universitaires, 1990.

_____. Propriedade intelectual: os novos desafios para a América Latina. *Estudos Avançados*, 12, 5, p. 187-203, 1991.

ARBIX, D. A. O acordo Trips na Rodada de Doha e a licença compulsória de patentes por interesse público. São Paulo, 2005. Tese de Láurea (Graduação em Direito). Faculdade de Direito, Universidade de São Paulo.

ARBIX, G. Da liberalização cega dos anos 90 à construção estratégica do desenvolvimento. *Tempo Social*, 14, 1, p. 1-17, 2002.

_____. Inovar ou inovar: a indústria brasileira entre o passado e o futuro. São Paulo, 2006. Tese (Livre-Docência). Departamento de Sociologia, Faculdade de Filosofia, Letras e Ciências Humanas, Universidade de São Paulo.

AROCENA, R. & SUTZ, J. Changing knowledge production and Latin American universities. *Research Policy*, 30, p. 1221-34, 2001.

_____. & _____. Políticas de inovação para um novo desenvolvimento na América Latina. *Com Ciência. Revista Eletrônica de Jornalismo Científico*, 54, on-line, 2004. Disponível em: <http://www.comciencia.br/reportagens/2004/08/15.shtml>. Acesso em: 12 mar. 2013.

ARRUDA, M. A. N. A nova política de pós-graduação no Brasil. *Tempo Social*, 11, 2, p. 183-97, 1999.

ARUNDEL, A. The relative effectiviness of patents and secrecy for appropriation. *Research Policy*, 30, p. 611-24, 2001.

BAIARDI, A. *Sociedade e estado no apoio à ciência e à tecnologia: uma análise histórica*. São Paulo: Hucitec, 1996.

BARBOSA, D. B. *Uma introdução à propriedade intelectual*. São Paulo: Lumen Juris, 2003. 2 v.

BARNES, B. (Org.). *Estudios sobre sociología de la ciencia*. Madrid: Allianza Editorial, 1972.

_____. *Interests and the growth of knowledge*. London: Routledge & Kegan Paul, 1977.

BEN-DAVID, J. The scientific role: conditions of its establishment in Europe. *Minerva*, 4, 1, p. 15-54, 1965.

REFERÊNCIAS BIBLIOGRÁFICAS

____. *O papel do cientista na sociedade*. São Paulo: Pioneira/Edusp, 1974.

____. *Centers of learning: Britain, France, Germany, United States*. Berkeley: The Carnegie Comission of Higher Education, 1977.

BEN-DAVID, J. & COLLINS, R. Social factors in the origin of a new science: the case of psychology. *American Sociology Review*, 31, 4, p. 451-65, 1966.

BEN-DAVID, J. & ZLOCZOWER, A. Universities and academic systems in modern society. *European Journal of Sociology*, 3, 1, p. 45-84, 1962.

BENNER, M. & SANDSTRÖM, U. Institutionalizing the triple helix: research funding and norms in the academic system. *Research Policy*, 29, p. 291-301, 2000.

BENSAÏD, D. *Un monde à charger: mouvements et stratégies*. Paris: Les Éditions Textuel, 2003.

____. O domínio público contra a privatização do mundo. *Revista Outubro*, 10, p. 17-29, 2004.

BIAGIOLI, M. The instability of authorship: credit and responsibility in contemporary biomedicine. *Life Sciences Forum*, 12, p. 4-16, 1998.

BIFANI, P. Intellectual property rights and international trade. In: UNCTAD (Org.). *Uruguay Round. Papers on selected issues*. New York: Unctad, 1989.

____. Interesses internacionais e guerra de patentes. *Ensaio*, 13, 2, p. 424-48, 1992.

BLOOR, D. *Knowledge and the social imagery*. London: Routledge & Kegan Paul, 1976.

____. *Sociologie de la logique ou les limites de l'epistemologie*. Paris: Pandore, 1982.

____. Anti-Latour. *Studies in History and Philosophy of Science*, 30, 1, p. 81-112, 1999.

BOLAÑO, C. *Indústria cultural, informação e capitalismo*. São Paulo: Editora Polis/Hucitec, 2000.

BORGES, J. L. *Obras completas*. São Paulo: Globo, 1998. v. 1.

BOURDIEU, P. La spécificité du champ scientifique et les conditions sociales du progrés de la raison. *Sociologie et Societé*, 7, p. 91-118, 1975.

____. *Homo academicus*. Paris: Éditions de Minuit, 1984.

____. *Les structures sociales de l'économie*. Paris: Éditions du Seuil, 2000.

____. Les conditions sociales de la circulation internationale des idées. *Actes de la Recherche en Sciences Sociales*, 145, p. 3-8, 2002.

____. *Para uma sociologia da ciência*. Lisboa: Edições 70, 2004a.

_____. *Os usos sociais da ciência: para uma sociologia do campo científico*. São Paulo: Editora Unesp, 2004b.

_____. *Meditações pascalianas*. Rio de Janeiro: Bertrand Brasil, 2007.

BOYLE, J. The second enclosure movement and the construction of the public domain. *Law and Contemporary Problems*, 66, 3, p. 33-74, 2003.

BRASIL. Constituição (1988). Constituição da República Federativa do Brasil. Brasília, DF, Senado Federal, 1988.

_____. Lei nº 9.279 de 14 de maio de 1996. Regula direitos e obrigações relativos à propriedade intelectual. *Diário Oficial da União*, Brasília, DF, 15 maio 1996.

_____. Lei nº 9.637 de 15 de maio de 1998. Dispõe sobre a qualificação de entidades como organizações sociais, a criação do Programa Nacional de Publicização, a extinção dos órgãos e entidades que menciona e a absorção de suas atividades por organizações sociais, e dá outras providências. *Diário Oficial da União*, Brasília, DF, 15 maio 1998.

_____. Ministério de Ciência e Tecnologia. *Livro verde de ciência e tecnologia. Ciência, tecnologia e inovação: desafio para a sociedade brasileira*. Brasília, 2001.

_____. Ministério de Ciência e Tecnologia. *Livro branco: ciência, tecnologia e inovação*. Brasília, 2002a.

_____. Centro de Gestão e Estudos Estratégicos. *Memória da Conferência Nacional de Ciência, Tecnologia e Inovação*. Brasília, 2002b.

_____. *Política industrial, tecnológica e de comércio exterior* (PITCE). Brasília, 2003.

_____. Lei nº 10.973, de 2 de dezembro de 2004 (Lei da Inovação). Dispõe sobre incentivos à inovação e à pesquisa científica e tecnológica no ambiente produtivo e dá outras providências. *Diário Oficial da União*, Brasília, DF, 3 dez. 2004a. Seção 1, p. 2.

_____. Ministério da Educação. Coordenação de Aperfeiçoamento de Pessoal de Nível Superior. *Plano nacional de pós-graduação (2005-2010)*. Brasília, 2004b.

_____. Ministério de Ciência e Tecnologia. *3ª Conferência Nacional de Ciência, Tecnologia e Inovação. Síntese das conclusões e recomendações*. Brasília, 2005a.

_____. Decreto nº 5.563, de 11 de novembro de 2005. Regulamenta a Lei nº 10.973, de 2 de dezembro de 2004, que dispõe sobre incentivos à inovação e à pesquisa científica e tecnológica no ambiente produtivo, e dá outras providências. *Diário Oficial da União*, Brasília, DF, 13 out. 2005b. seção 1, p. 1.

____. Portaria Interministerial MCT/MDIC n° 597, de 6 de setembro de 2006. Estabelece as prioridades da política industrial e tecnológica nacional, para promover e incentivar o desenvolvimento de produtos e processos inovadores em empresas nacionais e nas entidades nacionais de direito privado, sem fins lucrativos, voltadas para atividades de pesquisa, mediante a concessão de recursos financeiros, humanos, materiais ou de infraestrutura destinados a apoiar atividades de pesquisa e desenvolvimento. *Diário Oficial da União*, Brasília, DF, 8 set. 2006a. seção 1, p. 16.

____. Instituto de Pesquisa Econômica e Aplicada. *Acompanhamento da política industrial, tecnológica e de comércio exterior* (PITCE). Brasília, 2006b.

____. Decreto n° 6.259, de 20 de novembro de 2007. Institui o Sistema Brasileiro de Tecnologia — Sibratec. *Diário Oficial da União*, Brasília, DF, 21 nov. 2007a. seção 1, p. 2007.

BROWN, P. Bureaucracy in a government laboratory. *Social Forces*, 32, 3, p. 259-68, 1954.

BRUM, J. A. & MENEGHINI, R. O Laboratório Nacional de Luz Síncrotron. *São Paulo em Perspectiva*, 4, 16, p. 48-56, 2002.

BUENO, F. & SEABRA, R. A teoria do subimperialismo brasileiro: notas para uma (re)discussão contemporânea. In: *Anais do 6° Colóquio Internacional Marx e Engels*. Campinas, 2009. Disponível em: <http://www.ifch.unicamp.br/formulariocemarx/selecao/2009/trabalhos>. Acesso em: 12 mar. 2013.

BURGOS, M. B. Contribuição à agenda da sociologia da ciência na periferia. *Dados*, 39, 1, p. 33-59, 1996.

____. *Ciência na periferia: a luz síncrotron brasileira*. Juiz de Fora: EDUFJF, 1999.

BUSH, V. *Science, the endless frontier: a report to the president on a program for postwar scientific research*. Washington: National Science Foundation, 1990.

CALDERINI, M.; FRANZONI, C. & VEZZULLI, A. If star scientists do not patent: the effect of productivity, basicness and impact on the decision to patent in academic world. *Research Policy*, 36, p. 303-19, 2007.

CALLAERT, J., LOOY, B. V. & DEBACKERE, K. Publication and patent behavior of academic researchers: conflicting, reinforcing or merely co-existing? *Research Policy*, 35, p. 596-608, 2006.

CALLON, M. Éléments pour une sociologie de la traduction. La domestication des coquilles Saint-Jacques et des marins-pêcheurs das la baile de Saint-Brieuc. *L'Anne Sociologique*, 36, n. esp., p. 169-208, 1986.

____. Is science a public good? *Science, Technology, & Human Values*, 19, 4, p. 395-424, 1994.

____. Défense et illustrations des recherches sur la science. In: JURDANT, B. (Org.). *Impostures scientifiques. Les malentendus de l'affaire Sokal*. Paris: Alliage/La Découvert, 1998a. p. 253-67.

____. Introduction: the embeddedness of economic markets in economies. In: ____. (Org.). *The laws of the markets*. London: Blackwell Publishers, 1998b. p. 1-57.

____. An essay on framing and overflowing: economic externalities revisited by sociology. In: ____. (Org.). *The laws of the markets*. London: Blackwell Publishers, 1998c. p. 244-69.

____. Technology, politics and the market: an interview with Michel Callon. *Economy and Society*, 31, 2, p. 285-306, 2002.

____. What does mean to say that economics is performative? *Papiers de Recherche du Centre de Sociologie de l'Innovation*, 5, p. 1-58, 2006.

CALLON, M. & LATOUR, B. (Orgs.). *La science telle qu'elle se fait. Une anthologie de la sociologie des sciences de langue anglaise*. Paris: La Découvert, 1991.

CALLON, M. & MUNIESA, F. La performativité des sciences économiques. *Papiers de Recherche du Centre de Sociologie de l'Innovation*, 10, p. 1-23, 2008.

CANDIDO, A. A Revolução de 1930 e a cultura. In: ____. *A educação pela noite e outros ensaios*. São Paulo: Ática, 2000. p. 181-98.

CASTELLS, M. *A sociedade em rede. A era da informação: economia, sociedade e cultura*. São Paulo: Paz e Terra, 1999. v. 1.

____. O novo paradigma do desenvolvimento e suas instituições. In: CASTRO, A. C. (Org.). *Desenvolvimento em debate*. Rio de Janeiro: BNDES, 2002.

CARLOTTO, M. C. Reflections on the historical, epistemological, and social meaning of technoscience. *Scientiae Studia*, 10, n. spe, p. 129-39, 2012.

CARLOTTO, M. C. & ORTELLADO, P. *O sentido da aproximação entre ciência e mercado em países periféricos: o mercado científico de patentes e direito autoral no Brasil*. São Paulo: USP/Gpopai, 2010. (Cadernos Gpopai, 6). Disponível em: <http://www.gpopai.usp.br/wiki/images/2/22/Book_06.pdf>. Acesso em: 12 mar. 2013.

____. & ____."Activist-driven innovation": uma história interpretativa do *software* livre. *Revista Brasileira de Ciências Sociais*, 26, 76, p. 77-102, 2011.

REFERÊNCIAS BIBLIOGRÁFICAS

CARVALHO, J. M. *A Escola de Minas de Ouro Preto. O peso da glória*. Rio de Janeiro: Editora Nacional; Finep, 1978.

CHESNAIS, F. The French national system of innovation. In: NELSON, R. (Org). *National Innovation Systems: a comparative analysis*. Oxford: Oxford University Press, 1993.

_____. *A mundialização do capital*. São Paulo: Xamã, 1996.

_____. *A finança mundializada: raízes sociais e políticas, configuração, consequências*. São Paulo: Boitempo, 2005.

CHESNAIS, F. & SAUVIAT, C. O financiamento da inovação no regime global de acumulação dominado pelo capital financeiro. In: LASTRES, H., CASSIOLATO, J. & ARROIO, A. (Orgs.). *Conhecimento, sistemas de inovação e desenvolvimento*. Rio de Janeiro: Editora UFRJ/Contraponto, 2005. p. 131-59.

CIMOLI, M.; DOSI, G.; NELSON, R. & STIGLITZ, J. *Institutions and policies shaping industrial development: an introductory note*. Laboratory of Economics and Management, Sant'Anna School of Advanced Studies, Working Paper, 2, 2006. Disponível em: <http://www.lem.sssup.it/WPLem/files/2006-02.pdf>. Acesso em: 12 mar. 2013.

COHEN, J. & ARATO, A. *Political theory and civil society*. Boston: The MIT Press, 1992.

COHEN, W. et al. Industry and the academy: uneasy partens in the cause of technogical Advance. In: NOLL, R. (Org.). *Challenges to research university*. Washington: Brookings Institutions, 1998. p. 171-200.

COHN, G. *Crítica e resignação: fundamentos da sociologia de Max Weber*. São Paulo: T. A. Queiroz, 1979.

COLE, S. & COLE, J. Scientific output and recognition. A study in the operation of reward system in science. *American Sociological Review*, 32, 3, p. 377-90, 1967.

COMMISSION OF THE EUROPEAN COMMUNITIES. *Nanotecnologias: inovações para o mundo de amanhã*. Brussels: Serviço de Publicações Oficiais das Comunidades Europeias, 2004.

_____. *Lisbon action plan*. Brussels: Office for Official Publications of the European Communities, 2005a.

_____. *Decisão do Parlamento Europeu e do Conselho que cria um programa-quadro para a competitividade e a inovação, 2007-2013*. Brussels: Serviço de Publicações Oficiais das Comunidades Europeias, 2005b.

_____. *EU seventh framework programme*. Brussels Office for Official Publications of the European Communities, 2007.

CORIAT, B. O novo regime de propriedade intelectual e sua dimensão imperialista: implicações para as relações "norte/sul" In: CASTRO, A. C. (Org.). *Desenvolvimento em debate*. Rio de Janeiro: BNDES, 2002.

CORIAT, B. & ORSI, F. Establishing a new intellectual property rights regime in the United States: origins, content and problems. *Research Policy*, 31, p. 1491-507, 2002.

CORIAT, B. & WEINSTEIN, O. Organization, firms and institutions in the generation of innovation. *Research Policy*, 31, p. 273-90, 2002.

COUTOUZIS, M. & LATOUR, B. Le village solaire de Frangocastello: vers une ethnographie des techniques contemporaines. *L'Anne Sociologique*, 36, p. 113-67, 1986.

CRANE, D. Social structure in a group of scientists: a test of the "invisible college" hypothesis. *American Sociological Review*, 34, 3, p. 335-52, 1969.

_____. *Invisible colleges: diffusion of knowledge in scientific communities*. Chicago: University of Chicago Press, 1972.

DAGNINO, R. A relação universidade-empresa no Brasil e o "argumento da hélice tripla". *Revista Brasileira de Inovação*, 2, 2, p. 267-307, 2003.

_____. *Ciência e tecnologia no Brasil: o processo decisório e a comunidade de pesquisa*. Campinas: Editora da Unicamp, 2007.

DAGNINO, R. & DIAS, R. A política de C&T brasileira: três alternativas de explicação e orientação. *Revista Brasileira de Inovação*, 6, 2, p. 373-403, 2007.

DAGNINO, R. & VELHO, L. University-industry-government relations on the periphery: the University of Campinas, Brazil. *Minerva*, 36, p. 229-51, 1998.

DANTAS, M. *A lógica do capital-informação*. Rio de Janeiro: Contraponto, 1996.

_____. Capitalismo na era das redes: trabalho, informação e valor no ciclo da comunicação produtiva. In: LASTRES, H. & ALBAGLI, S. (Orgs.). *Informação e globalização na era do conhecimento*. Rio de Janeiro: Campus, 1999. p. 216-61.

_____. Informação e trabalho no capitalismo contemporâneo. *Lua Nova*, 60, p. 5-44, 2003.

DAVID, P. & HALL, B. Heart of darkness: modeling public-private funding interactions inside the R&D black box. *Research Policy*, 29, p. 1165-83, 2000.

DE SOLLA PRICE, D. J. *Little science, big science*. New York: Columbia University Press, 1963.

_____. The structure of publication in science and technology. In: GRUBER, W. & MARQUIS, G. (Orgs.). *Factors in the transfer of technology*. Boston: The MIT Press, 1968.

DIEESE. Política industrial no Brasil: o que é a nova política industrial? *Nota Técnica*, 11, 2005. Disponível em: <http://www.portalclubedeengenharia.org.br/arquivo/1344970284.pdf/documentos>. Acesso em: 12 mar. 2013.

DOSI, G.; TEECE, D. J. & CHYTRY, J. *Technology, organization, and competitiveness: perspectives on industrial and corporate change*. Oxford: Oxford University Press, 1998.

ENCAOUA, D.; GUELLEC, D. & MARTÍNEZ, C. Patent systems for encouraging innovation: lessons from economic analysis. *Research Policy*, 3, p. 1423-40, 2006.

ERBER, F.; GUIMARÃES, E. & ARAÚJO JÚNIOR, J. T. *A política científica e tecnológica*. Rio de Janeiro: Jorge Zahar Editores, 1985.

ETZKOWITZ, H. The norms of entrepreneurial science: cognitive effects of the new university-industry linkages. *Research Policy*, 27, p. 823-33, 1998.

_____. *MIT and the rise of entrepreneurial science*. New York: Routledge, 2002.

_____. Research groups as "quasi firms": the invention of the entrepreneurial university. *Research Policy*, 32, p. 109-21, 2003.

ETZKOWITZ, H.; WEBSTER, A. & HEALEY, P. *Capitalizing knowledge: new intersections of industry and academia*. Albany: State University of New York Press, 1998.

ETZKOWITZ, H. & BRISOLLA, S. Failure and success: the fate of industrial policy in Latin America and South East Asia. *Research Policy*, 28, p. 337-50, 1999.

ETZKOWITZ, H. & LEYDESDORFF, L. *University and the global knowledge economy: a triple helix of university-industry-government relations*. London: Cassel Academic, 1997.

_____. & _____. The dynamics of innovation: from national systems and "mode 2" to a triple helix of university-industry-government relations. *Research Policy*, 29, p. 109-23, 2000.

ETZKOWITZ, H. et al. The future of the university and the university of the future: evolution of the ivory tower to entrepreneurial paradigm. *Research Policy*, 29, p. 313-30, 2000.

EUROPEAN INNOVATION SCOREBOARD. *Comparative analysis of innovation performance*. Luxembourg: Office for Official Publications of the European Communities, 2006.

EUROPEAN TRENDCHART ON INNOVATION. *Annual innovation trends report for United States, Canada, Mexico and Brazil*. Luxembourg: Office for Official Publications of the European Communities, 2005.

_____. *European Innovation Progress Report*. Luxembourg: Office for Official Publications of the European Communities, 2006.

FAGERBERG, J. Innovation: a guide to literature. In: FAGERBERG, J.; MOWERY, D. & NELSON, R. (Orgs.). *The Oxford handbook of innovation*. Oxford: Oxford University Press, 2004. p. 1-26.

FERNANDES, A. M. *A construção da ciência no Brasil e a SBPC*. Brasília: Editora da Universidade de Brasília/Anpocs, 1990.

FERRARI, A. F. O Fundo Nacional de Desenvolvimento Científico e Tecnológico (FNDCT) e a Financiadora de Estudos e Projetos (Finep). *Revista Brasileira de Inovação*, 1, 1, p. 151-88, 2002.

FERREIRA, J. P. Apresentação. In: SCHWARTZMAN, S. *Formação da comunidade científica no Brasil*. São Paulo/Rio de Janeiro: Editora Nacional/Finep, 1979. p. xiii-xix.

FITZGERALD, F. S. *O grande Gatsby*. Rio de Janeiro: Globo, 2003.

FOLHA DE S. PAULO. Câmara dificulta demissão de servidor. *Folha de S. Paulo*, São Paulo, 24 abr. 1997.

_____. USP e indústria firmam acordo para fazer tecido "indesbotável". *Folha de S. Paulo*, São Paulo, 2 ago. 2005.

FORERO-PINEDA, C. The impact of stronger intellectual property rights on science and technology in developing countries. *Research Policy*, 35, p. 808-24, 2006.

FORMAN, P. The primacy of science in modernity, of the technology in the postmodernity, and of ideology in the history of technology. *History and Technology*, 23, 1-2, p. 1-15, 2007.

FOUCAULT, M. *A microfísica do poder*. Rio de Janeiro: Graal, 1995.

_____. *Em defesa da sociedade*. São Paulo: Martins Fontes, 1999.

_____. *Naissance de la biopolitique*. Paris: Gallimard/Seuil, 2004.

REFERÊNCIAS BIBLIOGRÁFICAS

FREEMAN, C. *La teoría económica de la innovación industrial.* Madrid: Penguin/Allianza, 1974.

_____. *Technology, policy and economic performance: lessons from Japan.* London: Pinter Publishers, 1987.

_____. Japan: a new national system of innovation? In: DOSI, G. et al. (Orgs.). *Technical chance and economic theory.* London: Pinter Publisher, 1988. p. 330-48.

_____. The "National System of Innovation" in historical perspective. *Cambridge Journal of Economics*, 19, p. 5-24, 1995.

GIBBONS, M. et al. *The new production of knowledge. The dynamics of science and research in contemporary societies.* London: Sage Publications, 1994.

GIBSON, C. & KONG, L. Cultural economy: a critical review. *Progress in Human Geography*, 29, 5, p. 541-61, 2005.

GINGRAS, Y. Porquoi le "programme fort" est-il incompris? *Cahiers Internationaux de Sociologie*, 109, p. 235-55, 2000.

_____. Idées d'université: enseignement, recherche et innovation. *Actes de la Recherche em Sciences Sociales*, 148, p. 3-7, 2003.

GINGRAS, Y. & GEMME, B. L'emprise du champ scientifique sur le champ universitaire et ses effets. *Actes de la Recherche em Sciences Sociales*, 164, p. 51-60, 2006.

GINGRAS, Y. et al. La comercialization de la recherce. *Actes de la Recherche em Sciences Sociales*, 148, p. 57-67, 2003.

GLASER, B. Differential association and the institutional motivation of scientists. *Administrative Science Quartely*, 10, 1, p. 82-97, 1965.

GODIN, B. Technological gaps: an important episode in the construction of S&T statistics. *Technology in Society*, 24, p. 387-413, 2002.

_____. The new economy: what the concept owes to the OECD. *Research Policy*, 33, p. 679-90, 2004.

_____. The linear model of innovation. The historical construction of an analytical framework. *Science, Technology, & Human Values*, 31, 6, p. 639-67, 2006.

GODIN, B. & GINGRAS, Y. The place of universities in the system of knowledge production. *Research Policy*, 29, p. 273-78, 2000.

GOLDEMBERG, J. Física e políticas públicas. *Estudos Avançados*, 10, 27, p. 109-13, 1996.

GOLDFARB, B. & HENREKSON, M. Bottom-up versus top-down policies towards the commercialization of the university intellectual property. *Research Policy*, 32, p. 639-58, 2003.

GORZ, A. *Metamorfoses do trabalho. Crítica da razão econômica*. São Paulo: Annablume, 2003a.

_____. *L'immatériel: connaissance, valeur et capital*. Paris: Galilée, 2003b.

GRAMBELLA, A. & HALL, B. Proprietary versus public domain licensing of software and research products. *Reseach Policy*, 36, p. 875-92, 2006.

GRAU, E. *Voto vista referente à medida cautelar em Ação Direta de Inconstitucionalidade nº 1.923*. Brasília: Supremo Tribunal Federal, 2006. Disponível em: <www.cgee.org.br/noticias/erosgrau.pdf>. Acesso em: 12 mar. 2013.

HABERMAS, J. *Técnica e ciência como "ideologia"*. Lisboa: Edições 70, 1987.

_____. *Teoria da ação comunicativa*. Madrid: Taurus, 1988. 2 v.

_____. *O discurso filosófico da modernidade*. São Paulo: Martins Fontes, 2002.

HAGSTROM, W. O. Social control in science. In: _____. *The scientific community*. New York: Basic Books, 1965.

_____. La diferenciación de las disciplinas. In: BARNES, B. (Org.). *Estudios sobre sociologia de la ciencia*. Madrid: Allianza Editorial, 1972.

HARDT, M. & NEGRI, A. *Império*. Rio de Janeiro: Record, 2002.

HARVEY, D. *O novo imperialismo*. São Paulo: Loyola, 2003.

HEGEL, G. W. F. *Curso de estética I*. São Paulo: Edusp, 2001.

HEILBRON, J. L. The rise of social science disciplines in France. *Revue Européenne des Sciences Sociales*, 42, 129, p. 145-57, 2004.

HENDRIKS, P. & SOUSA, C. That obscure object of desire: the management of academic knowledge. *Minerva*, 45, p. 259-74, 2007.

HENRIQUES, F. O. *Ideias, redes e dinâmica política: a construção da agenda da inovação na Fapesp*. São Paulo, 2010. Dissertação (Mestrado em Sociologia). Departamento de Sociologia, Faculdade de Filosofia, Letras e Ciências Humanas, Universidade de São Paulo.

HERRERA, A. Los determinantes sociales de la política científica en America Latina: política científica explícita y política científica implicita. In: SÁBATO, J. (Org.). *El pensamiento latinoamericano en la problemática ciencia-tecnología--desarollo-dependencia*. Buenos Aires: Paidós, 1975.

HIRST, M. & PINHEIRO, L. A política externa brasileira em dois tempos. *Revista Brasileira de Política Internacional*, 38, 1, p. 5-23, 1995.

HOLANDA, S. B. *Raízes do Brasil*. São Paulo: Companhia das Letras, 1995.

HUSSON, M. Sommes-nous entrés dans le capitalism cognitif? *Critique Communiste*, 169-170, *on-line*, 2003.

____. Notes critiques sur le "capitalisme cognitif". *ContreTemps*, 18, p. 138-41, 2007.

IBGE. *Pesquisa de inovação tecnológica 2000*. Rio de Janeiro: IBGE, Diretoria de pesquisas, Coordenação de Indústria, 2002.

____. *Pesquisa de inovação tecnológica 2003*. Rio de Janeiro: IBGE, Diretoria de pesquisas, Coordenação de Indústria, 2004.

____. *Pesquisa de inovação tecnológica 2005*. Rio de Janeiro: IBGE, Diretoria de pesquisas, Coordenação de Indústria, 2007.

____. *Pesquisa de inovação tecnológica 2008*. Rio de Janeiro: IBGE, Diretoria de pesquisas, Coordenação de Indústria, 2010.

IEA. Fapesp: presente e futuro. Depoimentos. *Estudos Avançados*, 10, 28, p. 229-45, 1996.

INOVA. Agência de Inovação da Unicamp. *Relatório de atividades 2008*. Campinas: Unicamp, 2009.

____. *Relatório de atividades 2009*. Campinas: Unicamp, 2010.

____. *Relatório de atividades 2010*. Campinas: Unicamp, 2011.

INPI. Instituto Nacional de Propriedade Industrial. *Universidades brasileiras e patentes: utilização do sistema nos anos 90*. Brasília: INPI, 2000. Disponível em: <http://www.inpi.gov.br/portal/artigo/publicacoes>. Acesso em: 12 mar. 2013.

____. *Maiores depositantes de pedidos de patente no Brasil com prioridade brasileira*. Brasília: INPI, 2006. Disponível em: <http://www.inpi.gov.br/portal/artigo/publicacoes>. Acesso em: 12 mar. 2013.

____. *Universidades brasileiras: utilização do sistema de patentes de 2000 a 2004*. Brasília: INPI, 2007. Disponível em: <http://www.inpi.gov.br/portal/artigo/publicacoes>. Acesso em: 12 mar. 2013.

_____. *Principais titulares de pedidos de patente no Brasil, com prioridade brasileira. Depositados no período de 2004 a 2008*. Brasília: INPI, 2011. Disponível em: <http://www.inpi.gov.br/portal/artigo/publicacoes>. Acesso em: 12 mar. 2013.

JAFFE, A. The U.S. patent system in transition: policy innovation and the innovation process. *Research Policy*, 29, p. 531-57, 2000.

JANSEN, J. Mode 2. Knowledge and institutional life: taking Gibbons on a walk through a South African university. *Higher Education*, 43, 4, p. 507-21, 2002.

JOERGES, B. & SHINN, T. *Instrumentation between science and industry*. Dortrecht: Kluwer Academic Publishers, 2001.

KANNEBLEY, S. & SELAN, B. Atividade inovativa nas empresas paulistas: um estudo a partir da PAEP 2001. *Revista Brasileira de Inovação*, 6, 1, p. 123-52, 2007.

KAPLAN, N. The role of the research administrator. *Administrative Science Quarterly*, 4, 1, p. 20-42, 1959.

_____. Professional scientists in industry: an essay review. *Social Problems*, 13, 1, p. 88-97, 1965.

KINGSTON, W. Innovation needs patents reform. *Research Policy*, 30, p. 403-23, 2001.

KNORR-CETINA, K. *The manufacture of knowledge. An essay on the constructivist and contextual nature of science*. London: Pergamon Press, 1981.

_____. The couch, the cathedral and the laboratory: on the relationships between experiment and laboratory in science. In: PICKERING, A. (Org.). *Science as practice and culture*. Chicago: University of Chicago Press, 1992. p. 113-38.

KUHN, T. The function of dogma in scientific research. In: COMBRIE, A. C. (Org.). *Scientific change*. London/New York: Basic Books & Heineman, 1963. p. 347-69.

_____. Los paradigmas cientificos. In: BARNES, B. (Org.). *Estudios sobre sociologia de la ciencia*. Madrid: Allianza Editorial, 1972. p. 79-102.

_____. *A tensão essencial*. Lisboa: Edições 70, 1989.

_____. *A estrutura das revoluções científicas*. São Paulo: Perspectiva, 2006.

KUPFER, D. & ROCHA, F. Determinantes setoriais do desempenho das firmas industriais brasileiras. In: NEGRI, J. A. & SALERNO, M. S. (Orgs.). *Inovações, padrões tecnológicos e desempenho das firmas industriais brasileiras*. Brasília: IPEA, 2005. p. 253-97.

LATOUR, B. Comment redistribuer le Grand Partage? *Revue de Synthèse*, 4, 110, p. 203-36, 1983.

_____. Le dernier des capitalistes sauvages. Interview d'un biochimiste. *Fundamenta Scientiae*, 4, 3-4, p. 301-27, 1984a.

_____. *Les microbes: guerre et paix*. Paris: Métailié, 1984b.

_____. *Jamais fomos modernos: ensaio de antropologia simétrica*. São Paulo: Editora 34, 1994.

_____. *Le métier de chercheur: regard d'un anthropologue*. Paris: INRA, 1995.

_____. *Ciência em ação*. São Paulo. Editora Unesp, 2000.

_____. *A esperança de Pandora*. Bauru: Edusc, 2001.

_____. *Reflexão sobre o culto moderno dos deuses fe(i)tiches*. Bauru: Edusc, 2002.

_____. *Políticas da natureza: como fazer ciência na democracia*. Bauru: Edusc, 2004.

LATOUR, B. & WOOLGAR, S. *La vie de laboratoire: la production des faits scientifiques*. Paris: La Découverte, 1996.

LAURSEN, K. & SALTER, A. Searching high and low: what types of firms use universities as a source of innovation? *Research Policy*, 33, p. 1201-15, 2004.

LAZZARATO, M. Le concept de travail immatériel: la grande entreprise. *Futur Antérieur*, 10, *on-line*, 1995.

LAZZARATO, M. & NEGRI, A. *Trabalho imaterial: formas de vida e produção de subjetividade*. Rio de Janeiro: DP&A, 2001.

LERNER, J. & JAFFE, A. *Innovation and its discontents: how our broken patent system is endangering innovation and progress, and what to do about it*. Princeton: Princeton University Press, 2004.

LERNER, J. & KORTUM, S. What is behind the recent surge in patenting? *Research Policy*, 28, p. 1-22, 1999.

LESSA, C. & DAIN, S. Capitalismo associado: algumas referências para o tema estado e desenvolvimento. In: BELLUZZO, L. & COUTINHO, R. (Orgs.). *Desenvolvimento capitalista no Brasil: ensaios sobre a crise*. Campinas: Editora da Unicamp, 1998. p. 214-28.

LEYDESDORFF, L. The triple helix: an evolutionary model of innovation. *Research Policy*, 29, p. 243-55, 2000.

LEYDESDORFF, L. & MEYER, M. The triple helix indicators of knowledge-based innovation system: Introduction to the special issue. *Research Policy*, 35, p. 1441-49, 2006.

_____. & _____. The scientometrics of a triple helix of university-industry--government relations. *Scientometrics*, 70, 1, p. 207-22, 2007.

LOPES, J. L. *Ciência e libertação*. São Paulo: Paz e Terra, 1978.

_____. *Uma história da física no Brasil*. São Paulo: Editora Livraria da Física, 2004.

LUCE, M. S. *O subimperialismo brasileiro revisitado: a política de integração regional do governo Lula (2003-2007)*. Porto Alegre, 2007. Dissertação (Mestrado em Relações Internacionais). Instituto de Filosofia e Ciências Humanas, Universidade Federal do Rio Grande do Sul.

MALISSARD, P.; GINGRAS, Y. & GEMME, B. La commercialisation de la recherche. *Actes de la Recherche en Sciences Sociales*, 148, p. 57-67, 2003.

MARCSON, S. *The scientist in american industry: some organizational determinants in manpower utilization*. Princeton: Princeton University Press, 1960.

MARINI, R. M. La acumulación capitalista mundial y el subimperialismo. *Cuadernos Políticos*, 12, on-line, 1977.

MARX, K. *Grundrisse: foundations of the critique of political economy*. London/New York: Penguin Books/New Left Rewiew, 1993.

MAZZOLENI, R. & NELSON, R. The benefits and costs of strong patent protection: a contribution to current debate. *Research Policy*, 27, p. 273-84, 1998.

MCMILLAN, S.; NARIN, F. & DEEDS, D. An analysis of the critical role of public science in innovation: the case of biotechnology. *Research Policy*, 29, p. 1-8, 2000.

MELLO, G. M. *Algumas respostas teóricas para as vicissitudes do capitalismo contemporâneo: crítica ou fetichismo?* São Paulo, 2007. Dissertação (Mestrado em Sociologia). Departamento de Sociologia, Faculdade de Filosofia, Letras e Ciências Humanas, Universidade de São Paulo.

MERTON, R. Science, technology and society in seventeen century England. *Osiris*, 4, p. 360-632, 1938.

_____. Science and technology in a democratic order. *Journal of Legal and Political Sociology*, 1, p. 115-26, 1942.

_____. Priorities in scientific discovery: a chapter in sociology of science. *American Sociological Review*, 22, 6, p. 635-59, 1957.

_____. The ambivalence of scientists. *Bulletin of the Johns Hopkins Hospital*, 4, p. 237-82, 1963.

____. *Science, technology and society in seventeenth-century England*. New York: Fertig, 1970.

____. Los imperativos institucionales de la ciencia. In: BARNES, B. (Org.). *Estudios sobre sociología de la ciencia*. Madrid: Allianza Editorial, 1972. p. 64-78.

____. *The sociology of science. Theoretical and empirical investigation*. Chicago: University of Chicago Press, 1973.

MEYER, M. Does science push technology? Patents citing scientific literature. *Research Policy*, 29, p. 409-34, 2000.

____. Are patenting scientists the better scholars? An exploratory comparison of inventor-authors with their non-inventing peers in nano-science and technology. *Research Policy*, 35, p. 1646-62, 2006.

MILOT, P. La reconfiguration des universités selon l'OCDE. Economie du savoir et politique de l'innovation. *Actes de la Recherche en Sciences Sociales*, 148, p. 68-73, 2003.

MONTHLY REVIEW. The new economy: myth and reality. *Monthly Review*, 52, 11, p. 1-15, 2001.

MOREL, R. *Ciência e estado: a política científica no Brasil*. São Paulo: T. A. Queiroz, 1979.

MOULIER-BOUTANG, Y. Richesse, propriété, liberté et revenu dans le "capitalisme cognitif". *Multitudes*, 5, p. 17-36, 2001.

____. Le Sud, la propriété intellectuelle et le nouveau capitalism émergent. *Multitudes Web*, 12, on-line, 2005. Disponível em: <http://multitudes.samizdat.net/Le-Sud-la-propriete-intellectuelle>. Acesso em: 12 mar. 2013.

____. Droits de propriété intellectuelle, terra *nullius* et capitalisme cognitif. *Multitudes*, 41, p. 66-72, 2010.

MOWERY, D. & ROSENBERG, N. *Trajetórias da inovação: a mudança tecnológica nos Estados Unidos da América no século XX*. Campinas: Editora da Unicamp, 2005.

MOWERY, D. & ZIEDONIS, A. Academic patent quality and quality before and after the Bayh-Dole Act in the United States. *Research Policy*, 31, p. 399-418, 2002.

MOWERY, D. et al. The growth of patenting and licensing U.S. universities: an assessment of the effects of the Bayh-Dole Act 1980. *Research Policy*, 30, p. 99-119, 2001.

NEGRI, F. Elementos para uma análise da baixa inovatividade brasileira e o papel das políticas públicas. *Revista USP*, 93, p. 81-100, 2012.

NELSON, R. Institutions supporting technical change in the United States. In: DOSI, G. et al. (Orgs.). *Technical change and economic theory*. London: Pinter Publishers, 1988.

____. *National Innovation Systems: a comparative analysis*. Oxford: Oxford University Press, 1993. p. 312-29.

____. The market economy and the scientific commons. *Research Policy*, 33, p. 455-71, 2004.

____. *As fontes do crescimento econômico*. Campinas: Editora da Unicamp, 2006.

NELSON, R. & WINTER, S. *Uma teoria evolucionária da mudança econômica*. Campinas: Editora da Unicamp, 2005.

NOBLE, D. *America by design: science, tecnhnology and the rise of corporate capitalism*. Oxford: Oxford University Press, 1977.

NOWOTNY, H.; SCOTT, P. & GIBBONS, M. *Re-thinking science: knowledge and the public in an age of incertain*. Cambridge: Polity, 2001.

O ESTADO DE S. PAULO. Regime único prejudica metas do governo: manutenção da lei, para técnicos do Ministério, vai impedir ações que tornem o Estado mais eficiente. *O Estado de S. Paulo*, São Paulo, 24 abr. 1997.

____. O Brasil é 27º em ranking de patentes. *O Estado de S. Paulo*, São Paulo, 8 mar. 2006.

____. O desafio da inovação científica. Notas e informações. *O Estado de S. Paulo*, São Paulo, 25 maio 2006.

____. O diagnóstico das patentes. *O Estado de S. Paulo*, São Paulo, 5 jul. 2006.

____. Separando o joio do trigo. *O Estado de S. Paulo*, São Paulo, 10 set. 2008a.

____. País fica atrás em inovação. *O Estado de S. Paulo*, São Paulo, 11 set. 2008b.

____. Sistema de patentes tem falhas. Pesquisa mostra como gargalos atrasam a inovação. *O Estado de S. Paulo*, São Paulo, 11 set. 2008c.

OCDE. Organização para a Cooperação e Desenvolvimento Econômico. *National innovation systems*. Paris: OCDE, 1997a.

____. *Manual de Oslo*. Paris: OCDE, 1997b.

____. *Managing national innovation systems*. Paris: OCDE, 1999.

____. Patents, innovation and economic performance: conference proceedings. *Science & Information Technology*, 13, p. 1-339, 2003.

____. *Main indicators in science and technology*. Paris: OCDE, 2005.

____. *Innovation and economic performance*. Paris: OCDE, 2006a.

REFERÊNCIAS BIBLIOGRÁFICAS

____. *OECD Annual Report 2005*. Paris: OCDE, 2006b.

OFFE, C. *Trabalho & sociedade: problemas estruturais e perspectivas para o futuro da sociedade do trabalho*. Rio de Janeiro: Tempo Brasileiro, 1989. v. 1.

____. *Trabalho & sociedade: problemas estruturais e perspectivas para o futuro da sociedade do trabalho*. Rio de Janeiro: Tempo Brasileiro, 1991. v. 2.

____. *Trabalho: capitalismo desorganizado*. São Paulo: Brasiliense, 1995.

O GLOBO. Governo é derrotado na reforma administrativa: Câmara mantém regime jurídico único e paridade salarial dos ativos e inativos e dificulta demissões no serviço público. *O Globo*, Rio de Janeiro, 24 abr. 1997a.

OLIVEIRA, F. *A economia da dependência imperfeita*. Rio de Janeiro: Graal, 1977.

____. *Crítica à razão dualista. O ornitorrinco*. São Paulo: Boitempo, 2003a.

____. Democratização e republicanização do Estado. *Teoria e Debate*, 16, 54, p. 52-7, 2003b.

PELZ, D. et al. *Human relations in a research organization: a study on the national institutes of health*. Ann Arbor: The University of Michigan Press, 1953.

PELZ, D. & ANDREWS, F. *Scientists in organization: productive climates for research development*. Oxford: John Wiley, 1966.

PERELMAN, M. The political economy of intellectual property. *Monthly Review*, 1, on-line, 2003.

PESTRE, D. Regimes of knowledge production in society: toward a more political and social reading. *Minerva*, 41, p. 245-61, 2003.

PIERUCCI, A. F. *O desencantamento do mundo*. São Paulo: Editora 34, 2003.

POCHMANN, M. *Nova classe média? O trabalho na base da pirâmide social brasileira*. São Paulo: Boitempo, 2012.

PORTELLA, E. USP: as curvas da modernidade. *Estudos Avançados*, 8, 22, p. 69-75, 1994.

PRADO, E. *Desmedida do valor*. São Paulo: Xamã, 2005.

RAGOUET, P. Notoriété profissionnele et organization scientifique. *Cahiers Internacionaux de Sociologie*, 109, p. 317-41, 2000.

RANGEL, I. *Ciclo, tecnologia e crescimento*. Rio de Janeiro: Civilização Brasileira, 1982.

RAPINI, M. S. & RIGHI, H. M. O diretório dos grupos de pesquisa do CNPq e a interação universidade-empresa no Brasil em 2004. *Revista Brasileira de Inovação*, 5, 1, p. 131-56, 2006.

RULLANI, E. Le capitalism cognitif: du déjà vu? *Multitudes Web*, 2, *on-line*, 2000. Disponível em: <http://multitudes.samizdat.net/article.php3?id_article=228>. Acesso em: 12 mar. 2013.

SALLES FILHO, S. Política de ciência e tecnologia no I PND (1972/1974) e no I PBDCT (1973/1974). *Revista Brasileira de Inovação*, 1, 2, p. 397-419, 2002.

_____. Política de ciência e tecnologia no II PBDCT (1976). *Revista Brasileira de Inovação*, 2, 1, p. 179-211, 2003a.

_____. Política de ciência e tecnologia no III PBDCT (1980/1985). *Revista Brasileira de Inovação*, 2, 2, p. 407-32, 2003b.

SALLUM, B. & KUGELMAS, E. O Leviathan declinante: a crise brasileira nos anos 1980. *Estudos Avançados*, 5, 13, p. 145-59, 1991.

SAMPAT, B. Patenting and US academic research in the 20th century: The world before and after Bayh-Dole. *Research Policy*, 35, p. 772-89, 2006.

SANTOS, L. G. Tecnologia, natureza e a "redescoberta" do Brasil. In: ARAUJO, H. R. (Org.). *Tecnociência e cultura*. São Paulo: Estação Liberdade, 1998.

_____. *Politizar as novas tecnologias: o impacto sócio-técnico da informação digital e genética*. São Paulo: Editora 34, 2003.

SBPC. *Ata de fundação da Sociedade Brasileira Para o Progresso da Ciência*. São Paulo: SBPC, 8 de julho de 1948. Disponível em: <http://www.sbpcnet.org.br/site/conheca/mostra.php?cod=581>. Acesso em: 12 mar. 2013.

SCHUMPETER, J. *Capitalismo, socialismo e democracia*. Rio de Janeiro: Zahar, 1984.

SCHWARTZMAN, S. *Formação da comunidade científica no Brasil*. Rio de Janeiro: Editora Nacional/Finep, 1979.

SCHWARTZMAN, S. & BALBACHEVSKY, E. The academic profession in Brazil. In: ALTBACH, P. (Org.). *The international academic profession: portraits from 14 countries*. Princeton: Carnegie Foudantion for the Advancement of Teaching, 1997.

SCOTT, S. *Academic entrepreneurship: university spin-offs and wealth creation*. Cheltenham: Edward Elgar, 2004.

SHARIF, N. Emergence and development of the national innovation systems concept. *Research Policy*, 35, p. 745-66, 2006.

SHINN, T. Division du savoir et especificité organisationelle: les laboratoires de recherche industrielle en France. *Revue Française de Sociologie*, 21, 1, p. 3-35, 1980.

_____. Formes du travail scientifique et convergence intellectuelle: la recherche technico-instrumentale. *Revue Française de Sociologie*, 41, 3, p. 447-73, 2000a.

_____. Axes temáthiques et marchés de diffusion. *Sociologie et Societés*, 32, 1, p. 43-69, 2000b.

_____. Nouvelle production du savoir et triple hélice. Tendences du prêt-à-penser las sciences. *Actes de la Recherche en Sciences Sociales*, 141, p. 21-30, 2002.

_____. Regimes de produção e difusão de ciência: rumo a uma organização transversal do conhecimento. *Scientiae Studia*, 6, 1, p. 11-42, 2008a.

_____. Desencantamento da modernidade e da pós-modernidade: diferenciação, fragmentação e a matriz de entrelaçamento. *Scientiae Studia*, 6, 1, p. 43-81, 2008b.

SHINN, T. & LAMY, E. L'autonomie scientifique face à la mercatilisation. *Actes de la Recherche en Sciences Sociales*, 164, p. 22-49, 2006a.

_____. & _____. Paths of commercial knowledge: forms and consequences os university-enterprise synergy in scientist-sponsored firms. *Research Policy*, 35, p. 1465-76, 2006b.

SHINN, T. & MARCOVICH, A. Where is disciplinarity going? Meeting on the borderland. *Social Science Information*, 50, 3-4, p. 582-606, 2011.

_____. & _____. Regimes of science production and diffusion: towards a transverse organization of knowledge. *Scientiae Studia*, n. spe, p. 33-64, 2012.

SHINN, T. & RAGOUET, P. *Controverses sur la science: pour une sociologie transversaliste de l'activité scientifique*. Paris: Éditions Raisons d'Agir, 2005.

_____. & _____. *Controvérsias sobre a ciência: por uma sociologia transversalista da atividade científica*. São Paulo: Scientiae Studia/Editora 34, 2008.

SILVA, A. C. Descentralização em política de ciência e tecnologia. *Estudos Avançados*, 14, p. 61-73, 2000.

SINGER, A. *Os sentidos do lulismo. Reforma gradual e pacto conservador*. São Paulo: Companhia das Letras, 2012.

SOLOW, R. Technical change and the aggregate production function. *The Review of Economics and Statistics*, 39, 3, p. 312-20, 1957.

SORENSON, O. & FLEMING, L. Science and the diffusion of knowledge. *Research Policy*, 33, p. 1615–34, 2004.

STOKES, D. *Os quadrantes de Pasteur: a ciência básica e a inovação tecnológica*. Campinas: Editora da Unicamp, 2005.

SUNSHINE, F. G. El derecho de propriedad intelectual internacional. *Cuadernos Nuestra América*, 23, p. 35-6, 2005.

SZMERECSÁNYI, T. Esboços de história econômica da ciência e da tecnologia. In: SOARES, L. C. (Org.). *Da revolução científica à big (business) science: cinco ensaios de história da ciência e da tecnologia*. São Paulo/Niterói: Hucitec/ Editora da Universidade Federal Fluminense, 2001. p. 155-200.

TACHINARDI, M. H. *A guerra das patentes. O conflito Brasil x EUA sobre propriedade intelectual*. Rio de Janeiro: Paz e Terra, 1993.

TAGIURI, R. Value orientations and the relationship of managers and scientists. *Administrative Science Quartely*, 10, 1, p. 39-51, 1965.

TIJSSEN, R. Is the commercialization of scientific research affecting the production of public knowledge? Global trends in the corporate research articles. *Research Policy*, 33, p. 709-33, 2004.

UNESCO. *Unesco Science Report. The current status of science around the world*. Paris: Unesco, 2010.

UNITED STATES. Executive office of the president council on environmental quality and Executive office of the president office on science and technology policy. *Memorandum for the heads of executive departments and agencies: Principles for nanotechnology, environmental, health, and safety oversight*. Washington: CEQ/ STP, 2007a.

_____. *New drug development: Science, business and intellectual property*. Washington: Government Accontanment Office, 2007b.

VALÉRY, N. Levantamento: a inovação na indústria. *Parcerias Estratégicas*, 8, p. 307-11, 2000.

VALOR ECONÔMICO. Brasil volta a depender mais do saldo de commodities. *Valor Econômico*, São Paulo, 27 set. 2007a.

_____. Exportação e mercado interno fazem CNI rever para 4,7% previsão de alta do PIB. *Valor Econômico*, São Paulo, 27 set. 2007b.

_____. A preços de 2002, saldo comercial brasileiro seria US$ 12,4 bi menor. *Valor Econômico*, São Paulo, 1º out. 2007c.

VELHO, L. Formação de doutores no país e no exterior: estratégias alternativas ou complementares? *Dados*, 44, 3, p. 607-31, 2001.

VELHO, L. & PESSOA JÚNIOR, O. *O processo decisório na implantação do Laboratório Nacional de Luz Síncrotron*. Campinas: Departamento de Política Científica e Tecnológica da Unicamp (DPCT). Texto para discussão, 23, 1998. Mimeo.

VERMULM, R. & BRUGINSKY, P. T. *O desafio do futuro: as políticas para ciência, tecnologia e inovação*, 2006. Mimeo.

WASHBURN, J. *University Inc. The corporate corruption of higher education*. New York: Basic Books, 2005.

WHITLEY, R. *The intellectual and social organization of the sciences*. Oxford: Oxford University Press, 2000.

WOUTERS, P. Aux origines de la scientométrie. La naissance du "Science Citation Index". *Actes de la Recherche en Sciences Sociales*, 164, p. 10-21, 2006.

YATES, M. Us versus them. Laboring in the academic factory. *Monthly Review*, 51, 8, *on-line*, 2000. Disponível em: <http://monthlyreview.org/2000/01/01/us-versus-them>. Acesso em: 12 mar. 2013.

ZILSEL, E. The sociological roots of science. *American Sociologist*, 47, 4, p. 544-62, 1942.

ZIMAN, J. *Real science: what it is and what it means*. Cambrige: Cambridge University Press, 2000.

ZUCKERMAN, H. The sociology of the Nobel prizes. *Scientific American*, 217, 5, p. 25-33, 1967a.

____. Nobel laureates in science: patterns of productivity, collaboration and authorship. *American Sociological Review*, 32, 3, p. 391-403, 1967b.

ÍNDICE DE TABELAS, GRÁFICOS E QUADROS

TABELAS

Tabela 1. Número de patentes solicitadas por universidades norte-americanas, 1980 e 1998   94

Tabela 2. Distribuição relativa dos gastos empresariais e estatais em P&D para países selecionados, 2007   118

Tabela 3. Empresas que implementaram inovação em relação ao total, 1998-2008   122

Tabela 4. Evolução do número de pesquisadores em tempo integral por setor, 2000-2010   128

Tabela 5. Formação do Comitê Executivo e do Comitê Técnico Científico do Projeto de Radiação Síncrotron, ambos nomeados pelo CNPq em 1983 e 1984   172

Tabela 6. Projetos industriais do LNLS, 2002-2007   207

Tabela 7. Distribuição dos pesquisadores da amostra de acordo com as áreas de formação na graduação e no doutorado   243

Tabela 8. Distribuição da amostra segundo a atividade desenvolvida no momento da aplicação do questionário   245

Tabela 9. Distribuição da amostra segundo a titulação máxima no momento de aplicação do questionário   245

Tabela 10. Pesquisadores cadastrados no Diretório dos Grupos do CNPq por grande área de atuação e sexo, 2008   249

Tabela 11. Distribuição dos pesquisadores da amostra por tempo de formação e década de conclusão da graduação   256

Tabela 12. Distribuição dos pesquisadores doutores de acordo com a década de conclusão do doutorado   259

Tabela 13. Distribuição dos pesquisadores da amostra de acordo com o tipo de instituição de origem e a realização ou não de iniciação científica   260

Tabela 14. Distribuição dos pesquisadores da amostra por área de formação e a realização ou não de iniciação científica   261

Tabela 15. Distribuição dos pesquisadores que fizeram iniciação científica em cada década de conclusão da graduação   262

Tabela 16. Distribuição dos pesquisadores que realizaram pós-doutorado por década de realização   263

Tabela 17. Distribuição da amostra segundo o local de realização do doutorado e a década de sua conclusão   266

Tabela 18. Distribuição dos pesquisadores por década de conclusão da graduação e quanto à realização ou não de pós-graduação no exterior   267

Tabela 19. Distribuição dos pesquisadores do LNLS segundo a função realizada no setor privado   282

Tabela 20. Distribuição dos pesquisadores do LNLS que não trabalharam no setor privado, por razão apresentada   285

Tabela 21. Distribuição dos pesquisadores da amostra por área de aplicação das suas pesquisas   290

Tabela 22. Distribuição dos pesquisadores que mantêm contratos com empresas dentro de cada uma das áreas de aplicação de suas pesquisas atuais   297

Tabela 23. Distribuição das empresas com as quais os pesquisadores do LNLS estabelecem contratos de acordo com o número de menções dos pesquisadores   298

Tabela 24. Distribuição dos pesquisadores que não têm contrato com empresas segundo a justificativa apresentada   303

Tabela 25. Distribuição dos pesquisadores de acordo com a área de aplicação de suas pesquisas atuais, segundo a resposta à pergunta: *Nesse contrato existe alguma cláusula de confidencialidade e/ou cláusulas de patenteamento dos resultados de pesquisa?*   312

Tabela 26. Distribuição dos pesquisadores segundo a resposta dada à pergunta: *No seu grupo de pesquisa, existe alguma patente concedida ou algum pedido de patente em andamento?*   318

Tabela 27. Distribuição dos pesquisadores que atuam em grupos de pesquisa com patentes solicitadas e licenciadas segundo o tipo de instituição   322

Tabela 28. Distribuição dos pesquisadores cujos grupos de pesquisa possuem patentes solicitadas e/ou licenciadas segundo o departamento a que estão vinculados   323

Tabela 29. Distribuição percentual dos pesquisadores que pertencem a grupos com patentes solicitadas e licenciadas dentro de cada área de aplicação dos resultados   324

Gráficos

Gráfico 1. Distribuição das patentes depositadas por universidades brasileiras no INPI, 1990-2004   95

Gráfico 2. Evolução do dispêndio nacional em P&D, 2000-2010   117

Gráfico 3. Dispêndio nacional em P&D em relação ao PIB, 2000-2010   119

Gráfico 4. Evolução do depósito de patentes no INPI segundo tipos e origem do depositante, 1998-2011   126

Gráfico 5. Evolução do depósito de patentes da Unicamp no INPI, 1989-2010   221

Quadros

Quadro 1. Cronologia do projeto *Diretrizes estratégicas para a ciência, a tecnologia e a inovação*: principais momentos do processo de elaboração da nova política de C&T   99

Quadro 2. Os seis objetivos da Política Nacional de Ciência, Tecnologia e Inovação até 2012   101

Quadro 3. As diretrizes estratégicas para a Ciência, a Tecnologia e a Inovação, 2002-2012   103

Quadro 4. Detalhamento das ações para a construção do Sistema Nacional de Inovação segundo o programa *Diretrizes estratégicas para C&T&I* do MCT   105

ÍNDICE DE TERMOS

Abertura política, 20, 176
Atividade científica, 12, 20-1, 24,
    42, 49, 62, 64, 73, 75-8, 87, 93,
    136-7, 139-40, 143, 145, 147,
    158, 170, 180, 216, 225, 228,
    232-4, 248, 251, 276, 293, 332-
    4, 336, 339
    prática científica, 31, 57, 141,
    175, 231-2, 274
Autocertificação, 36, 38
Autonomização, 35-7, 41, 45, 131
Campo científico, 30, 32-5, 40-1,
    47, 54, 244, 253
Comercialização, 19, 56, 60, 62, 64,
    70, 73, 75, 84-6, 90, 102, 107-8,
    121, 127, 180, 227, 234, 277-8,
    286, 292, 299, 315-6, 321, 329,
    334, 338
    comercialização de pesquisas,
    56, 79, 91, 234, 277-9, 287,
    292, 295, 314-6, 319, 321,
    335-6
Comunicação científica, 23, 292, 316
    publicação, 23, 47, 64, 92, 216,
    265, 305, 308, 326-7
Comunidade científica, 66, 99, 130,
    135, 168-9, 187, 204, 216, 252
Confidencialidade, 286, 293, 308-
    14, 337
    cláusulas de confidencialidade,
    280, 305, 308, 311-5, 326,
    337-8
    sigilo, 223, 233, 286, 312, 321

segredo industrial, 308, 310-1,
    313, 328
Democratização, 16, 20, 159, 175,
    181, 196, 226, 231, 333-4, 339
Desenvolvimento, 13, 20-2, 24-5,
    45-6, 53, 60, 63, 65-72, 74,
    76-7, 79-81, 83-4, 88-9, 92-4,
    96-8, 100-2, 105, 107-15, 116-7,
    120, 122, 130-1, 133, 135, 137-8,
    140, 143-4, 150-1, 153, 155, 157,
    159, 164-6, 182-3, 191, 193, 202,
    204-5, 207-9, 214, 225-8, 231-
    3, 241, 268, 276, 278-9, 282-3,
    286, 288-9, 291, 297-9, 304, 325
    políticas de desenvolvimento,
    164, 183, 202
Diferenciacionismo
    teoria antidiferenciacionista, 27
    teoria diferenciacionista, 65-7,
    252
    teoria neodiferenciacionista, 26
Disciplinas, 16, 25, 45-6, 239, 241-
    2, 244, 254, 296, 323, 326
Discurso, 12-4, 16-4, 28-9, 37-8,
    42, 49-52, 57, 59, 104, 108, 112,
    115, 124-5, 129-31, 134, 188,
    202, 210, 217, 226-8, 231-2, 244,
    274, 276, 332, 339
    discurso da inovação, 16, 57,
    108, 112, 115, 129-31, 134,
    188, 210, 217, 227-8, 231,
    244, 276, 332
Eficiência, 52, 54, 72-5, 78-9, 81-
    2, 85, 90, 97, 102, 114, 188-90,

369

193-4, 196-200, 211, 229, 258, 265, 317, 339
Esfera social, 17, 27, 29, 45, 70
esfera científica, 35, 41-2, 45, 65
Estado, 11, 13, 19-20, 39, 44-6, 52, 54, 62-3, 65, 69-70, 73, 77-8, 84-90, 93, 100, 109-11, 113, 117-8, 120, 130, 135, 137-9, 142-6, 148, 150-1, 153, 156, 158-9, 162-4, 167-9, 170-1, 174-5, 179-81, 188, 190-3, 195-202, 204, 210, 223, 225-9, 234, 257-8, 275-6, 278, 304-5, 307, 316-7
aparelho de Estado, 16, 46, 174, 197, 200-2
Indicadores, 54, 67, 76, 79-80, 83-4, 116-9, 121, 127, 258, 317, 341
indicadores de ciência e tecnologia, 54, 126
Inovação, 12, 16, 19, 51, 53-7, 60-6, 68-86, 88-90, 93-4, 96-116, 118, 121-4, 129-31, 134, 138, 182-3, 188-9, 193-4, 201-2, 210-1, 213-5, 218-9, 222, 224, 226-9, 231, 244, 246, 268-9, 274, 276, 278-9, 282, 291, 300, 316-7, 328, 331-2, 334-5
atividade inovadora, 81
economia da inovação, 77, 80, 130, 331
inovação tecnológica, 13, 51, 59, 69, 78, 82, 93, 121, 127
inovatividade, 123
processos de inovação, 52, 56, 68-9, 73, 94, 105, 228
Institucionalização, 15-6, 20-1, 25, 29, 41-2, 45-6, 58, 61, 66, 115, 129, 131, 133-4, 137-8, 140-4,
161, 164, 177, 180-1, 188, 196-7, 201-3, 211, 222, 225, 231, 232, 242, 247, 250, 275, 276, 279, 307, 316, 331, 332-3
marco institucional, 48
processo de institucionalização, 14, 20, 29, 41-2, 45, 61, 66, 137, 141, 152, 181, 202-3, 214, 229, 250, 265, 275-6, 279, 333
Marco jurídico-institucional, 130, 232, 317, 328
Mecanismos de transferência de tecnologia, 327
escritório de transferência de tecnologia, 219, 224, 307
núcleo de transferência de tecnologia, 220, 224, 227, 307, 315
Meritocracia
regime meritocrático, 23
critérios meritocráticos, 64
Modelo linear de inovação, 63, 66
Modernidade, 35, 37-40
Modo 1 e modo 2, 55
Nova economia, 53, 70-2
Performatividade, 50
caráter performativo, 49, 57
teorias performativas, 50, 55-7, 104, 278
Pesquisa, 11, 13-7, 20-9, 31, 42, 44, 46-8, 50, 57-8, 62, 65-6, 68-9, 74, 76-81, 85-6, 90-5, 97, 102, 104-12, 115-6, 121-3, 127-9, 133-6, 139-52, 155, 157-63, 165-7, 169-70, 173-6, 180-2, 190, 194-5, 198, 202-6, 209-10, 212-5, 220, 222-5, 227, 229-44,

ÍNDICE DE TERMOS

247-52, 254-5, 257-8, 261-2,
  264-5, 268-84, 286-97, 300-
  29, 332-3, 335-9
  pesquisa aplicada, 62-3, 79
  pesquisa básica, 62-4, 79, 109,
    173, 205, 300
  pesquisa e desenvolvimento,
    20, 22, 74, 77, 116, 157, 205,
    283, 297
Política pública, 83, 175, 200
  política científica, 58, 64, 67,
    69-70, 73, 87, 96, 100, 112,
    114-5, 121, 129, 147, 154,
    164, 175, 182, 194, 202-4,
    211, 218
  política industrial, 61, 86, 108,
    111, 113, 115, 332
  Política Nacional de Ciência e
    Tecnologia, 12, 14, 62, 96,
    112, 159, 178, 203, 211, 217,
    227, 231, 315
  Política Nacional de Ciência,
    Tecnologia e Inovação, 60,
    96-7, 101, 108, 128, 227, 229,
    317, 332, 334, 338
  política não intervencionista, 26
  política pública para a ciência,
    203
Produtividade, 23, 66, 153, 215-6,
  339
  produtividade científica, 25,
    67-8, 71
Propriedade intelectual, 11, 19, 24,
  47, 78, 83-4, 87, 92-3, 96-7,
  107, 109-10, 124-6, 219, 230,
  233, 279-80, 292, 305-6, 311,
  316, 328, 336
  direito autoral, 24, 92, 124

patenteamento, 24, 91-6, 107-8,
  124, 126-7, 205, 219-22, 227,
  229-30, 232-4, 280, 286,
  293, 305, 307-8, 310-24,
  326-8, 336-9
  patentes, 59, 69, 74, 79, 93-6,
    110, 124-7, 219-22, 270, 306,
    309, 311-2, 317-25, 327-9,
    338-9
  patentes básicas, 94
Razão, 34-5, 37, 39-40, 65, 78, 179,
  285
  desencantamento, 36-7
  racionalidade, 29, 34-5, 37, 39-
    40, 73, 153
  racionalização, 36, 144
  razão científica, 33-5, 40
Regimes de produção e distribuição
  de conhecimento científico, 43
  regime disciplinar/estatal, 47-9,
    52, 57, 97, 115, 127-9, 131,
    144, 160, 212, 228, 232, 234,
    251, 255, 265, 270, 273, 275,
    277-80, 286, 308, 315, 321,
    326, 331-2, 335-6, 339
  regime empresarial, 91
  regime utilitário, 91, 237, 258
Relativismo, 40-1
Sistema de produção de ciência, 161
Sistema Nacional de Inovação, 53,
  86, 97, 103, 105
Sociologia, 11, 13, 17, 21, 27, 35, 49,
  53
  nova sociologia da ciência, 27-8,
    30, 33, 42-3, 135
  sociologia construtivista, 27,
    29, 41

371

sociologia da ciência, 13, 20-1, 25-7, 29, 33-4, 41, 50, 65-6, 130, 136, 252, 286
sociologia diferenciacionista, 65-6
sociologia mertoniana, 22, 26-7, 30
Trabalho científico, 17, 22, 46, 67, 152, 280
organização do trabalho científico, 78
Universidade, 17, 19, 22, 45, 55-6, 60, 64, 77, 84, 91, 93-5, 107, 123, 127, 129, 140, 144-6, 149, 158-9, 162, 164, 166, 171-2, 177, 180-1, 201-3, 212, 215, 218-27, 233, 235-8, 251, 257, 260, 270-2, 275, 277, 279-81, 283, 285, 287, 294-5, 300-2, 304-8, 310-1, 315, 320-2, 328-9, 337-8
reforma universitária, 157-9

ÍNDICE DE NOMES

Abramovitz, Moses, 76
Agência de Inovação da Unicamp (Inova), 135, 219-22, 225, 227
Albert, Mathieu, 54
Albuquerque, Eduardo da Motta, 270
Albuquerque, Lynaldo, 166-7, 169
Almeida, Paulo Roberto de, 124-5
Andrews, Frank, 22
Arato, Andrew, 39
Araújo Júnior, José Tavares, 62, 154-6
Arbix, Daniel, 113, 125
Arbix, Glauco, 123
Archer, Renato, 150, 177-9
Arocena, Rodrigo, 129
Arruda, Maria Arminda do Nascimento, 265
Arundel, Anthony, 328
Assimakopoulos, Cristina Theodore, 135, 307
Associação Brasileira de Tecnologia de Luz Síncrotron (ABTLuS), 15, 134, 198, 200, 205, 207, 209, 229, 239, 300, 341
Bagnato, Osmar, 134
Baiardi, Amilcar, 62, 145
Balbachevsky, Elisabete, 147, 238, 248, 270, 274
Barbosa, Denis, 311
Barnes, Barry, 27
Barros, Adhemar de, 159, 212
Bayh-Dole Act, 92, 328

Ben-David, Joseph, 22, 25-6, 66-7, 252
Benner, Mats, 26, 56
Bensaïd, Daniel, 11
Biagioli, Mario, 19
Bifani, Paolo, 124
Bloor, David, 27, 30
Bolaño, Cesar, 11
Borges, Jorge Luis, 11, 13
Bosi, Alfredo, 59
Bourdieu, Pierre, 19, 26, 30-5, 37, 39-43, 87, 247-8, 252-4
Boyle, James, 11
Braga, Ruy Gomes, 17
Brazil, Vital, 142, 167
Bresser Pereira, Luiz Carlos, 192
Brisolla, Sandra, 129
Brito Cruz, Carlos Henrique de, 218-9
Brown, Paula, 22
Bruginsky, Paula de, 112-3
Brum, José Antonio, 134, 199, 206, 215, 218, 233
Buainain, Antônio Márcio, 218
Buarque de Holanda, Sérgio, 138
Burgos, Marcelo Baumann, 135-7, 140, 142-3, 146-8, 150, 157, 166, 169-73, 175-6, 178, 187, 189-90, 233
Bush, Vannevar, 62-3, 65-7
Caldeira, Amir O., 134
Calderini, Mário, 324, 327
Callaert, Julie, 327

Callon, Michel, 27-9, 49-51, 55, 80, 87-8, 130
Campos, Francisco, 145-6
Candido, Antonio, 146
Caradori, Wagner, 134
Cardoso, Fernando Henrique, 16, 96-7, 112-3, 124, 190-2, 196, 229, 332, 334
Carvalho, Arnaldo Vieira de, 141-2
Carvalho, José Murilo de, 139, 143
Carvalho, Ruy de Quadros, 218
Castells, Manuel, 11, 70-2
Castro, Jarbas Caiado de, 173
Centro Brasileiro de Pesquisas Físicas (CBPF), 148-51, 153, 162-6, 168-9, 171-4, 183-4, 238
Centro Nacional de Pesquisa em Energia e Materiais (CNPEM), 15, 133
Cerqueira Leite, Rogério, 134, 168-9, 177-80, 183-4, 186-7, 189-90, 212-8
Chesnais, François, 86, 130, 328
Cimoli, Mário, 85
Cohen, Jean, 39
Cohen, Wesley, 56, 278, 327-8
Cohn, Gabriel, 36
Cole, Jonathan, 22-3, 26
Cole, Stephen, 22-3, 26
Collins, Randam, 22, 25
Collor de Mello, Fernando, 124
Conferência Nacional de Ciência, Tecnologia e Inovação, 98-9, 103, 107, 218
Coordenação de Aperfeiçoamento de Pessoal de Nível Superior (Capes), 68, 148, 158, 257, 265, 268

Coriat, Benjamin, 86, 93, 328
Coutouzis, Mickès, 27
Craievich, Aldo, 172-3
Crane, Diana, 26
Cruz, Oswaldo, 137, 142, 167
Dagnino, Renato, 26, 138, 157-8, 160, 202, 212
Dain, Sulamis, 154
Dantas, Álvaro Alberto de Santiago, 150, 163-4
Dantas, Marcos, 11
David, Paul, 95, 327-8
De Solla Price, Derek, 22, 24
Debackere, Koenraad, 327
Deda, Marcelo, 193
Deeds, David, 95, 328
Departamento Intersindical de Estatísticas e Estudos Socioeconômicos (Dieese), 114
Dias, Rafael, 138
Dosi, Giovanni, 85-6
Douglas, Ross Alan, 173
Durkheim, Émile, 21
Encaoua, David, 328
Erber, Fábio, 62, 138, 154-6
Escola de Engenharia da USP/São Carlos, 166, 172-3
Escola de Minas de Ouro Preto, 139-40, 143-4, 160, 180, 211
Estados Unidos, 19, 63, 68, 72, 82, 96, 117, 124, 145, 149, 162-3, 166, 213-5, 268-9, 327-8
Etzkowitz, Henry, 55-6, 129, 277
Europa, 19, 55, 72, 83, 162, 258, 269
European Innovation Scoreboard, 81-2
European Trendchart on Innovation, 83-4

ÍNDICE DE NOMES

Fagerberg, Jan, 75
Fanon, Frantz, 59
Fernandes, Ana Maria, 150, 153, 158
Ferrari, Amílcar Figueira, 158
Ferreira, José Pelúcio, 148, 165, 177
Feynman, Richard, 149
Financiadora de Estudos e Projetos (Finep), 121, 158, 165, 210, 218, 220, 236, 299
Fitzgerald, Francis Scott, 9
Fleck, Ludwick, 21
Fleming, Lee, 328
Folha de S. Paulo, 134, 179, 192
Forero-Pineda, Clemente, 328
Forman, Paul, 25, 69
Foucault, Michel, 51-2, 78
Franco, Moreira, 193
Franzoni, Chiara, 324, 327
Freeman, Christopher, 53-4, 77-9, 84, 86, 145
Fundação de Amparo à Pesquisa do Estado de São Paulo (Fapesp), 134-5, 182-3, 204, 210, 218, 225, 275-6, 299, 305, 307
Fundo Nacional de Desenvolvimento Científico e Tecnológico (FNDCT), 158
Galembeck, Fernando, 173
Garfield, Eugène, 67
Gemme, Brigitte, 91, 93, 258, 278
Gibbons, Michael, 55, 277
Gibson, Chris, 76
Gingras, Yves, 27, 34, 56, 91, 93, 145, 253, 258, 278
Glaser, Barney, 22-3
Godin, Benoît, 56, 62, 72, 79-80, 278
Goeldi, Emílio, 142

Goldemberg, José, 247
Goldfarb, Brent, 327
Gorz, André, 11, 72
Goulart, João, 159
Grambella, Alfonso, 328
Grau, Eros, 195-6
Grupo da Unicamp, 180, 211, 213, 215, 217
Guellec, Dominique, 328
Guimarães, Eduardo, 62, 138, 155-6
Habermas, Jürgen, 11, 37-40
Hagstrom, Warren, 22-3, 26
Hall, Bronwyn, 95, 327-8
Hardt, Michael, 11, 72
Harvey, David, 130
Healey, Peter, 55-6, 277
Hegel, Georg Wilhelm Friedrich, 38, 40
Heilbron, Johan, 241, 323
Hendriks, Paul, 93
Henrekson, Magnus, 327
Henriques, Frederico, 182, 244
Herrera, Amilcar, 113, 157
Hirst, Mônica, 96
Husson, Michel, 11
I Plano Básico de Desenvolvimento Científico e Tecnológico 1973-74
I Plano Nacional de Desenvolvimento 1972-74
II Plano Básico de Desenvolvimento Científico e Tecnológico 1976
III Plano Básico de Desenvolvimento Científico e Tecnológico 1980-85
Instituto Brasileiro de Geografia e Estatística (IBGE), 121-2, 124
Instituto de Física Gleb Wataghin/Unicamp, 134, 149, 184, 242

Instituto de Pesquisa Econômica e
 Aplicada (IPEA), 213, 291
Instituto Nacional de Propriedade
 Industrial (INPI), 94-5, 125-7,
 220-2, 317, 319
Jaffe, Adam, 95, 328
Jansen, Jonathan, 56, 278
Joerges, Bernward, 43
Kannebley, Sérgio, 270
Kaplan, Norman, 22
Kingston, William, 95, 328
Knorr-Cetina, Karen, 27
Kong, Lilly, 76
Kortum, Samuel, 93, 95, 328
Kugelmas, Eduardo, 170, 176, 181
Kuhn, Thomas, 23
Kupfer, David, 291
Laberge, Stephen, 54
Lamy, Erwan, 91, 295
Latour, Bruno, 27-30, 34, 47
Lattes, Cesar, 149-51, 162, 164, 168, 216
Laursen, Keld, 328
Lazzarato, Maurizio, 11, 72
Lei da Inovação, 106-12, 121, 203, 218, 220, 222, 224, 227, 229, 286, 292, 307
Lei das Organizações Sociais, 189-90, 193, 195, 197, 334
Lei de Patentes, 59, 96, 124, 219
Leite, José Roberto, 173
Lerner, Eugênio, 173
Lerner, Joseph, 93, 95, 328
Lessa, Carlos, 154
Leydesdorff, Loet, 55-6, 277
Lobo e Silva, Roberto Leal, 166-73, 177-9, 183-4
Longo, Elson, 299, 320

Looy, Bart Van, 327
Lopes, José Leite, 133, 149-51, 162-6, 168, 183-4
Lotufo, Roberto, 135, 220, 225
Lula da Silva, Luiz Inácio, 16, 108, 113, 130, 332
Lutz, Adolpho, 142
Malissard, Pierrick, 93
Mannheim, Karl, 21
Manual de Frascatti, 81
Manual de Oslo, 74, 80-1, 121
Marcovich, Anne, 46, 57, 241, 323
Martínez, Catalina, 328
Marx, Karl, 11-2, 21, 71-2, 129
Mascarenhas, Yvonne, 173
Massachusetts Institute of
 Technology (MIT), 62
Massambani, Oswaldo, 135
Mayer, José Alberto, 183
Mazzoleni, Roberto, 95, 327
McMillan, Steven, 95, 328
Mello, Gustavo, 72
Meneghini, Rogério, 233
Merton, Robert K., 19, 21-3, 26, 30, 32, 65-8, 252-3
Meyer, Martin, 327
Milot, Pierre, 56-7, 72, 130, 258, 278
Ministério de Ciência e Tecnologia
 (MCT), 97-8, 104, 183, 199, 202, 204, 300, 334
Ministério de Ciência, Tecnologia e
 Inovação (MCTI), 98, 116
Monthly Review, 72
Moreira, Argus, 172-3
Morel, Regina, 138
Moscati, Giorgio, 173
Moulier-Boutang, Yann, 11, 71-2
Mowery, David, 92-3, 145, 328

Muniesa, Fabian, 49-50, 55, 130
Muniz, Ramiro de Porto Alegre, 172
Narin, Francis, 95, 328
National Science Foundation (NSF), 67
Negri, Antonio, 11, 72
Negri, Fernanda de, 115, 120, 127
Nelson, Richard, 19, 23, 65-6, 86, 95, 328
Noble, David, 145
Nowotny, Helga, 55, 277
O Estado de S. Paulo, 192
O Globo, 192
Offe, Claus, 11
Oliveira, Francisco de, 138, 154
Oppenheimer, Robert, 149
Organização Mundial do Comércio (OMC), 96, 116
Organização para a Cooperação e Desenvolvimento Econômico (OCDE), 53-4, 66, 72, 74-5, 79-81, 86, 89, 93, 258, 328
Orsi, Fabianne, 93, 328
Ortellado, Pablo, 24, 92
Pacheco, Carlos Américo, 218, 220
Pauli, Wolfgang, 149
Pelz, Donald, 22
Perelman, Michel, 11
Pessoa Júnior, Osvaldo, 165, 167-9, 204, 217
Pestre, Dominique, 56
Pierucci, Antônio Flávio, 36
Pochmann, Márcio, 115
Política Industrial, Tecnológica e de Comércio Exterior (PITCE), 113-4
Política Nacional de Ciência e Tecnologia, 12, 14, 62, 96, 112, 159, 178, 203, 211, 217, 227, 231, 315
Pontifícia Universidade Católica do Rio de Janeiro (PUC-Rio), 166, 173
Portella, Eduardo, 146
Prado, Eleutério, 11
Quércia, Orestes, 275
Ragouet, Pascal, 23, 25-7, 56, 66-7, 248
Ramirez, Antonio, 134, 184-7, 206, 209-10, 309, 314
Rapini, Márcia Siqueira, 236, 238, 248, 270
Ribas, Emílio, 142, 167
Righi, Hérica Moraes, 236, 238, 248, 270
Rizzo, Fernando, 173
Rocha, Frederico, 291
Rodada do Uruguai, 124
Rodrigues, Antonio Ricardo Droher, 172
Romi, Giordano, 183
Roosevelt, Franklin Delano, 62
Rullani, Enzo, 11
Sala, Oscar, 162
Salles Filho, Sérgio, 155, 218, 220
Sallum, Brasilio, 170, 176, 181
Salmeron, Roberto, 183
Salter, Ammon, 328
Sampat, Bhaven, 327-8
Sandström, Ulf, 56
Santos, Laymert Garcia dos, 11, 59, 96, 124-5
Santos, Marcello Damy de Souza, 162
Sardenberg, Ronaldo Mota, 97
Sauviat, Catherine, 130, 328

Schenberg, Mário, 216
Schumpeter, Joseph, 75, 77
Schwartzman, Simon, 67, 135-6, 139, 141-2, 145-7, 159, 238, 248, 270, 274
Scott, Peter, 55, 277
Scott, Shane, 91
Selan, Beatriz, 270
Sharif, Naubahar, 53-4, 72, 80, 86, 130, 278
Shinn, Terry, 19, 23, 25-7, 43-7, 56-7, 66-7, 91, 130, 241, 254, 278, 295, 323
Silva, Alberto Carvalho, 236, 238, 270
Silva, Cylon Gonçalves da, 97, 134, 173-4, 177, 179, 183, 190, 194, 211, 218, 299-300
Singer, André, 115
Sociedade Brasileira de Física (SBF), 170, 172, 175
Sociedade Brasileira para o Progresso da Ciência (SBPC), 150-3, 165-6, 172, 176, 194
Solow, Robert, 76
Sorenson, Olav, 328
Souza, Gerardo G. B. de, 172
Souza, José Diniz de, 183
Stelita Ferreira, Valdemar, 135
Stiglitz, Joseph, 86
Stokes, Donald, 26, 62
Sunshine, Fabio Grobart, 127
Sutz, Judith, 129
Szmerecsányi, Tamás, 145
Tachinardi, Maria Helena, 96, 124
Tagiuri, Renato, 22
Tijssen, Robert, 328

Torres de Araújo, Francisco Flávio, 173
Trade-Related Aspects of Intellectual Property Rights (Acordo Trips), 92, 96, 125
Unesco (Organização das Nações Unidas para a Educação, a Ciência e a Cultura), 81, 119-20, 152
Universidade de São Paulo (USP), 17, 27, 135, 140, 142, 146-7, 149, 160-2, 166, 172-3, 182-4, 193-4, 211, 221-3, 236-7, 239, 247, 250, 257-8, 272, 276
Universidade Estadual de Campinas (Unicamp), 134-5, 149, 159-61, 172-3, 177-80, 183-4, 189, 203, 211-5, 217-22, 225-7, 236-7, 242, 272, 279, 300, 306-7, 334
Universidade Estadual Júlio de Mesquita Filho (Unesp), 236-7, 272, 299, 320-1
Universidade Federal de Minas Gerais (UFMG), 236-7, 272
Universidade Federal de São Carlos (UFSCar), 320-1
Universidade Federal do Rio de Janeiro (UFRJ), 172-3, 236-7, 272, 302
Valéry, Nicholas, 73
Vargas, Getúlio, 144, 163-4, 168, 171
Velho, Léa, 26, 138, 157-8, 160, 165, 167-9, 204, 212, 217, 264-5, 268
Vermulm, Roberto, 112-3
Vezzulli, Andrea, 324
Vieira de Carvalho, Arnaldo, 141-2, 167
Von Ihering, Hermann, 142

Washburn, Jennifer, 91
Weber, Max, 21, 36, 38-9, 41
Webster, Andrew, 55-6, 277
Weinstein, Oliver, 86
Whitley, Richard, 26, 46
Winter, Sidney, 86
Wongtschowski, Pedro, 134
Woolgar, Steve, 27, 34, 47

Wouters, Paul, 23-4, 67
Yates, Michael, 91
Zanchet, Daniela, 134
Ziedonis, Arvids, 92-3, 328
Zilsel, Edgar, 25
Ziman, John, 56, 278
Zloczower, Abraham, 22
Zuckerman, Harriet, 22, 26

Este livro foi composto em Filosofia
com CTP e impressão
da Prol Editora Gráfica
em papel Pólen Soft 80 g/m²
em setembro de 2013.